Jeannie Moser, Christina Vagt (Hg.)
Verhaltensdesign

Edition Kulturwissenschaft | Band 167

Jeannie Moser, Christina Vagt (Hg.)

Verhaltensdesign

Technologische und ästhetische Programme der 1960er und 1970er Jahre

[transcript]

Die Publikation wird ermöglicht durch den Exzellenzcluster *Bild Wissen Gestaltung. Ein Interdisziplinäres Labor* der Humboldt-Universität zu Berlin (Fördernr. EXC 1027/1) und die finanzielle Unterstützung durch die Deutsche Forschungsgemeinschaft im Rahmen der Exzellenzinitiative.

This publication was made possible by the *Image Knowledge Gestaltung. An Interdisciplinary Laboratory* Cluster of Excellence at the Humboldt-Universität zu Berlin (sponsor number EXC 1027/1) with financial support from the German Research Foundation as a part of the Excellence Initiative.

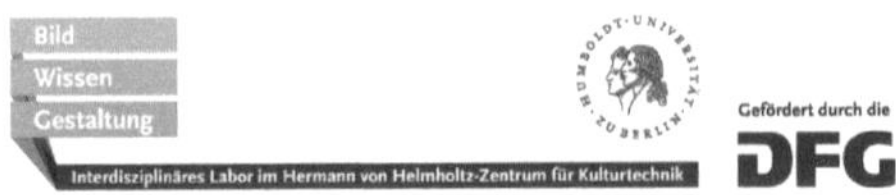

Diese Publikation ist aus der Tagung *Verhaltensdesign. Bildungs-, Erziehungs- und Regierungsprogramme* hervorgegangen, die im Dezember 2016 an der TU Berlin stattfand. Unser Dank gilt der Fritz Thyssen Stiftung, Prof. Dr. Hans-Christian von Herrmann und dem Fachgebiet Literaturwissenschaft an der TU Berlin sowie dem Hybrid-Lab der UdK Berlin/TU Berlin, die diese Tagung gefördert haben.

Bibliografische Information der Deutschen Nationalbibliothek
Die Deutsche Nationalbibliothek verzeichnet diese Publikation in der Deutschen Nationalbibliografie; detaillierte bibliografische Daten sind im Internet über http://dnb.d-nb.de abrufbar.

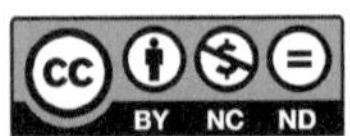

transcript Verlag | Hermannstraße 26 | D-33602 Bielefeld | live@transcript-verlag.de

Umschlaggestaltung: Maria Arndt, Bielefeld, nach einem Konzept von Wolfgang Wirth, Wien
Umschlagabbildung: Wolfgang Wirth, Wien
Druck: Majuskel Medienproduktion GmbH, Wetzlar
Print-ISBN 978-3-8376-4206-3
PDF-ISBN 978-3-8394-4206-7

Gedruckt auf alterungsbeständigem Papier mit chlorfrei gebleichtem Zellstoff.

Inhalt

Verhaltensdesign

Technologische und ästhetische Programme der 1960er und 1970er Jahre

Jeannie Moser und Christina Vagt

Ob Neokybernetik, Computerlyrik, Sprach- oder Sound-Experiment, ob Brainstorming, instrumentell aufgerüstete Lernumgebung oder neues Konferenzformat, ob Gruppendynamik oder Umweltschutz... – im Horizont von Kaltem Krieg und Summer of Love erzählen zahlreiche Verfahren von medialer und humaner Transformation. Verhaltensdesign interessiert sich für diese Transformation als eine, die sowohl ästhetisch, technisch, anthropologisch wie auch ökonomisch und politisch dimensioniert ist, und verbindet sie mit einer Diskussion über Bildungs-, Erziehungs- und Regierungsprogramme. Dabei bezeichnet das Kompositum ›Verhaltensdesign‹ gleichermaßen ein Problem und ein Experiment, um als strategische Beobachtungs- und Reflexionsfigur ein Forschungsareal im Grenzbereich von Literatur- und Medientheorie sowie Bild- und Technikgeschichte beschreibbar zu machen.[1]

Das Problem ergibt sich aus der Frage, wie sich jene technisch hochgradig komplexen Systeme und Infrastrukturen beschreiben lassen, die heute maßgeblich beteiligt sind an Debatten über das Selbst, über Sozialitäten und Environments – sowie im Hinblick auf ihre Ökonomie und Regierung bzw. Regierbarkeit: so etwa E-Democracy, *machine learning*, Künstliche Intelligenz, Computersimulation, *environmental design* oder *affective computing*. Das Experiment wiederum besteht darin, die Baupläne dieser Systeme und Wirkungsge-

1 | Während der deutsche Begriff ›Verhaltensdesign‹ bisher kaum geläufig ist, flottiert ›*behavioral design*‹ im US-amerikanischen Bereich der Verhaltensökonomie, der (globalen) Politikgestaltung sowie der Produktpsychologie seit den 1980er Jahren. (Vgl. Iris Bohnet: *What Works: Gender Equality by Design*, Cambridge 2016; Saugato Datta, Sendhil Mullainathan: »Behvioral Design: A New Approach to Development Policy«, in: *The Review of Income and Wealth* 60/2 [2014], 7-35; Donald A. Norman: *The Psychology of Everyday Things*, Cambridge 1988.)

füge auf ihre heiße Entstehungsatmosphäre in den 1960er und 1970er Jahren zu beziehen und ihre Genealogie als Wissens-, Literatur- und Mediengeschichte zu entwickeln – um damit vielleicht ein anderes Sprechen, ein anderes Nachdenken über die Verzahnung von Politik und Technologie zu eröffnen.

Mit den Ausflügen in die Vergangenheit und Zukunft des Verhaltensdesigns der 1960er und 1970er Jahre geht es jedenfalls mitnichten um die abschließende Betrachtung oder gar Bewertung einer verflossenen historischen Episode. Vielmehrt geht es um den Versuch, einen Blick hinter den ›eisernen Vorhang‹ technologischer Systeme der Gegenwart zu werfen, die unter dem Diktum von (unternehmerischer) Kreativität, Katastrophe oder Komplexität weiterhin bilden, erziehen und regieren.

Die Figur des Verhaltensdesigns

Die Beobachtungs- und Reflexionsfigur verdankt sich einer Montage der Begriffe ›Verhalten‹ und ›Design‹. Für sich genommen sind die beiden durch ihre semantische Breite theoretisch und praktisch kaum einzuhegen. Allein schon ein Blick ins Wörterbuch verrät ihre Vielseitigkeit.

›Verhalten‹ bezeichnet Reaktions- und Handlungsweisen, die eine bestimmte Einstellung, Haltung, eine Beschaffenheit oder ein Verhältnis zeigen. Der Begriff wandert im Laufe des 20. Jahrhunderts von der Alltagssprache in die Biologie und (behavioristische) Psychologie, steigt dort zum Zentralbegriff auf, um dann der sich seit den 1930er Jahren formierenden und vom Behaviorismus abgrenzenden Verhaltensforschung ihren Namen zu geben.[2] Mit der Metawissenschaft Kybernetik wird der Begriff des Verhaltens definitiv auf Gefüge von Menschen und Tieren, Maschinen und Materialien ausgeweitet – und verbindet diese miteinander.

Über die universelle Idee von Information, Kommunikation und Kontrolle analogisiert die Kybernetik das Verhalten von Lebewesen und (statistischen) Mechaniken; Steuerungsprozesse, Grammatiken, Entscheidungs- und Spieltheorien finden im selben Beschreibungsregister zueinander und sind gleichermaßen ästhetisch, ökonomisch, sozial und individuell anwendbar.[3] In den 1960er und 1970er Jahren werden mit der Vernetzung von Computertechno-

---

2 | Vgl. *Duden – Deutsches Universalwörterbuch*, Berlin 2015; *Historisches Wörterbuch der Philosophie*, Basel 1980.

3 | Siehe W. Ross Ashby: *Design for a Brain*, London 1952; Norbert Wiener: *Cybernetics or Control and Communication in die Animal and the Machine*, Cambridge 1948; George Miller: *Language & Communication*, New York 1963; John von Neumann: *The Computer & the Brain*, New Haven 1958; Claus Pias (Hg.): *Cybernetics | Kybernetik. Die Macy-Konferenzen 1946-1953*, Bd. 1 und 2, Berlin/Zürich 2003 und 2004.

logie, Sprach-, Gesellschafts- und Lebenswissenschaften zudem die Begriffe ›Organisation‹ und ›Struktur‹ ins inflationäre kybernetische Vokabular mit aufgenommen.[4] Diese erscheinen nun als bevorzugte Zieldomänen und Agitationszentren der Verhaltensregelung.

›Design‹ wiederum beschreibt einen Prozess der Transformation, der ein Moment der *poiesis* im Sinne eines kreativen Herbeiführens, Werdens und Hervorkommens mitführt. Design soll Neues erfinden und eine Gestalt geben, die zugleich ästhetisch und praktisch, formgerecht und funktional ist.[5] Diese Tätigkeit der manipulativen Intervention entgrenzt sich und zielt spätestens seit den 1960er und 1970er Jahren nicht mehr ausschließlich auf Dinge und Waren, sondern genauso auf Prozesse, Räume, Umgebungen, soziale Organisation und Kultur. Die Nutzung von immer größeren Produktionsgefügen soll sich durch eine bestimmte (ästhetische) Bearbeitung verändern und verbessern.[6]

Im Gegensatz zu ›Gestaltung‹ schließt ›Design‹ technische und organisatorische Planung, Konzeption und Problemlösung sowie (wissenschaftliche wie industrielle) Ingenieurs- und Konstruktionstechniken ausdrücklich mit ein.[7] ›Design‹ dient damit weniger der Abgrenzung von Kunst und Handwerk wie noch der Begriff *disegno*, der in der Kunsttheorie der italienischen Renaissance eine Idee betrifft, die sich materialisiert und als Skizze oder Entwurfszeichnung zur Form geworden ist, sondern der Verbindung von Technik und Ästhetik.[8] Als wesentliche Gemeinsamkeit geblieben ist diesen beiden Begriffen allerdings über den antizipativen Entwurf eine besonders starke Zukunftsgerichtetheit und imaginative Kraft.

Die jeweilige semantische Unschärfe macht sich die Figur des Verhaltensdesigns als analytisches Tool zunutze: Beschreibbar werden Entwurfsprozesse von Welten, von Handlungs- und Affekträumen sowohl menschlicher als auch

---

4 | Siehe Michael Hagner, Erich Hörl: *Die Transformation des Humanen. Beiträge zur Kulturgeschichte der Kybernetik*, Frankfurt a.M. 2008. Der Hinweis auf Organisation und Struktur stammt von Ben Peters: *How Not to Network a Nation*, Cambridge 2016.

5 | Vgl. *Duden – Deutsches Universalwörterbuch*.

6 | Vgl. Claudia Mareis: *Theorien des Designs zur Einführung*, Hamburg 2016, 10; Andreas Reckwitz: *Design im Kreativitätsdispositiv*, Hamburg 2018, 66f. Mit dem Design Methods Movement der 1960er Jahre beginnt die Systematisierung und Profilierung des Designs als eigene Wissenskultur. (Siehe Claudia Mareis: *Design als Wissenskultur. Interferenzen zwischen Design- und Wissensdiskursen seit 1960*, Bielefeld 2011.)

7 | Vgl. Mareis: *Theorien des Designs*, 41f.; Claudia Banz: »Zwischen Widerstand und Affirmation«, in: dies. (Hg.): *Social Design. Gestalten für die Transformation der Gesellschaft*, Bielefeld 2016, 11-25, 11.

8 | Siehe Mareis: *Theorien des Designs*, 44-48, 60.

nicht-menschlicher Akteure.[9] Die Figur pointiert die Art und Weise, wie (interaktives) Verhalten von Dingen, Subjekten, Gruppen und Environments strukturell und verfahrenstechnisch projektiert, gedacht und gemacht, organisiert und geplant, konstruiert, gestaltet und damit vorentschieden werden soll.[10]

Als eine erste wesentliche Besonderheit des Verhaltensdesigns wird damit seine Prospektivität erkennbar. Das Nichtwissen als sein günstiger, regelrecht attraktiver Ausgangspunkt und seine Ausrichtung auf eine offene Zukunft hin lassen das Verhaltensdesign im Modus des Spiels, des Virtuellen, der Möglichkeit und damit im Conditionalis operieren – sei es als literarische Fiktion, graphische Skizze, als Modell, (Schalt-)Plan oder Fotografie, als Bericht oder Diagramm, als Komposition, Szenario oder (computertechnische) Simulation.[11] Im Verhaltensdesign kooperieren nämlich ganz unterschiedliche Kulturtechniken solcher Form- und Funktionsgebung.

Über den Begriff des Designs wiederum hat das zukunftsverliebte Verhaltensdesign ästhetische und generative Qualitäten, in der Bestimmung potentiellen Verhaltens eines Selbst, von Sozialitäten und Environments macht es von Imaginationskräften und teils wilden Spekulationen Gebrauch. Dabei gilt der ungemeine Gestaltungswille meist der Einengung von Möglichkeitsräumen, der Komplexitätsreduktion und Defuturisierung, der Organisation, manipulativen Steuerung, der Lenkung und Regierung.[12]

---

9 | Vgl. Bruno Latour: *Wir sind nie modern gewesen. Versuch einer symmetrischen Anthropologie*, Frankfurt a.M. 2008.

10 | Vgl. Mareis: *Theorien des Designs*, 10, 24; Nicolas Beuker: »Design und die Sichtbarkeit möglicher Zukünfte«, in: Banz (Hg.): *Social Design*, 35-41, 35.

11 | Siehe zu den Forschungsfeldern der Futurologie und des Nichtwissens etwa Benjamin Bühler, Stefan Willer (Hg.): *Futurologien. Ordnungen des Zukunftswissens*, München 2016; Andreas Bernard, Matthias Koch, Martina Leeker (Hg.): *Non-Knowledge and Digital Cultures*, Lüneburg 2018; die Ausgabe »Nicht-Wissen« des Jahrbuchs *Nach Feierabend. Zürcher Jahrbuch für Wissensgeschichte* 5 (2009); Joseph Vogl (Hg.): *Poetologien des Wissens um 1800*, München 1999; Michael Bies, Michael Gamper (Hg.): *Literatur und Nicht-Wissen. Historische Konstellationen 1730-1930*, Berlin/Zürich 2012; Robert Proctor, Londa Schiebinger (Hg.): *Agnotology: The Making and Unmaking of Ignorance*, Stanford 2008; sowie aus der Perspektive der Soziologie Dirk Baecker, Susanne Düchting (Hg.): *Nichtwissen*, Lüdenscheid 2006; Frank Becker, Benjamin Scheller, Ute Schneider (Hg.): *Die Ungewissheit des Zukünftigen. Kontingenz in der Geschichte*, Frankfurt a.M. 2016.

12 | Vgl. zum Argument der Komplexitätsreduktion und Defuturisierung Niklas Luhmann: »The Future Cannot Begin: Temporal Structures in Modern Society«, in: *Social Research* 43/1 (1976), 130-152; sowie Elena Esposito: *Die Fiktion der wahrscheinlichen Realität*, Frankfurt a.M. 2007.

Die Beobachtungs- und Reflexionsfigur des Verhaltensdesigns legt damit einen doppelten Impetus technologischer und ästhetischer Programme der 1960er und 1970er Jahre frei. Denn Verhaltensdesign zielt mit seinen Modellierungen gleichermaßen auf Disziplinierung und Regulierung des Verhaltens wie auf Entfesselung, Entfaltung, auf Potentialität, utopische Momente und die Entdeckung des (vermeintlich ganz) Neuen. Es ist also normativ und gleichzeitig animativ. An der Schnittstelle von Technik, Industrie, Wissenschaft, Politik und Kunst arbeitet es mit Schönheit, Freiheit, Überschuss und Einbildungskraft.

Anders als frühe behavioristische Konditionierungsprogramme, die auf die Anpassung und Abrichtung von Verhalten zielen, Übungsprozeduren verordnen und Strafen verhängen, agiert und regiert das Verhaltensdesign vermeintlich sanft, ohne zu unterdrücken. Doch in seinen Effekten ist es mindesten genauso rigoros, weil es ihm darum geht, über die Systeme, die es erzeugt, Aufmerksamkeiten zu dirigieren und Handlungsoptionen in strikter Weise zu rahmen.[13] Verhaltensdesign erzählt von einem erweiterten, gleichsam um Kreativität gesättigten Behaviorismus. Es verfügt damit über einen bemerkenswert widersprüchlichen Herzschlag. Gerade diese Ambivalenz, dieses Schillern in divergente Richtungen und die oftmalige Unentscheidbarkeit gilt es hervorzuheben und in den Bauplänen von Systemen und Wirkungsgefügen sowie ihren Regierungsprozeduren beschreibbar zu machen, sie politisch zu denken bzw. ihre gesellschaftspolitische Reichweite zu ermessen.

Schließlich macht Verhaltensdesign als analytisches Tool Entwurfsprozesse zukünftiger Wirklichkeiten ökonomisch beschreibbar bzw. denkt es die fundamentale Marktförmigkeit der Gestaltungspraxis mit. Denn wenn es dem Verhaltensdesign um Kontingenzbewältigung sowie um die Beherrschung der Zukunft geht, korrespondiert sein Erfindungsreichtum, der auf eine möglichst effiziente Problemlösung hinarbeitet, mit spezifisch ökonomischen Gesetzmäßigkeiten. Häufig folgt Verhaltensdesign einer unternehmerischen Optimierungslogik, trotz oder gerade über sein kreativ-ästhetisches Moment dient es dann der kapitalistischen Dynamisierung.[14]

13 | Vgl. Ulrich Bröckling: *Gute Hirten führen sanft. Über Menschenregierungskünste*, Frankfurt a.M. 2017, 189.

14 | Siehe Reckwitz: *Design im Kreativitätsdispositiv*; vgl. Jon Goodbun, Andreas Rumpfhuber, Michael Klein, Jeremy Till: *Das Design der Knappheit*, Hamburg 2018, 14.

Historische Szene

Was aber Verhaltensdesign letztendlich sein kann und was der Begriff, der durch seine Offenheit diverse Kombinationsmöglichkeiten zulässt, noch sichtbar zu machen imstande ist, entwickeln die einzelnen Beiträge dieses Bandes im Hinblick auf ganz konkrete Konstellationen und Interaktionen von Medien und Instrumenten, Dingen, Menschen und Maschinen, Verfahren, Institutionen, Ästhetiken sowie Darstellungs- bzw. Artikulationsweisen. Bis auf zwei Beiträge, die genealogische Spuren des Verhaltensdesigns einer sich digitalisierenden Kultur zurück ins Barock und den sogenannten Bildungsroman um 1800 verfolgen, begeben sie sich an exemplarische Schauplätze der 1960er und 1970er Jahre, an denen im Zeichen des Verhaltensdesigns gebildet, erzieherisch gestaltet und regiert wird.

Die 1960er und 1970er Jahre dienen als zeitliche Marken einer historischen Szene, in der die Programmierung des Verhaltens von Lebewesen, Maschinen und Materialien, von ökonomischen, sozialen und politischen, psychischen wie ästhetischen Phänomenen und Abläufen ebenso wie von Umgebungen und Räumen zum Gegenstand von Designverfahren wird. In die kybernetischen Politiken, die das Problem des Regierens auf eine technische Grundlage zu stellen versuchen,[15] schreiben sich Essayistisches und Spielerisches, schreibt sich die Faszination für Innovationen ein. Sie beanspruchen einen anderen Umgang mit Zeit, verschieben Planungshorizonte in weite Zukünfte,[16] wenden sich Possibilitäten zu. Mehr als Erfahrungswissen zählt die Produktion von Erwartungswissen.

Charakteristisch ist zudem, dass sich Theorien und Verfahren hin zu einem Dispositiv des Verhaltensdesigns verdichten, das in Bildungstheorie, Gestalttheorie, Synergetik, Systemtheorie etc. einerseits auf der Ebene von Holismen und Globalem operiert. Andererseits produzieren die beteiligten praktischen und materiellen Techniken wie die Wahrscheinlichkeitsmathematik, Spieltheorie, Computersimulation und -grafik selbst die signifikanten Ganzheiten – etwa die ›ganze Gesellschaft‹ oder der ›ganze Planet‹, der 1968 bildlich montiert vor Augen tritt und dank NASA und *Whole Earth Catalog* ikonisch wird.[17]

---

15 | Vgl. Benjamin Seibel: *Cybernetic Government. Informationstechnologie und Regierungsrationalität von 1943-1970*, Wiesbaden 2016, 9.

16 | Olaf Helmer: »Analysis of the Future: The Delphi Method«, RAND Corporation, P-3558, Santa Monica 1967.

17 | Siehe Diedrich Diederichsen, Anselm Franke (Hg.): *The Whole Earth. Kalifornien und das Verschwinden des Außen*, Berlin 2013.

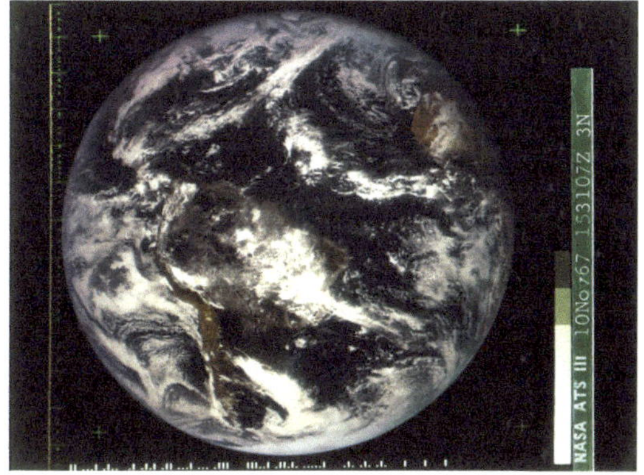

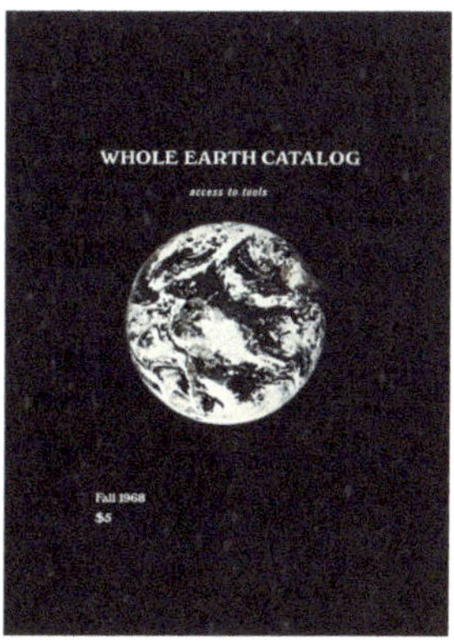

Abbildung 1 und 2: Der ganze Planet. Die NASA setzt mehrere vom ATS-3-Satellit im Jahr 1967 übertragene Farbfotografien der Erde zusammen. (Auf: http://library.ssec.wisc.edu [Zugriff 12.04.2018]). In der Counterculture taucht die whole earth *auf dem Cover des als analoges Vorgängermedium von Google bekannten Katalogs auf, der Zugang zu Werkzeugen für alternative Denk- und Lebensweisen verspricht – Aufsätze und Essays von Buckminster Fuller oder John C. Lilly, Bauanleitungen, genauso auch Dinge wie Bücher, Tipis, Lampen oder Samen, die jedem Einzelnen eine Hilfe sein sollen: »to conduct his own education, find his own inspiration, shape his own environment, and share his adventure with whoever is interested.« (Stewart Brand [Hg.]:* The Whole Earth Catalog. Access to Tools, *1968.)*

Angesichts von Umweltverschmutzung, Erderwärmung, einem neuen Bewusstsein für Ressourcenknappheit, für eine nukleare Bedrohung, Bevölkerungswachstum und soziale Ungleichheit auf diesem ›ganzen Planeten‹ wird nach alternativen Formen der Wissensproduktion und (technischen) Lösungen von Problemen gesucht, die als Krisen und Katastrophen adressiert werden.[18]

Die RAND Corporation erweitert ihre Themenagenda um so unterschiedliche Projekte wie *Packet Switching, Viet Cong Motivation and Morale, Planet Mapping* oder *Racial Difference in Income.*[19] Zu Leibe rückt sie ihnen mit utilitaristischen Formaten und Kreativitätstechniken wie Ideenkonferenzen oder Brainstorming, und lässt Gruppen Imaginationstrainings durchlaufen, um den Marktplatz der Gedanken effizient zu vergrößern (Mareis). Ebenfalls stark

18 | Hierauf antwortet u.a. die Medienökologie nach Marshall McLuhan und Neil Postman. Siehe Petra Löffler, Florian Sprenger (Hg.): *Medienökologien. Zeitschrift für Medienwissenschaft* 14/1 (2016).

19 | RAND Corporation: *History and Mission*, auf: https://www.rand.org/about/history.html (Zugriff 12.04.2018).

dem Imaginären verbunden sind futurologische Verfahren, die Kontingenz und Unsicherheit zu kontern und Krisen zu managen suchen. Weil der nukleare Totalschlag weder erfahrbar noch vorstellbar ist, setzt die Szenario- und Simulationstechnikkultur des Kalten Kriegs und späten *atomic age* – wie schon die barocke Verhaltenslehre Baltasar Graciáns – auf die Modellierung possibler, künstlich-visionärer Wirklichkeiten, um die Zukunft systematisch zu erzeugen, durchzuspielen und dort zu operieren (Moser).

Neben die militärisch-industrielle Forschung im Zentrum der nationalen und internationalen Thinktanks, Planungs- und Strategieinstitute treten Zukunfts-, Friedens- und Nachhaltigkeitsforschung: Der Club of Rome gründet sich 1968 und veröffentlicht wenige Jahre später die Studie *Grenzen des Wachstums.*[20] Derweil wird von Künstlern und Aktivisten, in Kommunen oder anderen Biotopen kollektiver Bildung mit Praktiken und Tools experimentiert, um das Bewusstsein zu schulen, Krisenkompetenz zu entwickeln und auf die ökologischen, sozialen und politischen Katastrophen reagieren zu können.[21] In Angriff genommen werden eine subsistenzwirtschaftliche Lebensführung, DIY die Metaprogrammierung des *human biocomputers* bzw. seiner neurologischen Schaltkreise mit LSD wie auch computertechnologische Projekte und der Entwurf dezentraler Kommunikationsnetzwerke.[22]

Probleme scheinen einzig durch holistische, integrative und interdisziplinäre Zugriffsweisen identifizier- und lösbar zu sein. Die Zukunft und das Globale im Visier wird dafür der Umgang mit Nichtwissen in partizipativen, weniger hierarchischen Gruppenkonstellationen spielerisch erprobt. Bildung und Erziehung sind dabei nicht nur Gegenstand von Design, sondern spielen ihrerseits designtheoretisch eine eminente Rolle: »Design is general education«,[23]

---

20 | Donella H. Meadows, Dennis L. Meadows, Jørgen Randers, William W. Behrens III (Hg.): *The Limits to Growth*, Washington/DC 1972.

21 | Dass auch dort Individualisierungs- und Ökonomisierungsprozesse gefördert werden, auf denen die neoliberale Moderne mit basiert, hat Ulrich Bröckling gezeigt in: *Das unternehmerische Selbst. Soziologie einer Subjektivierungsform*, Frankfurt a.M. 2007.

22 | Siehe zur drogistischen Selbstprogrammierung und Technoaffinität Jeannie Moser: *Psychotropen. Eine LSD-Biographie*, Konstanz 2013, 204-212, 227-246; zur Allianz von Counterculture und Computertechnologie generell John Markoff: *What the Dormouse Said. How the Sixties Counterculture Shaped the Personal Computer Industry*, New York 2005; Fred Turner: *From Counterculture to Cyberculture. Stewart Brand, the Whole Earth Network, and the Rise of Digital Utopianism*, Chicago 2006; zum 1968 in San Francisco gegründeten Ant Farm-Kollektiv, das Performance, Medientechnik, Architektur, Grafik und Umweltdesign assoziiert und eine kommunikationsmediale Infrastruktur für die USA entwirft, die sich an Highways und Truckstops orientiert, Tung-Hui Hu: *A Prehistory of the Cloud*, Cambridge/MA 2016, 24-36.

23 | John McHale: *Education in Progress*, Carbondale/IL 1961.

spitzt der britische Soziologe und Künstler John McHale die Programmatik im Kontext von spieltheoretischer Friedensforschung und Ressourcensimulation zu (Vagt). In Gregory Batesons *Ökologie des Geistes* oder bei Erving Goffman wiederum findet sich der Gedanke einer allgemeinen Erziehung, in der das Spiel als anthropologische Konstante Welterfahrung im Modus des Conditionalis anzeigt.[24]

Der Alltag der 1960er und 1970er Jahre wird zum interaktiven Rollenspiel und dient der Modellierung und Verfertigung sozialer Grundkompetenzen. Richard Buckminster Fullers monumentale Forschungsanordnung namens *World Game* träumt von einem Ende der Politik durch globales Design und Bildungsautomation, und will den spielenden Weltbürger zum friedlichen und nachhaltigen Umgang mit Nachbarn und Ressourcen erziehen.[25] Und auch auf der anderen Seite des Eisernen Vorhangs wird nach Möglichkeiten eines Durchspielens bzw. Erprobens gesucht, das sich simulierter bzw. modellierter Welten bedient. Bertold Brechts episches Theater wird mit DDR-Kybernetik verkoppelt zum programmatischen Schauplatz einer sich selbststeuernden Gesellschaft, die, wie der Theaterzuschauer, ein unablässiger Ingenieur sozialer Wirklichkeit ist (von Herrmann).

Immer öfter rückt dabei der Computer – der noch kein vermeintlich individualisierter Personal Computer (Ehrmanntraut), sondern eher so etwas wie eine Experimentalanordnung des Verhaltensdesigns ist – ins Zentrum des Interesses. Für die Konvergenz von Geist und Maschine werden ab den 1960er Jahren die entscheidenden Designs geliefert – und zwar nicht nur in Form von Computertechnologie, sondern zuallererst durch die strukturelle Gleichsetzung von Gehirn und Computer. Das geschieht auf der Ebene gebauter Regelkreise ebenso wie auf abstrakter, konzeptioneller Ebene: Die Analogisierung von Neuronen und Transistoren mittels einer hypostasierten funktionalen Digitalität stiftet einen Diskurs, der noch heute unter den Titeln ›Smart Technologies‹ und ›Künstliche Intelligenz‹ floriert (Peters).

Dabei sind die Grenzen dieser Systeme bereits in die frühen Systemdesigns miteingebaut: Als Herbert A. Simon, gleichermaßen Gründungsfigur des Designs künstlicher Intelligenz wie der Verhaltensökonomik, in den 1950er Jahren beginnt, Entscheidungsprozesse mittels Computer zu simulieren, wird klar, dass schon bei simplen Prozessen wie einem Schachspiel die Komplexi-

24 | Gregory Bateson: Ökologie des Geistes. Anthropologische und epistemologische Perspektiven, Frankfurt a.M. 1985; Erving Goffman: *Interaktion. Spaß am Spiel/Rollendistanz*, München 1973; ders.: *Wir alle spielen Theater. Die Selbstdarstellung im Alltag*, München 1973.

25 | Vgl. Christina Vagt: »Fiktion und Simulation. Buckminster Fullers *World Game*, in: *Mediengeschichte* nach *Friedrich Kittler. Archiv für Mediengeschichte* 13 (2013), 51-68.

tät innerhalb kürzester Zeit eine rational unüberschaubare Lage produziert.[26] Der kybernetische Traum von einer vollständigen Kontrolle und Regierbarkeit von Welt stößt sich am computertechnisch gestützten Fakt immer nur eingeschränkt verfügbarer Informationen und ebenfalls beschränkter Rechenkapazitäten von Menschen und Maschinen.[27] Vor dem Hintergrund der Entscheidungsprobleme der Ökonomik erscheint die Kunst- und Literaturproduktion am Deutschen Rechenzentrum wie ein ironischer Kontrapunkt in Sachen künstlicher Subjektivität – nicht Intelligenz. Wenn in diesem Darmstädter Hybridraum Computer Signale tanzen lassen und Lyrik auf Endlospapier generieren, dann wird Selbstreferenz beobachtbar und die Beobachtung selbstreferentiell (Krause).

Diese historische Szene, die auf den ersten Blick ein scheinbar unentwirrbares Konglomerat aus Kybernetik und Kaltem Krieg, Zukunfts- und Friedensforschung, *operation analysis* und Managementtheorie, Prognostik, Psychologie, Anthropologie und Soziologie, Bildtheorie, Kunst, generativer Ästhetik und Digitalisierung auftreten lässt, erweist sich aus der Perspektive des Verhaltensdesigns als experimenteller Handlungs- und Affektraum, in dem technologische und ästhetische Programme synthetisiert werden können.

Skalierung

Wenn sich technologische und ästhetische Programme verschränken, entstehen mitunter andere Räume und Zeitlichkeiten, wie etwa die in den 1970er Jahren neuen fraktalen Geometrien. Dieses Verhaltensdesign mathematischer Funktionen operiert nicht mehr in den Repräsentationsräumen klassischer Mechanik oder Literatur.[28] Stattdessen verlangt es ein Denken in Skalierungen, ein Denken in Räumen sogenannter gebrochener Dimensionen. Wie viele Verhaltensdesigns verfügt auch die fraktale Geometrie über eine längere Vorgeschichte, die sich etwa mit der papierbasierten Mathematik des 19. Jahrhunderts beginnen ließe.

---

26 | Vgl. Herbert A. Simon, Allen Newell: *Human Problem Solving*, Englewood Cliffs, NJ 1972.

27 | Vgl. Seibel: *Cybernetic Government*, 182ff.

28 | Michel Serres etwa setzt die sich wandelnden Räume von Literatur und Physik im 18. und 19. Jahrhundert miteinander in Beziehung. (Vgl. Michel Serres: *Die Nordwest-Passage. Hermes V*, Berlin 1994, 35-48.)

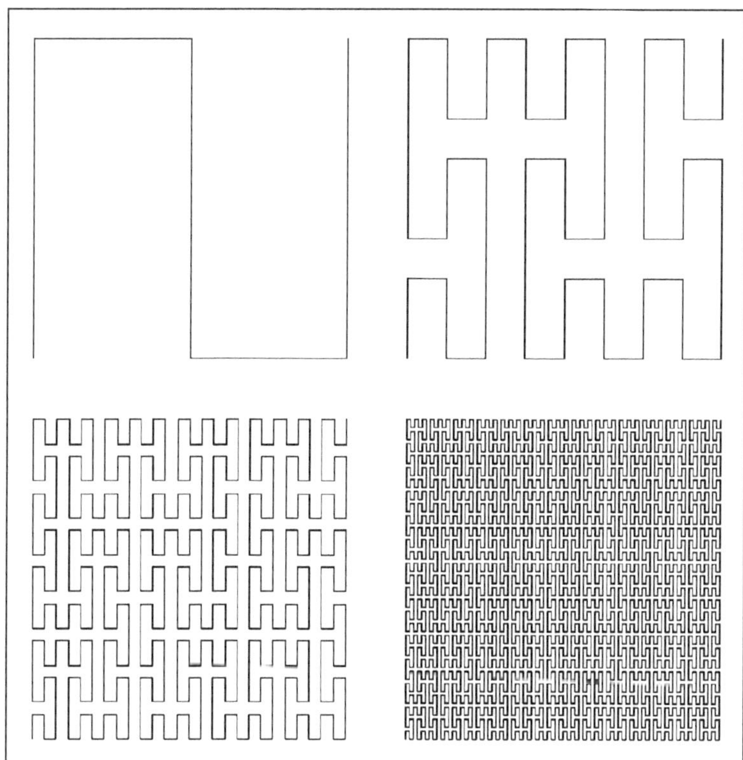

Abbildung 3: Die Peano-Kurve, eine Linie, die denkt, sie sei eine Fläche: Guiseppe Peano veröffentlicht 1890 einen Artikel, in dem er eine Kurve konstruiert, die eine Fläche komplett ausfüllt. (Auf: https://commons.wikimedia.org/w/index.php?curid=206015 [Zugriff 17.06.2018].)

Erst mit dem Computer aber können die Fraktale zu einem eigenständigen Teilgebiet der Mathematik avancieren: Da sie ihre geometrischen Objekte mittels einer sehr großen Zahl von iterativen Rechenschritten erzeugen, übersteigen diese Programme schlicht den Möglichkeitsraum menschlicher Zeitlichkeit.[29]

29 | Mit Benoît Mandelbrot lässt sich präzisieren, dass die Computergrafik lediglich zur Akzeptanz der fraktalen Geometrie beitrug, aber nur eine periphere Rolle bei ihrer Erfindung spielte. Ihre Popularität innerhalb und außerhalb mathematischer Zirkel, vor allem ihre Anwendung zur mathematischen Beschreibung von Wolkenbewegungen, Börsenschwankungen und rauen Oberflächen verdankt sich allerdings der Verzahnung von Technologie und Ästhetik. (Vgl. Benoît Mandelbrot: *The Fractal Geometry of Nature*, New York 1982, 276.)

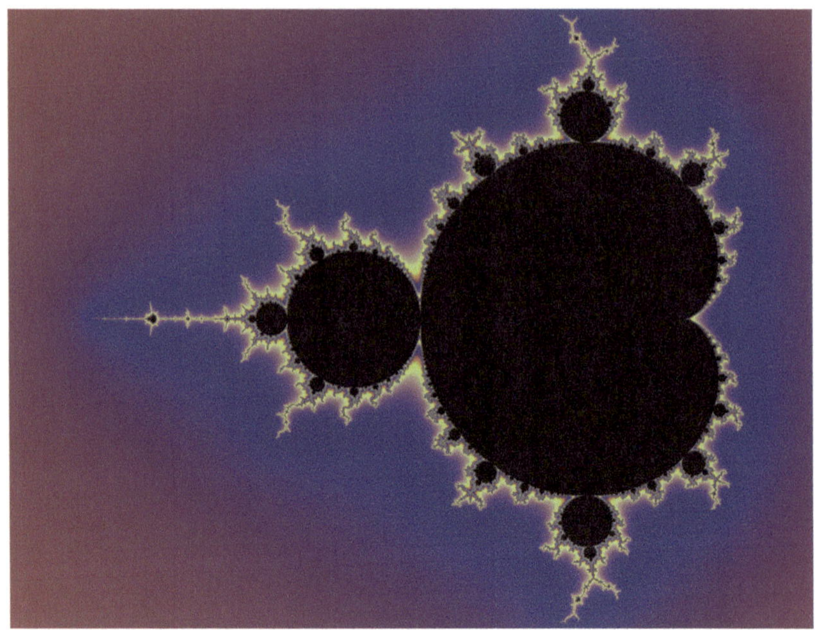

*Abbildung 4: Die Mandelbrotmenge, auch Apfelmännchen genannt, lässt sich nur mittels Computergrafik darstellen. (*Big Mandelbrot set *von Medvedev, auf: https://commons.wikimedia.org/w/index.php?curid=11380583 [Zugriff 17.06.2018]). Der Mathematiker Benoît Mandelbrot erfindet die Begriffe ›Fraktal‹ und ›fraktale Geometrie‹, nachdem er erkannt hat, dass die Länge der Küste von England von der Skala abhängt, die man ihrer Messung zugrunde legt. Je feiner die Skala, desto mehr nähert sich die Küstenlänge der Unendlichkeit an. Eine Küstenlinie bewegt sich – wie die Peano-Kurve – zwischen der Eindimensionalität einer Linie und der Zweidimensionalität einer Fläche. (Vgl. Benoît Mandelbrot: »How Long is the Coast of Britain?«, in:* Science *156/3775 [1967], 636-638.)*

Um die Verschränkung von technologischen und ästhetischen Programmen als Dispositiv des Verhaltensdesigns zu beschreiben, scheint uns eine historische Einteilung in Epochen oder eine disziplinäre Einordnung der Beiträge etwa in Medien-, Bild- und Literaturwissenschaften ungeeignet. Umso mehr, als dass gerade die verschiedenen Disziplinen über die strategische Beobachtungs- und Reflexionsfigur des Verhaltensdesigns auf einem Forschungsareal in Kontakt treten können. Die sukzessive Anordnung, die das Buch stattdessen findet, ist eine, die die jeweiligen Skalierungen und Dimensionen des Verhaltensdesigns hervortreten lässt. Verhaltensdesign lässt sich dann verstehen als Versuch, primär ein Environment, das individuelle Selbst oder das Verhalten einer Gruppe zu modulieren. Die interne Organisation nach Aby Warburgs

Gesetz der guten Nachbarschaft wiederum, das Beiträge über thematische Verdichtungspunkte zueinander rückt und in Resonanz bringt, gestattet und vermittelt Übergänge zwischen verschiedenen Größenordnungen.

Verhaltensdesign des Environments

Was von Friedrich Schiller bis hin zur künstlerischen Avantgarde des frühen 20. Jahrhunderts unter dem Stichwort ›Formgebung‹ ausdrücklich Aufgabe künstlerischer Produktion und Freiheit ist, soll unter dem Eindruck des wissenschaftlichen Behaviorismus nach dem Zweiten Weltkrieg von jeglicher Kontingenz befreit werden: Als *cultural engineering* laufen eben jene Programme, die sich als behavioristische Designtechnik von den Klassenzimmern über Gefängnisexperimente bis hin zu den frühen computerbasierten Lernumgebungen US-amerikanischer Universitäten verbreiten.

Das *environmental design* mit seinen genauso behavioristischen wie verspielten Methoden behauptet, dass man Systeme, die man nicht vorhersagen kann, erzeugen und designen muss. Verhalten, das sich nicht in klassischen Begriffen von Ursache und Wirkung beschreiben lässt, soll durch Umweltkontrolle beherrscht werden, die es ja allererst hervorbringt (Vagt). So wird etwa der Umweltschutz unter Richard Nixon und Jean Baudrillard gleichermaßen zum Gegenstand technologischer Politiken wie politischer Technologien (Sprenger), während Ingenieure, Künstler und Musiker die Auflösung zwischen Selbst und Environment, zwischen Innen und Außen, in den neuen Soundscapes elektrifizierter Musik gestalten (Müller-Helle). Die Zukunft des Theaters wiederum wird in der Konstruktion von Außen- bzw. Umweltmodellen imaginiert, die in der Lust schulen, ihre Herausforderungen zu meistern – indem die Zuschauer mit Systemen umgehen, die sie selbst produzieren (von Herrmann).

Verhaltensdesign des Selbst

Was hat das Design von Mensch-Maschine-Schnittstellen mit barocker Regierungskunst zu tun? Ein doppelter Blick in Graciáns *Handorakel* und die Anfänge des *human factor design*, das eigentlich auf die vom Menschen bevölkerte Umwelt des Computers zielt, eröffnet: Bei beiden handelt es sich um vielverheißende Programme, die mit Spielraum und oft unmerklich zu steuern verstehen, während sie Subjekte adressieren, hervorbringen und ermächtigen, die ihr Leben selbstbestimmt und frei gestalten wollen. Barocker Politiker und digitaler User sind sich auch insofern ähnlich, als dass sie aus einem grundsätzlichen Nichtwissen heraus problemlösungskompetent agieren: Der User vergisst die Tätigkeit der Maschine und weiß nicht, was hinter seiner Benutzeroberfläche passiert (Ehrmanntraut), der Höfling weiß nicht, welche Absichten sich hinter den Masken der anderen verbergen mögen (Moser). Beide haben das feste Bezugssystem der Repräsentation gegen einen Simulationsraum frei verfügbarer Zeichen eingetauscht. Verhaltensdesign beruht hier auf Individualität und Freiwilligkeit – und zielt darum zuallererst auf das Selbst ab.

Auch Goethes sogenannter Bildungsroman *Wilhelm Meisters Lehrjahre* macht um 1800 ein Verhaltensdesign des Selbst beobachtbar, wenn er Subjektivierungsformen prozessiert, die im Umgang mit Kontingenz auf Selbststeuerung, Steigerung und Abschöpfung von Kräften sowie die Entfaltung von Potential in der Zukunft ausgerichtet sind. Problematischer Kern ist dabei die Einbildungskraft, deren Formierung sich – wie auch die des Selbst – einem unablässigen, komplizierten Wechselspiel von Entfesselung und Disziplinierung verdankt. Auf grundsätzliche Weise stellt der Roman damit die Frage, wie auf das Innere des Menschen einzuwirken ist. Wie wiederum Schiller in den *Briefen über die ästhetische Erziehung des Menschen* feststellt, besteht zwischen dem Empfinden und dem Denken des Menschen eine Lücke, in der eben jene ästhetische Formierung stattfinden kann, die eine Funktionseinheit zwischen individueller Freiheit und gesellschaftlicher Norm bildet (Lemke). Unter Bedingungen affektresponsiver Medien erreicht das Emotionsdesign heute allerdings eine neue Dimension, wenn auf der Grundlage vermeintlich objektiver Daten und Überwachung das Verhalten der User weitaus wirkungsvoller gesteuert werden kann, als dies in den klassischen sozialtechnologischen Entwürfen jemals umsetzbar war (Bösel).

Verhaltensdesign der Gruppe

Der misstrauische Kalte Krieg bringt neben nuklearem Wettrüsten auch Kreativitätstechniken wie das Brainstorming hervor, das bis heute für emanzipatorische und demokratische Meinungsbildung, spontane Ideenäußerung, flache Hierarchien und alternative Führungsstile steht. Das Verhaltensdesign setzt allerdings an der Gruppe an, weil es kognitives Kapital im Blick hat und weiß, dass sich im Team mehr und schneller produzieren lässt. Außerdem eignet sich gerade das soziale Gefüge der Kleingruppe besonders gut, um gezielt verändert, manipuliert und diszipliniert, ja sogar politisch beschwichtigt zu werden (Mareis).

Was für Thinktanks und Werbeagenturen bis heute funktioniert, scheint sich auch in den Wissenschaftsbetrieb einzuschreiben. »Thinking about the unthinkable«, so die Devise des Strategen Herman Kahn,[30] steht seit den 1960er und 1970er Jahren allseits hoch im Kurs. Das Format der kleinen Konferenz, wie es von Margaret Mead und ihrer Tochter Catherine Bateson 1968 beschrieben und interpretiert wird, setzt nun aber an der Gestaltung der kommunikativen Bedingungen an, unter denen sich jene Ideen, die ansonsten nicht denkbar wären, überhaupt entwickeln können. Gleichermaßen Beobachtung und Modifikation der Gruppe, ihrer Interaktion und Dynamik, ist

---

30 | Herman Kahn: *Thinking About the Unthinkable*, New York 1962.

ein solches Format anwendungsorientiert, es diszipliniert und optimiert. Und dennoch erzählt dieses Konferenzdesign wie so viele Verhaltensdesigns der 1960er und 1970er Jahre auch von einer engagierten Hinwendung zum Kollektiv, der Kraft eines transnationalen und -disziplinären Denkens. Es formuliert Ideen geteilter Erfahrung, von Sinnlichkeit und radikaler Involviertheit. In ihm stecken der Glaube an ein besseres Regieren genauso wie Momente der Spontanität und unfassbare Überschüsse (Bergermann).

Dieses Changieren in den Vordergrund zu rücken und für die oftmals undeutlichen Grenzen und das Ineinanderübergehen, das Umschlagen und Zusammenspielen von Normalisierung, Optimierung, Quantifizierung und Beherrschung einerseits und dem Spielerischen, Schöpferischen, Utopischen und Verschwenderischen andererseits zu sensibilisieren, ist Anspruch dieses Buches.

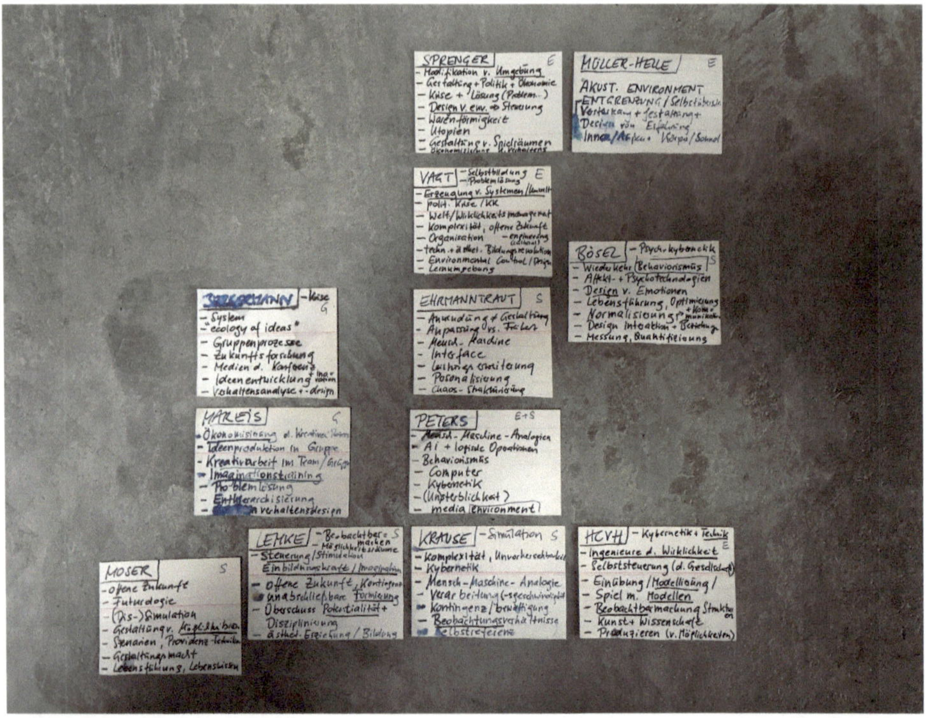

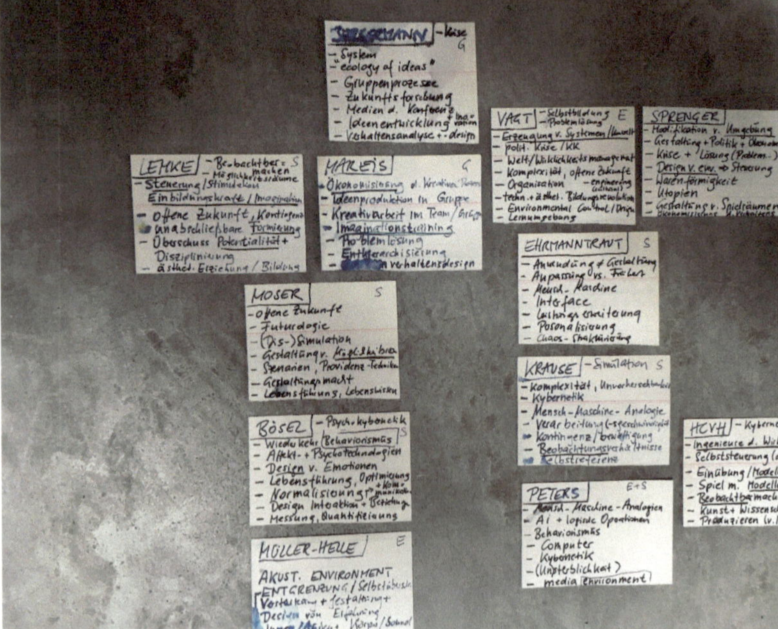

SPRENGER E
– Modifikation v. Umgebung
– Gestaltung + Politik + Ökonomie
– Krise + Lösung (Problem..)
– Design v. env. ⇒ Steuerung
– Warenförmigkeit
– Utopien
– Gestaltung v. Spielräumen
MÜLLER-HELLE E
AKUST. ENVIRONMENT
VAGT – Selbstbildung – Problemlösung E
– Erzeugung v. Systemen / Umwelt
– polit. Krise / KK
– Welt/Wirklichkeitsmanagement
– Komplexität, offene Zukunft
– Organisation – engineering
– techn. + ästhet. Bildungsrevolution
– Environmental Control / Design
– Lernumgebung
– Krise G
– System
– "ecology of ideas"
– Gruppenprozesse
– Zukunftsforschung
– Medien d. Konferenz
– Ideenentwicklung + Innovation
– Verhaltensanalyse + -design
LEMKE – Beobachtbar-machen – Möglichkeitsräume S
– Steuerung / Stimulation
Einbildungskraft / Imagination
– offene Zukunft, Kontingenz
– unabschließbare Formierung
– Überschuss Potentialität + Disziplinierung
– ästhet. Erziehung / Bildung
MAREIS G
– Ideenproduktion in Gruppe
– Kreativarbeit im Team / Gruppe
– Imaginationstraining
– Problemlösung
– Enthierarchisierung
EHRMANNTRAUT S
– Anwendung + Gestaltung
– Anpassung vs. Fehler
– Mensch-Maschine
– Interface
– Leistungserweiterung
– Personalisierung
– Chaos-Strukturierung
MOSER S
– offene Zukunft
– Futurologie
– (Dis-)Simulation
– Gestaltung v. Möglichkeiten
– Gestaltungsmacht
KRAUSE – Simulation S
– Komplexität, Unvorhersehbarkeit
– Kybernetik
– Mensch-Maschine-Analogie
– Verarbeitung (-sgeschwindigkeit)
– Kontingenz / bewältigung
– Beobachtungsverhältnisse
– Selbstreferenz
BÖSEL – Psychokybernetik S
– Wiederkehr Behaviorismus
– Affekt- + Psychotechnologien
– Design v. Emotionen
– Lebensführung, Optimierung
– Normalisierung
– Design Interaktion + Beziehung
– Messung, Quantifizierung
HCVH – Kybernetik + Technik E
– Ingenieure d. Wirklichkeit
– Selbststeuerung (d. Gesellschaft)
– Einübung / Modellierung /
– Spiel m. Modellen
– Beobachtbarmachung Strukturen
– Kunst + Wissenschaft
– Produzieren (v. Möglichkeiten)
PETERS E+S
– Mensch-Maschine-Analogien
– AI + logische Operationen
– Behaviorismus
– Computer
– Kybernetik
– (Unsterblichkeit)
– media environment

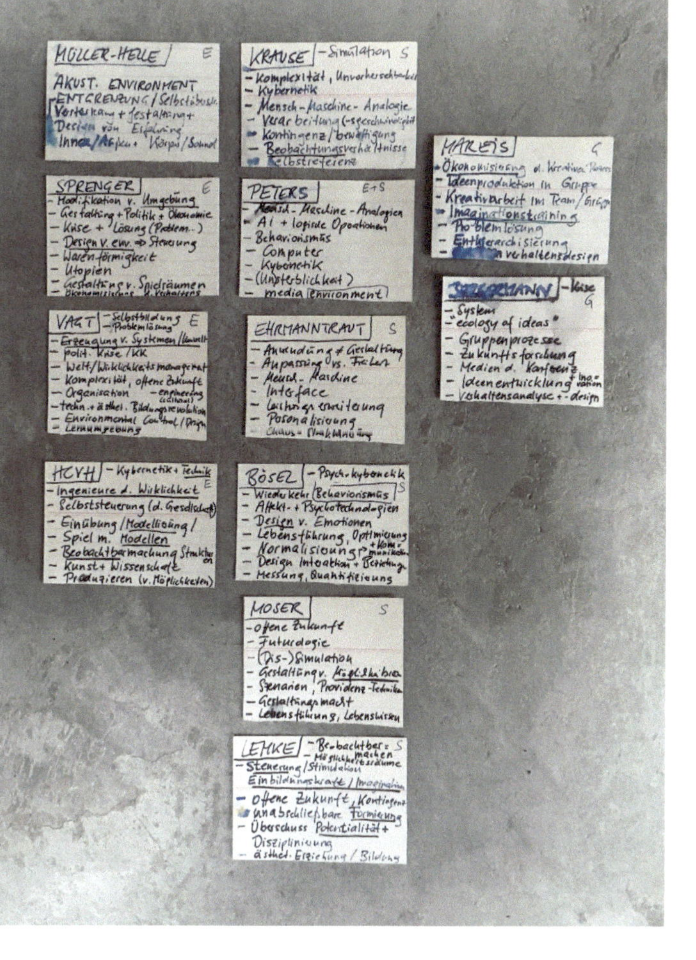

MÜLLER-HELLE E
AKUST. ENVIRONMENT
KRAUSE - Simulation S
- Komplexität
- Kybernetik
- Mensch-Maschine-Analogie
- Kontingenz/bewältigung
- Beobachtungsverhältnisse
- Selbstreferenz
MAREIS G
- Ökonomisierung d. Kreativen
- Ideenproduktion in Gruppe
- Kreativarbeit im Team
- Imaginationstraining
- Problemlösung
- Enthierarchisierung
SPRENGER E
- Modifikation v. Umgebung
- Gestaltung + Politik + Ökonomie
- Krise + Lösung
- Warenförmigkeit
- Utopien
- Gestaltung v. Spielräumen
PETERS E+S
- Mensch-Maschine-Analogien
- AI + logische Operationen
- Behaviorismus
- Computer
- Kybernetik
- (Un)sterblichkeit
- media environment
- Krise
- System
- "ecology of ideas"
- Gruppenprozesse
- Zukunftsforschung
- Medien d. Konferenz
- Ideenentwicklung + Innovation
- Verhaltensanalyse + -design
VAGT - Selbstbildung - Problemlösung E
- Erzeugung v. Systemen
- polit. Krise / KK
- Welt/Wirklichkeitsmanagement
- Komplexität, offene Zukunft
- Organisation
- techn. + ästhet. Bildungsrevolution
- Environmental Control
- Lernumgebung
EHRMANNTRAUT S
- Anwendung ≠ Gestaltung
- Anpassung vs. Fehler
- Mensch-Maschine
- Interface
- Leistungserweiterung
- Personalisierung
HCVH - Kybernetik + Technik E
- Ingenieure d. Wirklichkeit
- Selbststeuerung (d. Gesellschaft)
- Einübung / Modellierung /
- Spiel m. Modellen
- Beobachtbarmachung Strukturen
- Kunst + Wissenschaft
- Produzieren (v. Möglichkeiten)
BÖSEL - Psych-kybernetik S
- Wiederkehr Behaviorismus
- Affekt- + Psychotechnologien
- Design v. Emotionen
- Lebensführung, Optimierung
- Normalisierung + Kommunikation
- Design Interaktion + Beziehung
- Messung, Quantifizierung
MOSER S
- offene Zukunft
- Futurologie
- (Dis-)Simulation
- Gestaltung v. Möglichkeiten
- Szenarien, Providenz-Techniken
- Gestaltungsmacht
- Lebensführung, Lebenswissen
LEHKE - Beobachtbar machen S
- Möglichkeitsräume
- Steuerung / Stimulation
Einbildungskraft / Imagination
- offene Zukunft, Kontingenz
- unabschließbare Formierung
- Überschuss Potentialität +
Disziplinierung
- ästhet. Erziehung / Bildung

Transgression als Passion

Akustische (Selbst-)Überschreitungen in Kunst- und Popkultur seit 1960

Katja Müller-Helle

... bathed in a strange light, a demon light electric.
Wayne McGuire, The Boston Sound (1968)

Am 6. Dezember 1974 warnte der Komponist Max Neuhaus in der New York Times vor überempfindlichen Hysterien gegen Lärm. Die aktuelle Panikmache des *Department of Air Resources of the City's Environmental Protection Agency* mit Slogans wie »Noise Makes You Sick« bediene sich »pseudo-medizinischen« Begriffen, um eine diffuse Angst vor physiologisch bedenklichen Zuständen wie plötzliche Spasmen, Bluthochdruck oder Muskelverspannungen zu schüren.[1] Die Propaganda der *Environmental Protection Agency* ginge durch Begriffe wie »noise pollution« so weit, dass alle Sounds unter Verdacht stünden, physiologische und psychische Störungen hervorzurufen, die nicht nur die äußeren sondern auch die inneren Organe zerstörten. Diese unmittelbare Einwirkung des Äußeren auf das Innere (Augen kann man schließen, Ohren nicht) visua-

1 | »Once having ›established‹ the impression that we are constantly in a state of ›fright‹ though, the brochure goes on to extrapolate in august pseudo-medical terms: ›Adrenalin, an energy-producing hormone, is released into your blood stream. Your heart beats faster, your muscles tense, and your blood pressure rises. Sudden spasms occur in your stomach and intestines.‹ This finally gives the impression that every honking horn brings us a little bit closer to death.« (Max Neuhaus: »Bang, BOOooom, ThumP, EEEK, tinkle«, in: *New York Times* vom 06.12.1974, 39.) Die Thesen des *Department of Air Resources of the City's Environmental Protection Agency* lassen sich in die seit den 1970er Jahren entstehende Bewegung für akustische Ökologie (*soundscape studies*) einordnen, die u.a. aktives Zuhören, Bewusstsein für die akustische Umwelt und lokale Soundkulturen als Themen auf den Plan gebracht haben. (Vgl. Brandon LaBelle: *Background Noise. Perspectives on Sound Art*, New York 2015, 213.)

lisiert der Illustrator der New York Times, Jean-Claude Suares, in einer Grafik. Der Verfall der äußeren Hörorgane, der Ohrmuscheln, setzt sich graduell nach innen fort und hat schon das Nasenbein erfasst.

BANG, BOOooom, ThumP, EEEK, tinkle
By Max Neuhaus
New York Times (1857-Current file); Dec 6, 1974; ProQuest Historical Newspapers The New York Times
pg. 39

BANG, BOOooom, ThumP, EEEK, tinkle

By Max Neuhaus

The popular concept of "noise pollution" is a dangerously misleading one. In reality, dangers to hearing do exist in prolonged, excessively loud sound levels. However, the residue of the idea that has ended up in the mind of the public because of misleading publicity is that sound in general is harmful to people.

A brief examination of a pamphlet, "Noise Makes You Sick," published by the Department of Air Resources of the city's Environmental Protection Agency, is typical of the literature and clearly illustrates the problem.

The first sentence, "Sound is instantly transmitted from your ears to your brain and then to your nerves, glands and organs," is of course literally true. Actually the reaction doesn't normally go as far as the glands and internal organs.

However, we are left with the impression that we have absolutely no defense against unwanted sound. This is untrue. The body has automatic reflex barriers, both physical and psychological, to deal with sounds it does not wish to react to.

The pamphlet goes on, "Any loud or unexpected sounds put your body on alert." This is true with a newborn child or in primitive societies, both of which need this reaction to survive, but certainly the modern urban dweller is not put into a state of fright (except of course when there is actual danger) very often by the sounds around him.

A human being conditions himself fairly quickly to what is "loud or unexpected" in his particular environment.

Once having "established" the impression that we are constantly in a state of "fright" though, the brochure goes on to extrapolate in august pseudo-medical terms: "Adrenalin, an energy-producing hormone, is released into your blood stream. Your heart beats faster, your muscles tense, and your blood pressure rises. Sudden spasms occur in your stomach and intestines." This finally gives the impression that every honking horn brings us a little bit closer to death.

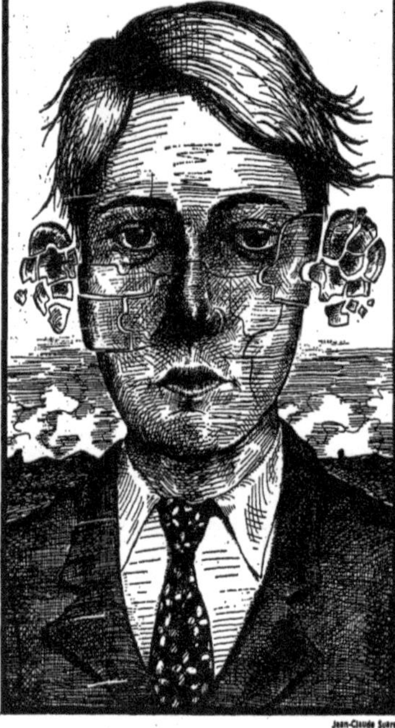
Jean-Claude Suares

The law defines noise as "any unwanted sound." Surely several hundred years of musical history can be of value: At the very least, they can show us that our response to sound is subjective—that no sound is intrinsically bad. How we hear it depends a great deal on how we have been conditioned to hear it.

Through extreme exaggeration of the effects of sound on the human mind and body, this propaganda has so frightened people that it has created "noise" in many places where there was none before; and in effect robbed us of the ability to listen to our environment.

Admittedly it may be necessary to oversimplify an idea to bring enough public pressure to bear on the producers of ear-damaging sounds in our environment to stop this victimization of the public. This degree of misrepresentation is not only unnecessary, but irresponsible and ultimately negative.

This present concept of noise pollution condemns all sounds by leaving, in the public mind, the impression that sound itself is physiologically and psychologically harmful.

It is this exaggerated and oversimplified concept that is doing most of the damage, not sound—damage that can and should be rectified by curtailing misleading propaganda and showing people other ways to listen to their surroundings.

Obviously we need to be able to rest from sound just as we do from visual stimulation, we need aural as well as visual privacy, but silencing our public environment is the acoustic equivalent of painting it black. Certainly just as our eyes are for seeing, our ears are for hearing.

Max Neuhaus is a composer.

Abbildung 1: Illustration in Max Neuhaus: »BANG, BOOooom, ThumP, EEEK, tinkle«, in: The New York Times *vom 06.12.1974, 39.*

»Sound is instantly transmitted from your ears to your brain and then to your nerves, glands and organs« textet die Warnbroschüre weiter und ideologisiert gemäß Neuhaus einen neutral zu beschreibenden Vorgang: die unmittelbare Direkteinwirkung von Klängen auf den menschlichen Körper.

Dass gerade der Komponist Neuhaus, der sich ab 1966 mit Arbeiten in der *Sound Art* hervorgetan hatte, Mitte der 1970er Jahre Stellung bezieht, um Geräusche, Lärm, *noise* gegen ihre Verächter zu verteidigen und eine Demokratisierung aller Klänge zu fordern, knüpft an zwei seit Ende der 1940er Jahre zu beobachtende Umwälzungen im Grenzbereich von Kunst und Musik an: Zum einen wird Musik nur als ein spezifisches Segment kultureller Codierungen im weiten Feld der Geräusche begriffen (das heißt gleichzeitig auch, dass Geräusche kunstwürdig werden).[2] Zum anderen formiert sich durch die Erkenntnis von uns allseits umgebenden Geräuschen die Idee von Totalitätserfahrungen in Sound Environments (auch jenseits von Kunst und Musikinstitutionen), an die sich Vorstellungen von unmittelbar affizierten Subjekten anbinden.

Innerhalb dieser Entwicklung wurde in der ersten Hälfte der 1960er Jahre elektrifizierter Sound vom Hör- zum Körperereignis. Im Oktober 1966 präsentierte der bis dahin als Pianist von John Cage-Stücken bekannt gewordene David Tudor sein erstes selbst komponiertes Stück *Bandoneon!*, das als Hybrid zwischen Kunst, Noise-Musik und Ingenieurswissenschaften in der New Yorker Neo-Avantgarde-Szene firmierte. Der beteiligte Ingenieur Billy Klüver hatte seit 1965 an einer Kollaboration von Ingenieuren, Künstlern und Performern unter dem Namen *Experiments in Art and Technology* (E.A.T) gearbeitet, die entgrenzende Praktiken zwischen Kunst, Theater und neuer Technologie ermöglichen sollten.[3] In dem Projekt *9 Evenings: Theatre and Ingeneering* gestalteten jeweils ein Künstler (u.a. John Cage, Robert Rauschenberg, Yvonne Rainer und David Tudor) zusammen mit einem Ingenieur einen Abend. Das Cover des A3-formatigen Heftes, das die Abende begleitete, zeigt eine palimpsestartige Schichtung von technischen Diagrammen, die für die Technik der

2 | In seiner die gesamtgesellschaftlichen Bindungen mit Klangphänomenen überblendenden musikphilosophischen Studie zum »noise« bestimmt der französische Theoretiker Jaques Attali Ende der 1970er Jahre Musik als *einen* unter vielen Fällen der langen Geschichte des Geräuschs: »Among sounds, music as an atomonous production is a recent invention.« (Jacques Attali: *Noise. An Essay on the Political Economy of Music*, Manchester 1985 [frz. *Bruits. Essai sur l'économie politique de la musique*, Paris 1977], 3. Siehe auch »Lego c'est moi. Ein Interview mit Jacques Attali von Christoph Gurk«, in: *Texte zur Kunst* 60 [Dezember 2005], Themenheft Sound, 62-73.) John Cage hatte schon seit Ende der 1940er Jahre sein Konzept einer allumfassenden Klangerfahrung durch Geräusche entwickelt.

3 | Zu Billy Klüvers Verbindung von Kunst, Technologie, Ingenieurswissenschaft und Industrie siehe Branden W. Joseph: »Engineering Marvel. Branden W. Joseph on Billy Klüver«, in: *Artforum*, March 2004, 39, 42, 202. Zur Dokumentation der Projekte siehe das Online-Archiv der E.A.T: www.fondation-langlois.org/html/e/page.php?NumPage=237 (Zugriff 12.09.2017).

Abende erstellt worden waren: die Kollaboration präsentiert sich hier als Exzess der Ingenieurskunst.[4]

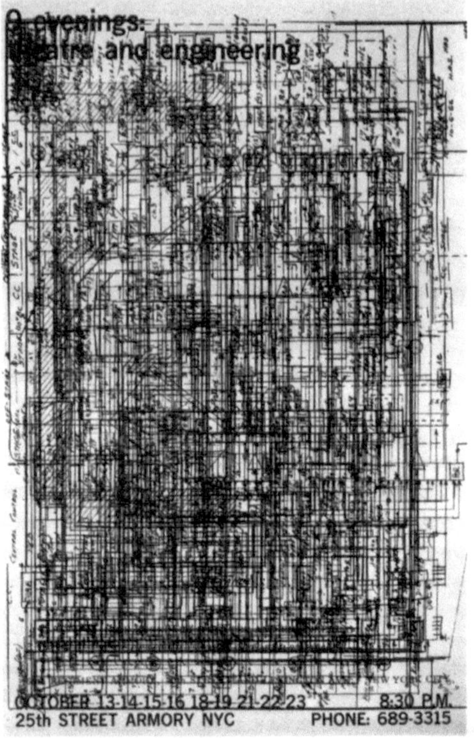

Abbildung 2: Cover von 9 Evenings, Theatre and Engineering, *Broschure, A3, October 13-23, 1966, New York, in: Anne Faucheret, David Jourdan (Hg.):* The Promise of Total Automation, *Berlin 2016, 12.*

Für Tudors Arbeit *Bandoneon!* präparierte David Tudor das traditionelle Instrument des Bandoneons, verwandt mit dem Akkordeon, bei dem mittels eines Über- und Unterdrucks der Luft durch das Auseinanderziehen und Zusammendrücken eines Balges lange Brumm-Töne erzeugt werden. Tudor integrierte links und rechts zwei Mikrophone in das Bandoneon, schloss es an ein Aufnahmegerät an, welches elektronische Signale in akustische sowie visuelle Outputs transformierte, die über einen Fernseher und 12 Lautsprecher in den

4 | Cover der 9 Evenings-Broschüre, in: Experiments in Art and Technology Records, 1966-1997 (bulk 1966-1973), The Getty Research Institute, Special Collections.

Saal geleitet wurden. Wie das Skript zur Performance betont, geht es hier um die Multiplizierung und Verstärkung der Signale in den Raum hinein, im Sinne eines Audio-Visual-Environments, das zum »rebirth of white noise« führen sollte. Der Klang des Bandoneons wurde gemäß des Titel-Zusatzes *A combine* – ein Verweis auf Robert Rauschenbergs *combines* zwischen Malerei und Skulptur – als Kombination von Musik, Kunst und Technologie vorgestellt. Der Klang wurde zu *noise*, zu einem verstärkten Rauschen, das in den Ohren der Zuhörer dröhnte.

Diese zweifache Öffnung der Musik- und Kunstproduktion – im erweiterten Klangspektrum des Geräuschs und an akustischen Environments zu arbeiten – wurde in der Kunst- und Musiktheorie mit Betonung auf die Produzenten und Objekte in ein Narrativ entgrenzter Werkästhetik eingegliedert. Spätestens seit den 1960er Jahren formierten sich die Künste nicht mehr in Entwicklungsgeschichten traditionell abgegrenzter Kunstgattungen wie Musik oder bildende Kunst. Mit Blick auf die Materialität dieser neuen »offenen« Werkformen wurde attestiert, dass sie oftmals nicht mehr zu erkennen gäben, »wo die Grenze zu ihrem nicht-künstlerischen Außen verläuft; vielmehr destabilisieren sie diese gezielt.«[5] Durch die spezifische Offenheit der Kunstobjekte werde vom »Werk« auf »Erfahrung« umgestellt, »die Spezifik des Ästhetischen wird nun in einem besonderen Verhältnis zwischen interpretierendem Subjekt und wesentlich bedeutungsoffenem Objekt ausgemacht.«[6]

Dieses Angebot der entgrenzten Formen von Kunst und Musik seit den 1960er Jahren wirft jedoch nicht nur produktionsästhetische, sondern vor allem auch rezeptionsästhetische Fragen nach der Beschaffenheit dieser neuen Erfahrung auf, die auf technologisch neuen Produktionsformen fußen. Im Folgenden soll es um eine neue Anforderung gehen, die sich seit Anfang der 1960er Jahre in der Kunst- und Musikrezeption stellt, ein neues Verhaltensdesign im Feld der akustischen Environments:[7] Die Aufforderung zur physi-

---

5 | Juliane Rebentisch: *Theorien der Gegenwartskunst*, Hamburg 2013, 16.

6 | Ebd., 26. Das von der Kunsttheorie emphatisch umarmte »offene Kunstobjekt« im Sinne Umberto Eccos ist eines, welches »einen endlosen Kosmos so vorzustellen [imstande ist], dass er in seinen Deutungsmöglichkeiten dennoch unbegrenzt erscheint.« (Ebd., 31.) Siehe auch Umberto Ecco: *Das offene Kunstwerk*, Frankfurt a.M. 1973.

7 | Der Begriff des Environments hat einen zweifachen Ursprung in der Medientheorie und der Neo-Avantgarde der frühen 1960er Jahre. Mit Betonung auf die technologischen und medialen Aspekte von Environments, die eine neue Erfahrung des »all-in-one« and »all-at-once« ermöglichten, hat Marshall McLuhan diese als Ensembles von menschlichen und nicht-menschlichen Aktanten verstanden. »Environments are not passive wrappings, but are rather active processes which are invisible. The ground rules, pervasive structures, and over-all patterns elude easy perception.« (Marshall McLuhan und

schen Selbstüberschreitung durch laute Klänge, die durch technologische Verstärkung einerseits ein körperliches Eintauchen in den Klang nahelegen und andererseits die Zurichtung und Beherrschung durch Soundscapes zur Folge haben. Durch die Etablierung eines neuen technischen Dings,[8] eines Sounds von 120/130 Dezibel Lautstärke, entsteht – so die These – eine Fülle von Metaphern der Unmittelbarkeit, der körperlichen Affiziertheit, des Implodierens von Innen und Außen von Sound und Körper, durch die sich im Sinne Roland Barthes' eine Naturalisierung von lauten akustischen Environments vollzieht, die gleichzeitig eine Selbstgefährdung im Hörsturz bedeutet.[9]

I.

Der Ingenieur Billy Klüver von E.A.T. hatte zuvor schon mit Jean Tinguely für sein Event *Hommage to New York* von 1960 im Garten des Museum of Modern Art zusammengearbeitet, um die Verkabelungen der einzelnen Komponenten der großen Selbstzerstörungsmaschine zu gewährleisten. In seinem Bericht *The Garden Party* über die »destructive construction« von Tinguely stellte Klüver den außergewöhnlichen Lärm der zusammenkrachenden Maschine heraus, die aus Reifen, einem Klavier, einem Adressografen und vie-

Quentin Firoe: *The Medium is the Massage: An Inventory of Effects*, New York 1967, 68.) Mit seinen *18 Happenings in 6 Parts* gestaltete der Künstler Allan Kaprow seit 1959 Kunstwerke, die er als Environments fasste. Nicht mehr kontemplative, passive Kunstrezeption, sondern aktive Teilnahme in Raum-Installationen wurde vom Betrachter gefordert. Zur Begriffsgeschichte und Ausdifferenzierung der akustischen Aspekte dieses Umgebungswissens in Acoustic Environments und Soundscapes siehe Sabine Breitsameter: »Schafer's and McLuhan's Listening Paths Convergences, Crossings & Diversions«, in: *Soundscape The Journal of Acoustic Ecology* 11/1 (2011), 18-23, 21.

8 | Der Wissenschaftshistoriker Hans-Jörg Rheinberger hatte mit den Begriffen der »epistemischen« und »technischen« Dinge das Verhältnis von vorläufigen Ensembles von Techniken, Inskriptionen und Repräsentationen auf der einen und standardisierten Techniken auf der anderen Seite beschrieben. Wenn in diesem Zusammenhang von technischen Dingen die Rede ist, benutze ich diesen Begriff im Sinne Rheinbergers als Dinge und Techniken, die standardisiert in ihrer Anwendung sind. (Vgl. Hans-Jörg Rheinberger: *Experimentalsysteme und epistemische Dinge. Eine Geschichte der Proteinsynthese im Reagenzglas* [2001], Frankfurt a.M. 2006, 27.)

9 | Vgl. zum Hörsturz in kulturwissenschaftlicher Perspektive Nicola Gess, Florian Schreiner und Manuela K. Schulz: *Hörstürze. Akustik und Gewalt im 20. Jahrhundert*, Würzburg 2005. Zur These der Naturalisierung von kulturellen Phänomenen der Massenkultur siehe die Vorbemerkung von 1970 zu Roland Barthes: *Mythen des Alltags*, Berlin 2010, 9.

lem mehr zusammengesetzt war.[10] Klüver sah jedoch nicht in der akustischen Überschreitung den Selbstzweck einer sich avantgardistisch gebenden Performance; die Verbindung von Performance, Sound und Destruktion schaffe eine direkte Verbindung zwischen der künstlerischen Produktion und dem Publikum: »L'art éphémère, [...] creates a direct connection between the creative act of the artist and the receptive act of the audience, between the construction and the destruction.«[11] Ohne Zweifel war für Klüver und Tinguely, dass mit der Soundmaschine eine Transformation der partizipierenden Zuschauer einherging. Was aber war mit Partizipation angesichts lautem Klang genau gemeint? Über diese Frage machten sich auch andere New Yorker Künstlerkollektive seit Anfang der 1960er Jahre Gedanken.

Um das ästhetische Regime des Übervaters John Cage zu überwinden, der in seinen Stücken und seiner theoretischen Arbeit seit den 1940er Jahren einen Stil des leisen Tons und der totalen Stille praktizierte,[12] setzten die Künstler des Künstlerkollektivs *The Theatre of Eternal Music (Dream Syndicate)* auf ohrenbetäubende Lautstärken. Der durchgängig gehaltene dröhnende Sound der New Yorker Gruppe, zu der um 1962/63 Tony Conrad, John Cale, Angus MacLise, La Monte Young und Marian Zazeela gehörten, wurde von Zuhörern wie John Perreault als schmerzend laut beschrieben.[13] Selbst La Monte Young hatte nach den Konzerten mehrere Stunden temporären Gehörverlust.[14] Der Sound der *drone music* wurde durch elektronische Verstärker zum Dröhnen gebracht, wobei die bis zu sieben Stunden langen Konzerte auf dem Spektrum tonaler

---

10 | »Parts of the machine would tip over, others would finally collapse as dozens of saws attacked the steel construction. The noise would be terrific.« (Billy Klüver: »The Garden Party«, in: Pontus Hultén: *Jean Tinguely. Méta*, Berlin 1972, 130, 136-137, 143, hier 130.)

11 | Ebd., 143.

12 | Douglas Kahn: *Noise, Water, Meat. A history of Sound in the Arts*, Cambridge, Mass. 1999, 226. Vgl. auch John Cage: *Silence. Lectures and Writings*, Hanover 1961. Zu John Cage und seiner Verbindung zu neuen Technologien und Medien siehe jüngst Branden W. Joseph: *Experimentations. John Cage in Music, Art and Architecture*, New York 2016.

13 | Ebd., 228. Zu Tony Conrad und »The Theatre of Eternal Music« siehe grundlegend Branden W. Joseph: *Beyond the Dream Syndicate: Tony Conrad and the Arts after Cage. A »Minor« History*, New York 2008 und ders.: *The Roh and the Cooked, Tony Conrad and Beverly Hill Grant in Europe*, Berlin 2012.

14 | »Sometimes we produced sounds that lasted over an hour. If it was a loud sound, my ears would often not regain their normal hearing for several hours, and when my hearing slowly did come back, it was almost as much a new experience as when I had first begun to hear the sound.« (Kahn: *Noise, Water, Meat*, 228.)

Harmonie aufbauten, ohne rhythmische Elemente zu integrieren. »[L]ike a jet engine!«[15]

Dieser den Zuhörer umschließende Sound wurde auf 120 bis 130 Dezibel heraufgebracht, um das Publikum im Zustand der physisch-akustischen Überschreitung an das Hören von immer feiner abgestuften Harmonien zu gewöhnen. »Amplification of much as 120 to 130 decibels made for the possibility of hearing and working with a more complex set of harmonic partials, sum tones and difference tones, and (other) psychoacoustic effects than were otherwise available.[16] Tony Conrads Ziel war Klarheit durch Übersteuerung: »The necessity of doing that, was [...] to bring the audience's hearing up to the point of possible distortion level [...]. You can overdrive the ears, and then you hear all of the *stuff*, the different tones and everything much more clearly.«[17] In seiner Klasse für experimentelle Komposition an der New School for Social Research in New York benutzte Cage die Kategorie der »Dimensionen des Klangs«, mit der er zum einen die musikalischen Begriffe leiser *pianissimi* und lauter *fortissimi* in feiner Abstufung voneinander differenzierte und in akustischer Terminologie Intensitätsstufen unterschied: »intensity 0-120 phones/inaudible-painful.«[18] Die 130 Dezibel, mit denen *The Theatre of Eternal Music* ihre Zuhörer an die physische Belastbarkeitsgrenze brachte, siedelte in Cages Terminologie im Spektrum des »Unhörbar-Schmerzhaften«.

Auch wenn Cage mit seinem Begriff des *all-sound* theoretisch die Integration aller Geräusche in die Klangproduktion einbezog, gab die Physis eine Schmerzgrenze des Klangs vor. 130 Dezibel entsprechen der Lautstärke, mit der das gesamte Genre der Popmusik und ihrer Aufführungspraxis später unter Verdacht gestellt werden wird, gesundheitsschädigend für die Jugend zu sein. Der Journalist Wolfgang Herles zitiert 1974 Kritiken von Rock- und Popkonzerten, wenn er die »effektgierigen Gitarrenschreie« diffamiert:

> »Nun sind mindestens 3000 Leute taub für Wochen. Auch wenn einem der Verstand stehen bleiben wollte, der Körper ging mit, denn die effektgierigen Gitarrenschreie zuckten jedem wie Peitschenhiebe um den Leib, die Baßwellen wabberten wie Fieberanfälle von Kopf bis Fuß, das Schlagwerk programmierte die motorischen Muskeln zu unkontrollierbaren Bewegungen. [...] Der Lärmpegel in Lautsprechernähe betrug 130 Dezibel.«[19]

15 | Joseph: *Beyond the Dream Syndicate*, 39.

16 | Ebd., 34.

17 | Ebd.

18 | George Brecht: *Notebooks I*, Köln 1991, 3 und 17. Vgl. die Einträge zur experimentellen Kompositionsklasse von Cage an der New School for Social Research vom Juni 1958.

19 | Wolfgang Herles: »Kopfweh und Ohrensausen: Macht Pop krank?«, in: *Neue Musikzeitung* (Feb./März 1974), 9. Vgl. auch Dörte Schmidt: »›An unexpected climax‹. Ge-

Pathologie und Befreiung diffundieren gleichzeitig in die zuckenden Körper. In warnendem Ton evozieren Herles Worte die Taubheit durch Lautstärke, die den Künstlern und Musikern auf der anderen Seite die Ermöglichung zum differenzierten Hören versprach. »Also ist die Geschichte des Ohrs im Zeitalter seiner technischen Sprengbarkeit immer schon Geschichte des Wahnsinns.«[20] Mit diesen an Walter Benjamins Kunstwerkaufsatz angelehnten Worten hat Friedrich Kittler in seinem Aufsatz *Der Gott der Ohren* die verstärkten Klänge in die Nähe des pathologischen Diskurses getrieben: »Hirnschaden-Musik macht alles wahr, was an dunklen Vorahnungen durch Köpfe und Irrenhäuser geisterte.«[21] Indem das Ohr auf verstärkte Gitarren trifft, entgrenzt sich der Raum der Normalität. Der Sound verspricht darin eine Praxis der Unmittelbarkeit, in der die affizierten Subjekte ganz Ohr sein können:

»Wenn Klänge von vorn und hinten, rechts und links, oben und unten auftauchen können, geht der Raum alltäglichen Zurechtfindens in die Luft. Die Explosion der akustischen Medien schlägt um in eine Implosion, die unmittelbar und abstandslos ins Wahrnehmungszentrum selber stürzt. Der Kopf, nicht bloß als metaphorischer Sitz des sogenannten Denkens, sondern als faktische Nervenschaltstelle, wird eins mit dem, was an Informationen ankommt und nicht bloß eine sogenannte Objektivität, sondern Sound ist.«[22]

Die drastische Sprengung des Ohrs, die sich bis in die »Nervenschaltzentrale« des Gehirns fortsetzt, verspricht Unmittelbarkeit der Erfahrung durch physische Überanstrengung. Kittlers Worte lassen die vom Komponisten Max Neuhaus kritisierte Warnbroschüre wieder anklingen, in der Sound direkt von den Ohren ins Gehirn und in die Organe geleitet erscheint: »Sound is instantly transmitted from your ears to your brain and then to your nerves, glands and organs.«[23]

---

walttätige Intensität, extreme Lautstärken, musikalische Avantgarde – und Theorie«, in: Knut Berner, Sebastian Lange und Werner Röcke (Hg.): *Gewalt: Faszination und Ordnung*, Berlin 2012, 27-45, 31 und dies.: »Hörenswerte Explosionen? Reflexion und Realisation akustischer Gewalt in der Neuen Musik seit den 1960er Jahren«, in: Gess u.a.: *Hörstürze*, 165-179.

20 | Friedrich Kittler: »Der Gott der Ohren«, in: Dietmar Kamper und Christoph Wulf (Hg.), *Das Schwinden der Sinne*, Frankfurt a.M. 1984, 140-155, 146. Zuerst erschienen 1982 unter dem Titel »Pink Floyd, Brain Damage« in: Klaus Lindemann (Hg.): *europaLyrik 1775-heute. Gedichte und Interpretationen*, Paderborn 1982, 467-477.

21 | Ebd.

22 | Ebd., 145-146.

23 | Neuhaus: »Bang«, 39.

Nicht jedoch eine pathologische Zerstörung der inneren Organe hatten die Künstler und Musiker der *drone music* im Blick, sondern an amplifizierten Klang angeschlossene Zuhörer, die einerseits eine Innerlichkeit des Sounds und andererseits das Implodieren von Innen und Außen erfahren sollten; »[the listener] did not listen to sound but listened inside a sound.«[24] Auch Diedrich Diedrichsen betont in seiner jüngsten Studie zu New York um 1960 nicht die Gewalteinwirkung, sondern die Entgrenzung des Innen und Außen von Körper und Sound in der neuen »Kunst der Nähe«:[25] »Dagegen [aufgezeichnete Musik, KMH] stehen die Drones – also die so lange wie möglich gehaltenen Töne von La Monte Young und anderen [...]. Als gleichsam kurzgeschlossene Innen/Außen-Resonanz spielt sie [...] zugleich innerhalb wie außerhalb des sie erzeugenden Körpers.«[26] Diese »Durchdringung von Kunstwerk, Künstler und Publikum« torpediere den »Produzenten/Rezipienten-Abstand« radikal, in dem »der musikalische Vollzug nicht länger in ein Nacheinander von Absicht, Ausführung und Resultat zerfallen, sondern zum in sich geschlossenen Kreislauf synthetisiert sein soll.«[27] Für Diedrichsen ist dies eine folgenschwere – man könnte sagen befreiende – Kulturtechnik, in der die Körper »diesseits von Plan, Verantwortung und Konstruktion« Sinnlichkeit erfahren.[28]

II.

Am 15. Januar 1969 trat Jimi Hendrix im Beethovensaal in Stuttgart auf. Anderthalb Jahre nachdem Hendrix auf dem Monterey Pop-Festival seine elektrifizierte Gitarre begleitet von Divebombs und heulendem Geräusch der Rückkopplungseffekte des Verstärkers auf dem Boden zerschmettert und die Reste

---

24 | Kahn: *Noise, Water, Meat,* 229. Gerade durch die Lautstärke werde das Hineingehen in den Klang erreicht: »When the sounds are very loud, as many of those we made at Ann Halprin's were, it can be easier to get inside of them. [...] each sound was its own world and that this world was only similar to our world in that we experienced in through our own bodies. [...] By giving ourselves up to them, I mean getting inside of them [...].« (La Monte Young: »Lectures 1960«, *Tulane Drama Review* 10/2 [Winter 1965]. Wiederabgedruckt in Mariellen R. Sandford [Hg.]: *Happenings and Other Acts,* London 1995, 79.)

25 | Diedrich Diedrichsen: *Körpertreffer. Zur Ästhetik der nachpopulären Künste*, Berlin 2017, 60.

26 | Ebd., 54.

27 | Ebd., 58.

28 | »Indes geht es auch hier primär darum, den (a-subjektiven) Körper diesseits von Plan, Verantwortung und Konstruktion zur Ursache werden zu lassen – und dies wiederum selbst sinnlich zu erfahren.« (Ebd., 54.)

des Instruments ins Publikum geworfen hatte, präsentierte sich der Gitarrenvirtuose als elektrifiziertes Wesen.

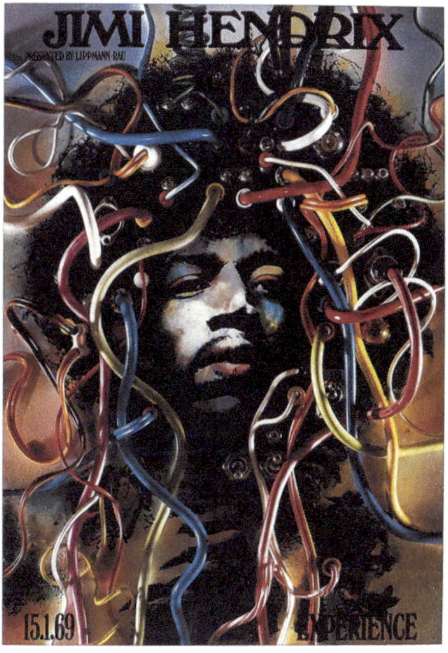

Abbildung 3: Günther Kieser: Plakat zur Jimi Hendrix Experience Deutschland Tournee *1969, in: Jürgen Döring (Hg.):* Plakatkunst, *Heidelberg 1995, 181.*

Auf dem Plakat zur Deutschland-Tournee ist sein Kopf an rote, blaue, gelbe und weiße Kabel angeschlossen, deren Farben auf das Gesicht abzufärben scheinen. Die Elektrifizierung des verstärkten Sounds hat seine gesamte Person ergriffen, die bunten Kabel winden sich aus seinem Haar heraus, andere Plugs stehen bereit, um in den Stromkreislauf eingestöpselt zu werden. Das Plakat erscheint wie die visuelle Antwort auf die Frage, die eine zeithistorisch vibrierende Kritik *The Boston Sound* (1968) von Wayne McGuire zu *The Velvet Underground (The Exploding Plastic Inevitable)* um Andy Warhol herum gestellt hatte: »Put in a nutshell, the real question is: how can we control and humanize an increasingly uncontrollable and proliferating technology, an overpoweringly dehumanizing technology [...]?«[29]

29 | Wayne McGuire: »The Boston Sound« [1968], in: Albin Zak III (Hg.): *The Velvet Underground Companion. Four Decades of Commentary,* New York 1997, 21. Siehe auch

Angesichts Hendrix‹ selbstbewußter Integration des technologischen Fortschritts in sein Körperbild schlägt das Problem der Kontrolle von Menschen durch Technologie in ihr Gegenteil um: Der kreative Musiker kontrolliert die Technologie und macht sie sich zu eigen. Dies bedeutet gleichzeitig für die Zuhörer ein neues Verhaltensdesign, um die Lautstärken von verstärktem Sound bis an die Schmerzgrenze, den akustischen Environments, die Auflösung von Innen und Außen und die Verinnerlichung des Sounds in körperlicher Resonanz mitvollziehen zu können: »Loudness and amplification also provoked questions about bodies, surroundings, and the agency of listeners.«[30] Die fortschreitende Technologisierung stand als Ideal über den Selbstüberschreitungstendenzen der Individuen, die schritthalten mussten mit dem technologischen Millenium.[31] Eine Spielart war das Eintauchen in Sound Environments, die einem die Sprache verschlugen: »Sound, used to envelop the listener physically, becomes a manufactured environment. Having a quit chat in even the remotest corner oft he largest discotheque is like attempting a conversation under water.« Die verstärkten Klänge wurden dabei Teil des Selbstbildes, wie John Gruen zur New Bohemia schreibt: »Indeed, the entire notion of amplification may be looked upon as a vehicle of assault on habitual response based on ›who‹ you are, verbally.«[32]

Mit dem Beispiel von *The Velvet Underground* integrierte Marshall McLuhan diese neue Form des audio-visuellen Environments in seine Medientheorie, um das Konzept eines auditorischen Raumes der elektrischen Medien zu exemplifizieren, die multidirektional, synästhetisch und interaktiv seien. »The ear favors no particular ‚point of view‹, bemerkt McLuhan, »we are enveloped by sound. It forms a seamless web around us.«[33] In seinem früheren Aufsatz *The Agenbite of Outwit* beschreibt er die Beschaffenheit dieses auditiven multisensionalen Raumes ein wenig präziser:

»[...] any pattern in which the components co-exist without direct lineal hook-up or connectin, creating a field of simultaneous relations [which] is auditory. [...] They form a mosaic or corporate image whose parts are interpenetrating. Such is also the kind of order that tend to exist in a city or a culture. It is kind of orchestral, resonating unity.«[34]

Branden W. Joseph: »›My Mind Split Open‹: Andy Wahrhol's Exploding Plastic Inevitable«, in: *Summer of Love. Psychedelic Art, Social Crisis and Counterculture in the 1960s*, Liverpool 2006, 239-268.

30 | Kahn: *Noise, Water, Meat*, 232.

31 | Joseph: »My Mind Split Open«, 242.

32 | John Gruen: *The New Bohemia*, New York 1966, 123-124.

33 | Marshall McLuhan and Quentin Fiore: *The Medium is the Massage: An Inventory of Effects*, London 1967, 111.

34 | Marshall McLuhan: »The Agenbite of Outwit« [1963], in: Michel A Moos (Hg.): McLuhan, *Media Research: Technology, Art, Communication*, Amsterdam 1997, 123-

Der Kunsthistoriker Branden W. Joseph versteht diesen auditiven Raum, den er durch Künstlerkollektive wie *The Velvet Underground* repräsentiert sieht, als Ort für eine befreiende Praxis, die imstande ist, die partizipierenden Menschen in politische Subjekte zu transformieren.[35] Jenseits des Kurzschlusses von künstlerisch-musikalischer Praxis und politischem Bewusstsein könnte man sagen, dass das eigentlich Verblüffende an der hier skizzierten Lage ist, mit welcher Selbstverständlichkeit sich Subjekte an elektro-akustische Medien anschließen lassen, obwohl ihnen Hören und Sehen vergeht.

III.

Ende der 1970er Jahre erscheint dieses Angeschlossensein der affizierten Körper an Soundscapes ausgeweitet auf den gesamten urbanen Raum. In der ersten Ausgabe von *Tumult*, der *Zeitschrift für Verkehrswissenschaft*, die 1979 im Berliner Merve Verlag erschien, findet sich neben Frank Böckelmanns *Die Urbane Katastrophe* und Paul Virilios Text *Der Urfall (accidens originale)* auch der Text *Disco: Studio 54 revisited* von Ulrich Raulff. In dem Text, der das Jahr 1979 als einen Wendepunkt in einer Entwicklung markiert, in der Populärmusik als ernstzunehmender theoretischer Gegenstand Chiffre einer ganzen Gegenwartsdiagnose werden konnte, wird *Disco* zu dem Raum, in dem sich der »amerikanische Kulturvirus, dessen Ausbreitung global ist«, vom »Musikstil« ablöst und in alle Lebensbereiche, die Stadt, die Politik, die Körper, die Mode diffundiert.[36] In Raulffs Großstadtreise sind die beschallten Körper zu Resonanzräumen geworden, die Tag-Nacht-Rhythmen der Massen werden durch die Radios synchronisiert und U-Bahnhöfe werden zu »Transitdiskotheken für Umsteiger«: »gleichmäßig beschallte Welt, Soundschirm Radio, [...] endless music«.[37]

Dieser Raum der Musik, der sich eben nicht nur auf den Raum der Nacht, auf die Performance, auf die Aufführung erstreckt, ist das neue Medium des Intellektuellen, der die ungewohnten Zeichen dechiffriert. Musik – und man müsste an dieser Stelle hinzufügen: elektrifizierte, verstärkte Musik – bildet einen neuen Möglichkeitsraum aus, dem Raulff zutraut, die Subjekte und die Realität fundamental zu verändern. Dieser neue Raum biete die Möglichkeit der »gleichzeitigen Verdopplung, Verdrei- und Vervielfachung von Realität« in

124. Hier zitiert nach Joseph: »My Mind Split Open«, 248.

35 | »Rather, it formed a multiplicitous situation or ›image‹ in which the possibilities of subjective transformation were opened to forms of political appropriation.« (Ebd., 258.)

36 | Ulrich Raulff: »Disco: Studio 54 revisited«, in: *Tumult. Zeitschrift für Verkehrswissenschaft*, 1 (1979), 55-65, 55.

37 | Ebd., 56.

der absoluten Gegenwart: »das Gleiche noch einmal und noch einmal, hier und jetzt – nicht erst später, »als Film«. [...] nicht Verklärung im Licht eines fernen Anderswo, sondern Multiplikation, Vervielfältigung [...]: im Nullpunkt der Zeit.«[38] Im Nullpunkt der Zeit sind die Körper unmittelbar affizierte, nicht erst später »als Film«, sondern im Jetzt der absoluten Gegenwart; Technikkörper: »daß der stärkere Reiz der Discos eben darin liegt, daß sie eine neuartige Körpertechnik einsetzen, daß sie [...] eine bislang unbekannte und ungeahnte Modellierung der Körper zuwegebringen?«[39]

Während für Raulff dieser Nullpunkt der Zeit durch die elektrifizierten Körper der »Totalmusik« entsteht, findet Wolfgang Hagen diesen in der Destruktion der alten Zeichen und Rituale in der Punk Musik: »Its maximes [of the Punk Revolution] were refusal of any alienating professionalism; restoration of direct contact between public and musicians; understanding at a glance; bodily extasis instead of ritual identificatiion; accusations instead of introverted protest«.[40] Gefordert sei die Zerstörung der symbolischen Ordnung durch Destruktion, unmittelbare Einsicht und körperliche Ekstase, in denen sich Momente der Transgression öffnen. Schon zwölf Jahre zuvor hatte Roland Barthes in der Vorbemerkung zum Wiederabdruck seiner *Mythen des Alltags* im Jahr 1970 davon geschrieben, dass es zu einer Radikalisierung der semiologischen Methode kommen müsse: »keine Semiologie, die nicht bereit wäre, in Semioklastik überzugehen.«[41] Nicht mehr Zeichendemontage, sondern Zeichenzerstörung ist das Gebot der Stunde.

Auch wenn Rock und Punk eine distinkte Abgrenzungshaltung gegenüber dem Wissensfeld *Disco* pflegten,[42] werden hier ähnliche Ideale der unmittelbaren Übertragung gefeiert, in die das Versprechen momenthafter Erkenntnis und körperlicher Direkterfahrung durch neuartige Körpertechniken eingesickert ist. Nicht nur die Objekte und Übertragungsformen von Kunst, Musik und Pop – die sich die Kunst- und Musiktheorie mit den fast harmlos anmutenden Begriffen wie *intermedia* oder *crossover* erklärt hatten – haben sich ganz offensichtlich in offenere Werkformationen begeben; auch die partizipierenden Subjekte müssen sich vorher ungeahnter Modellierung durch Sound, Elektrifizierung und Environment hingeben. Die Pointe dieser vormals in abgregrenzten Räumen der Nacht stattfindenden akustischen Überschreitun-

38 | Ebd., 61-62.

39 | Ebd., 65.

40 | Wolfgang Hagen: »›Germany, It's All Over‹ A true little story of German rock«, in: *Semiotext(e), The German Issue*, Los Angeles/Berlin 1982/2009, 234-241, 237.

41 | Barthes: *Mythen des Alltags*, 9.

42 | Alexa Geisthövel: »Anpassung: Disko und Jugendbeobachtung in Westdeutschland 1975-81«, in: Pascal Eitler und Jens Elberfeld (Hg.): *Zeitgeschichte des Selbst: Therapeutisierung – Politisierung – Emotionalisierung*, Bielefeld 2015, 239-260, 257f.

gen ist das Einsickern in die Großstadterfahrung des Alltags. Die Vorstellung einer entgrenzten Erfahrungswelt, welche die Künste seit der Romantik auf dem Programm haben, um das schöpferisch-kreative Selbst gegen »Moralität, Zweckrationalität und soziale Kontrolle« der bürgerlichen Kultur in Stellung zu bringen,[43] ist zur technologisch-verstärkten akustischen Normalität geworden; zu physiologischen Grenzgängen im Lärm der *endless music*.

43 | Andreas Reckwitz: *Die Erfindung der Kreativität. Zum Prozess gesellschaftlicher Ästhetisierung*, Berlin 2012, 13.

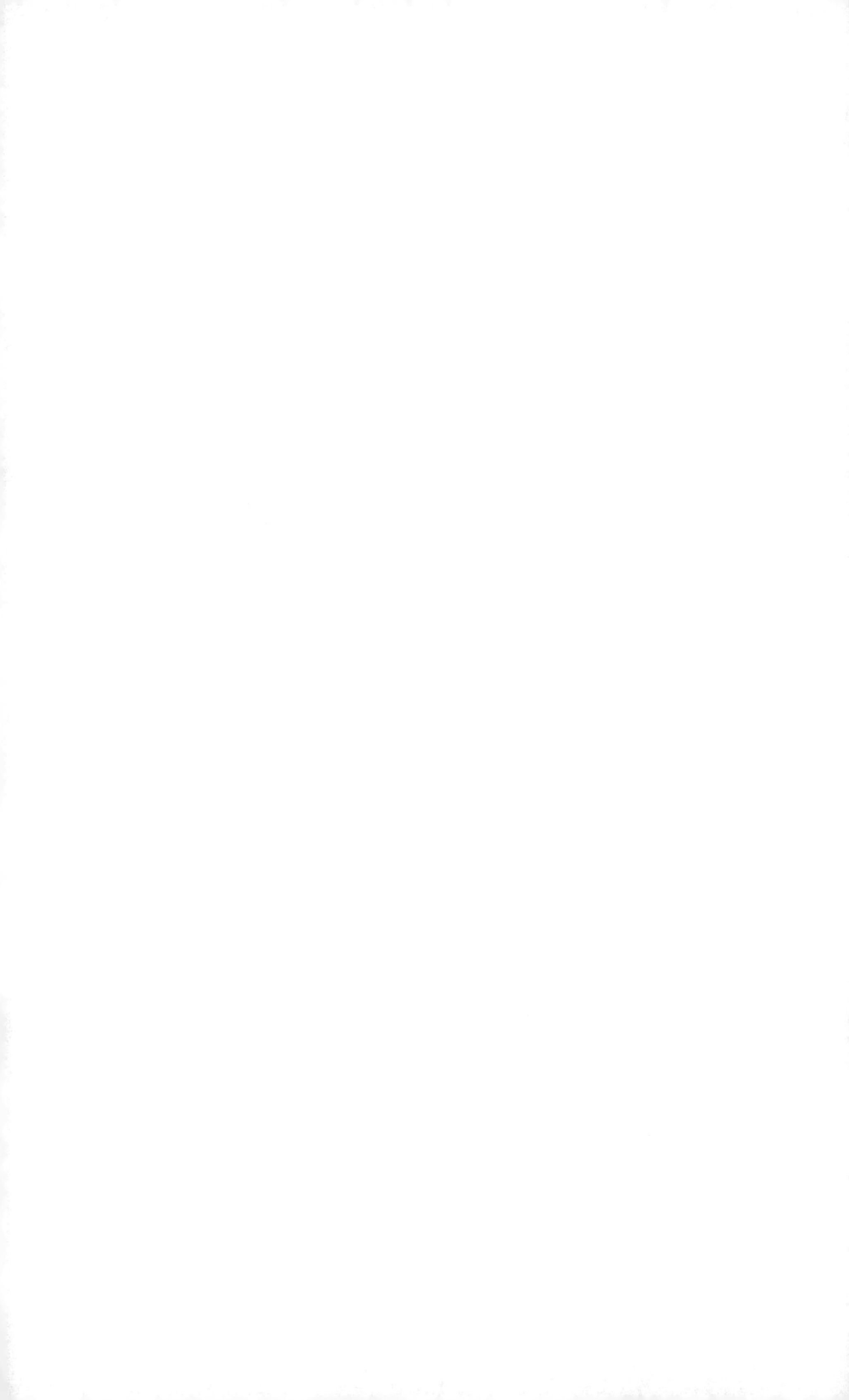

Ökologische Imperative

Richard Nixon, Jean Baudrillard und *environmental design* um 1970

Florian Sprenger

Um 1970 setzen sich, getragen von ökologischen Notwendigkeiten, sozialem Druck und ökonomischen Erwägungen, neue Normen und Maßstäbe durch, an denen seitdem akzeptables Verhalten in immer größeren Teilen westlicher Gesellschaften ausgerichtet wird: Umweltschutz, *environmental protection* sowie die entsprechenden Praktiken und Technologien des Umgangs mit natürlichen Ressourcen.[1] Faktoren wie deren Endlichkeit, die Abnahme der Artenvielfalt, die Zerstörung von Lebensräumen oder gesundheitliche Auswirkungen von Pestiziden, die zu dieser Zeit in größerem Maßstab wissenschaftlich untersucht, gesellschaftlich debattiert und ethisch aufgeladen werden, stecken den Rahmen dieser Verhaltenslehren ab. Auch wenn angesichts der umstrittenen Konsequenzen und der historischen Tiefe der Begriffe notwendigerweise unklar bleibt, was Umwelt und was ihr Schutz sein können, dienen die abgeleiteten Imperative dem Design von Verhalten, das in unterschiedlichen Kontexten als angemessen eingeschätzt wird.

Noch die aktuellen Debatten um das Anthropozän und den Weltklimavertrag unterliegen diesen Imperativen und dem, was David Kuchenbuch die »appellative Struktur des glokalen Moralismus« genannt hat.[2] Umweltschutz

---

1 | Die Begriffe *environment*, *Umwelt* und *milieu* sollten keinesfalls deckungsgleich verwendet werden, stammen sie doch aus unterschiedlichen Theorietraditionen. Zu ihren Unterschieden vgl. Florian Sprenger: »Zwischen *Umwelt* und *milieu*. Zur Begriffsgeschichte von *environment* in der Evolutionstheorie«, in: *Forum interdisziplinäre Begriffsgeschichte* 3 (2014).

2 | David Kuchenbuch: »›Eine Welt‹ im Bild. Medialisierungen des Selbst-Welt-Verhältnisses in den 1970er und 1980er Jahren«, in: Ariane Leendertz, Wencke Meteling (Hg.): *Die neue Wirklichkeit. Semantische Neuvermessungen und Politik seit den 1970er-Jahren*, Frankfurt a.M. 2016, 63-92, 66.

erscheint angesichts der globalen Lage immer alternativloser. Im Folgenden geht es jedoch weniger um eine Geschichte ökologischen Verhaltens oder der Umweltschutzbewegungen als vielmehr um die Beschreibung einer zugespitzten Konstellation, in der unter der Prämisse ökologischer Imperative nicht nur Verhaltensmodelle vorgestellt, sondern ebenso die Bedeutung und gesellschaftliche Rolle des Designs verhandelt werden – vor dem Hintergrund, dass das *environment*, um das es in all dem geht, in einen Gegenstand dieses Designs verwandelt wird. Gestaltet, modifiziert und aufbereitet werden somit nicht mehr nur Objekte oder Waren, sondern auch Umgebungen von Objekten und Menschen.[3]

Zwei prominente, aber konträre Stellungnahmen aus dem Jahr 1970 dienen im Folgenden dazu, jene Konstellation zu skizzieren, in der die Gestaltung von *environments* zur Aufgabe von Design und somit auch zu einer Produktionsweise wird. Auf der einen Seite steht die Unterzeichnung des *National Environmental Policy Act* durch Richard Nixon sowie die anschließenden Reden an die Nation, auf der anderen Seite ein von Jean Baudrillard verfasster Brief an die Teilnehmer der *Aspen Design Conference*, die sich dem Thema *Environment by Design* widmet. Diese beiden Positionen aus dem Jahr 1970 – die eine am Beginn der neoliberalen Transformation von Regierungsmacht, die andere mit marxistischem Anspruch und poststrukturalistischer Argumentation – bieten sich insofern an, als sie trotz ihrer sich ausschließenden Perspektiven ein ähnliches Ziel formulieren: die Formation einer neuen, anderen Gesellschaft. Die ursprüngliche Spannung zwischen diesen Positionen hält bis heute an und tritt auch in gegenwärtigen Debatten zu Tage, wenn Umweltschutz selbst zur Industrie wird.

Beide Pole, Nixon wie Baudrillard, suchen nach einer Lösung für die ökologischen Herausforderungen, wählen jedoch, vereinfacht gesagt, konträre Einschätzungen der zugrundeliegenden Ökonomie. Während in Nixons Gesetzgebung Natur zum Zwecke ihres Schutzes ökonomisiert und als Gegenstand modifizierender Eingriffe verstanden wird, kritisiert Baudrillards Brief eben diese Kommodifizierung durch *environmental design* als Ausdruck der inneren Widersprüche des Kapitalismus, die sich auch in den vornehmlich linken Umweltschutzbewegungen widerspiegeln würden. Beide Positionen ähneln

3 | Die Geschichte des *environmentalism* und des Umweltschutzes ist bereits gut aufgearbeitet, bspw. Riley E. Dunlap, Angela G. Mertig (Hg.): *American Environmentalism. The U.S. Environmental Movement 1970-1990*, Philadelphia 1992 oder Samuel Hays: *Beauty, Health, and Permanence. Environmental Politics in the United States 1955-1985*, Cambridge 1989. Die an dieser Stelle vorgenommene Abstraktion von der Dringlichkeit der Imperative, die ›umweltfreundliches‹ Verhalten bis in die Gegenwart prägen, ist notwendig, um an die Stelle einer unhinterfragten Evidenz die Möglichkeit ihrer Aushandlung zu setzen und ihre historische Kontingenz zu bedenken.

sich darin, dass sie überkommene Verhaltensweisen neu prägen wollen, was im Falle Nixons mit einer neuen Technologie des Politischen – dem Schutz von Ressourcen mit dem Ziel ihrer endgültigen Kapitalisierung – und im Falle Baudrillards mit einer neuen Politik der Technologie – der Umstülpung der Produktionsverhältnisse – einhergehen soll.

1. Ressourcen und Waren

Symbolträchtig von 1969 auf den 1. Januar 1970 verlegt, unterzeichnet Richard Nixon im ersten politischen Akt der neuen Dekade den *National Environmental Policy Act*, das erste umfassende Umweltschutz-Gesetz in der Geschichte der USA.[4] Bereits im Februar läuft ein umfangreiches landesweites Programm zur Verbesserung der Luft- und Wasserqualität sowie zur Neuregelung der Abfallentsorgung an.[5] Das Jahr endet in dieser Hinsicht mit der Gründung des *Environmental Quality Council* sowie etwas später der *Environmental Protection Agency*, die heute, fast 50 Jahre später, massiven Kürzungen und politischen Angriffen ausgesetzt ist.

Die Politik reagiert damit auf die unter anderem seit dem Erscheinen von Rachel Carsons Buch *Silent Spring* 1962 die Öffentlichkeit beherrschenden Debatten über Pestizide und ihre Verbreitung in Ökosystemen. Mit einer Ölkatastrophe vor der Küste Santa Barbaras im Jahr 1969 waren politische Reaktionen opportun geworden. Die öffentlichen Proteste, in denen sich seitdem das Thema Umweltschutz mit dem Widerstand gegen den Vietnam-Krieg vermischt, scheinen in der Lage, die politische Kräftelage umzukehren – zugleich erweist sich eine am *environment* ausgerichtete Politik jedoch auch als Möglichkeit, die durch den Vietnamkrieg gespaltene Nation mit einem Ziel zu vereinen, das kaum Widerspruch erlaubt. Der Historiker J. Brooks Flippen hat Nixons Politik daher als Versuch beschrieben, das Momentum des gesellschaftlichen Drucks für die eigene Position zu nutzen, indem durch entsprechende Maßnahmen das Thema *environment* besetzt, die Regierung selbst zum Vorreiter in Sachen Umweltschutz erklärt und die Gegenseite mit der Politik eines *fait accompli* überrumpelt wird.[6] So ambivalent man Nixons Regie-

4 | Vgl. Kevin Hillstrom (Hg.): *U.S. Environmental Policy and Politics. A Documentary History*, Washington 2010; sowie Sally K. Fairfax, Edmund Russell (Hg.): *Guide to U.S. Environmental Policy*, Los Angeles 2014. Auch in Deutschland und in Frankreich werden zu dieser Zeit vergleichbare Regierungseinrichtungen zum Umweltschutz gegründet.

5 | Vgl. Richard Nixon: »Special Message to the Congress on Environmental Quality, February 10, 1970. The White House, Washington 1970b, www.presidency.ucsb.edu/ws/?pid=2757 (Zugriff 08.09.2017).

6 | J. Brooks Flippen: *Nixon and the Environment*, Albuquerque 2000, 52f.

rungszeit auch bewerten mag, die eingeführten Regulationsinstrumente und Institutionen sind bis heute international vorbildhaft, eröffnen sie doch, wie Flippen hervorgehoben hat, eine diplomatische Ebene für *environmental protection* auch auf globaler und nicht mehr nur regionaler Ebene.[7]

Unabhängig von den sich ergebenden umweltpolitischen Konsequenzen und dem weiteren Verlauf globaler Maßnahmen wird bei einer genauen Lektüre der Begründung und der Rhetorik Nixons für diesen Politikwechsel deutlich, wie in diesem Rahmen das *environment* zum Gegenstand von Regulationen wird. Die Idee seiner Modifizierbarkeit, manifest in den Ansätzen des *environmental design*, die zu dieser Zeit in Mode kommen, lässt sich, wie sich zeigen wird, reibungslos mit dem Programm seiner Ökonomisierung vereinbaren.

Besonders deutlich wird diese Entwicklung, wenn man sie in den Kontext vergangener umweltpolitischer Äußerungen in den USA stellt. Bereits 1965 hatte Lyndon B. Johnson mit einer Rede mit dem Titel *Conservation and Restoration of Natural Beauty* angesichts der mit der (Sub-)Urbanisierung einhergehenden Zerstörung der Natur ähnliche Maßnahmen wie Nixon angekündigt und von 1963 bis 1967 eine Reihe von Gesetzen erlassen, die sich jedoch aus der Sicht von Nixons Regierung als nicht wirksam genug erwiesen. Die Maßnahmen Johnsons, die vor allem ein gesetzliches Instrumentarium zur Verfolgung von Luft- und Wasserverschmutzung, die Einrichtung neuer Naturschutzgebiete sowie den Schutz bedrohter Arten umfassen,[8] gehorchen der Idee einer konservierenden, das Bestehende unter Schutz stellenden Politik. Bei Nixon hingegen tritt der Ansatz einer aktiven Gestaltung von *environments* in den Vordergrund, mit dem sich das Thema 1970 auf neue Weise politisch nutzbar machen lässt.

Die fünf Jahre Abstand zwischen den beiden Reden zeigen große konzeptionelle Differenzen – Begriffe und Rhetorik könnten kaum unterschiedlicher ausfallen. Als Ziel seiner Umweltschutzmaßnahmen benennt Johnson »man's opportunity to be in contact with beauty.«[9] An die Stelle dieser romantisierten Vorstellung einer Naturästhetik, die der »inner prosperity of the human spirit« diene,[10] tritt bei Nixon das Ziel einer optimierten Produktivität – so lautet das formulierte Ziel des Gesetzes: »encourage productive and enjoyable harmony

---

7 | Vgl. J. Brooks Flippen: »Richard Nixon, Russell Train, and the Birth of Modern American Environmental Diplomacy«, in: *Diplomatic History* 32 (2008), 613-638.

8 | Vgl. US National Park Service: »Lyndon B. Johnson and the Environment«, auf: www.nps.gov/lyjo/planyourvisit/upload/EnvironmentCS2.pdf (Zugriff 08.09.2017).

9 | Lyndon B. Johnson: »Special Message to the Congress on Conservation and Restoration of Natural Beauty, February 8, 1965«, *The White House*, Washington 1965, auf: www.presidency.ucsb.edu/ws/?pid=27285 (Zugriff 08.09.2017).

10 | Ebd.

between men and his environment«.[11] Schönheit, bei Johnson noch »natural resource«,[12] spielt bei Nixon nur in »recreational areas« eine Rolle und damit zur Wiederherstellung von Arbeitskraft.[13] Johnson spricht nur nebensächlich von *environment*, stattdessen ist von der »total relation between man and the world around him« die Rede.[14] Bei Nixon hingegen ist der Begriff zentral und deutet mit der Möglichkeit des *environmental designs* zugleich auch die Möglichkeit der Ökonomisierung an.

In einer *State of the Union*-Rede fordert Nixon vor dem Kongress am 22. Januar 1970, Wasser und Luft nicht mehr als Gemeingüter zu betrachten, weil dies auch bedeute, dass jeder sie ungestraft verunreinigen könne. Stattdessen plädiert Nixon dafür, sie angesichts der zunehmenden Verschmutzung als knappe Güter zu behandeln und entsprechend zu regulieren: »We can no longer afford to consider air and water common property, free to be abused by anyone without regard to the consequences.«[15] Die Verschmutzung von Luft und Wasser ist, so kann man aus Nixons Worten lesen, ein Effekt ihrer allgemeinen Verfügbarkeit als Gemeingut, das nicht nur dem individuell notwendigen Gebrauch zur Verfügung steht, sondern qua Gemeingut auch der kommerziellen und industriellen Ausbeutung. Nixon zufolge droht diese freie Nutzung, das Gemeingut zu zerstören, weshalb gesetzliche Reglementierungen und umfangreiche Investitionen notwendig seien. Mit dem *Environmental Quality Council* wird daher ein bis heute bestehendes, vom Präsidenten ausgewähltes Gremium eingerichtet, das entsprechende Richtlinien und Regularien für alle staatlichen Einrichtungen verabschieden und die Regierung beraten soll. Damit wird die ökologische Planung vor der Umsetzung industrieller Vorhaben verpflichtend. Ende 1970 wird auch die *Environmental Protection Agency* gegründet, welche die Umweltschutzgesetze umsetzen und entsprechende Programme durchführen soll.

Der Ansatz der in Nixons Rede vorgestellten Politik besteht darin, Luft und Wasser, aber auch alle anderen natürlichen Bedingungen menschlichen Lebens durch ihre Knappheit zu definieren. Die Zerstörung des *environment*

---

11 | United States: *National Environmental Policy Act*, NEPA 1969, auf https://energy.gov/sites/prod/files/nepapub/nepa_documents/RedDont/Req-NEPA.pdf (Zugriff: 08.09.2017).

12 | Ebd.

13 | Richard Nixon: »Annual Message to the Congress on the State of the Union, January 22, 1970«. *The White House*, Washington 1970, auf: www.presidency.ucsb.edu/ws/?pid=2921 (Zugriff: 08.09.2017).

14 | Johnson: »Conservation and Restoration of Natural Beauty«.

15 | Nixon: »State of the Union«. Vgl. dazu Reinhold Martin: »Environment, c. 1973«, in: *Grey Room* 14 (2004), 78-101; sowie Ray Clark, Larry Canter (Hg.): *Environmental Policy and NEPA. Past, Present, and Future*, Boca Raton 1997.

führt Nixon auf unbedachte industrielle Tätigkeit zurück, die nun, so die Bilanzrhetorik, in Rechnung gestellt werden müsse. Dadurch werden diese Gemeingüter in handelbare Waren verwandelt, deren Wert sich an ihrer Verfügbarkeit bemisst. *Environmental protection* ist für Nixon in all ihren Imperativen, die die Politik nunmehr erreichen, nur möglich im Rahmen der neoliberalen Kapitalisierung von Ressourcen. Der Architekturtheoretiker Reinhold Martin hat diese Politik als »translation of probabilistic financial projections through such techniques as cost-benefit analyses and risk-reward calculations« beschrieben,[16] denn in der Konsequenz wird das *environment* selbst zum Gegenstand ökonomischer Spekulation. Jede umweltpolitische Maßnahme wäre im Rahmen der von Nixon entworfenen Politik darauf zu prüfen, ob die Investitionskosten in einem sinnvollen Verhältnis zum ökonomischen Ertrag stehen und welche Risiken sich ergeben. Ausbeutung wird auf diese Weise an das Nachwachsen von Ressourcen gekoppelt und somit zwar reguliert, ohne jedoch den Rahmen der Ökonomie zu verlassen – eine Praktik, die im 2005 eingeführten Emissionshandel ihren Höhepunkt gefunden hat. Anstatt das Gemeingut als Grundrecht zu verstehen, das allen Menschen zugänglich sein soll, schlägt Nixon vor, Luft und Wasser als knappe Güter zu behandeln, die entsprechend ökonomischen Prinzipien zu unterliegen hätten: »Instead, we should begin now to treat them as scarce resources, which we are no more free to contaminate than we are free to throw garbage into our neighbor's yard.«[17] Ein von Nixon präsentiertes politisches Instrument zu diesem Zweck besteht darin, in die Kalkulation von Preisen die Kosten der Entsorgung der Waren bzw. der Wiederherstellung des *environments* einfließen zu lassen. An die Stelle der Internalisierung der Kosten der Umweltzerstörung durch die Industrie rückt ihre Weitergabe an die Verbraucher.

Aus dem Gemeingut, das aus Nixons Sicht wie selbstverständlich auch industrieller Ausbeutung zur Verfügung steht, wird so ein politisch reguliertes und damit lediglich durch seinen ökonomischen Nutzen, jedoch nicht seine Qualität als Gemeingut definiertes Objekt: »The answer is not to abandon growth, but to redirect it.«[18] Begrenzt sind nur die Ressourcen, nicht aber das Wachstum, und den Umgang mit dieser Grenze muss die Wirtschaft lernen, um weiterhin zu wachsen. An die Stelle eines von ökonomischen Imperativen geleiteten Verhaltens, das die Gemeingüter Luft und Wasser als Quelle individuellen Reichtums ansieht und ausbeutet, soll, so kann man Nixon le-

16 | Martin: »Environment, c. 1973«, 80. Martin untersucht die Subjektivierungsweisen dieser Politik und stellt sie in den Kontext der Architektur- und Designtheorien dieser Zeit. Im Folgenden soll es darum gehen, diese Perspektive um eine ökologiehistorische Dimension zu erweitern.

17 | Nixon: »State of the Union«.

18 | Ebd.

sen, eine Kommodifizierung des *environments* treten, die ebenfalls eine Ökonomisierung des Verhaltens impliziert. So entsteht das von Reinhold Martin als Effekt dieser Politik beschriebene »subject *at* and *of* risk, an only apparently stable subject, who in practice occupies the position of a variable or a parameter in a complex ecological and economic calculation«.[19] Im Zuge der von Nixon vorgeschlagenen Kommodifizierung wird jedoch nicht nur das Verhalten des Menschen an die Erfordernisse bedrohter *environments* angepasst, sondern diese werden selbst zu modifizierbaren, d.h. austausch- und damit tauschbaren Objekten. Man soll *environments* handeln können. Dies wiederum wird von Nixon auf der Ebene individueller Verantwortung verankert: »Each individual must enlist in this fight if it is to be won.«[20] Die persönliche Verantwortung wird entsprechend als ökonomische Verpflichtung markiert: »Improving our surroundings is necessarily the business of us all.«[21] Die Ökologie, um die es hier geht, ist nur als Ökonomie denkbar.

Die Kehrseite der Medaille des umfassenden Umweltschutzes, den Nixon fordert, ist die Ökonomisierung des *environments*, in dem alles nach seinem finanziellen Wert beurteilt wird. Politische Regulierungen und Interventionen, wie sie seitdem zu den primären Aufgaben entsprechender Institutionen zählen, sind in Nixons Vorstellung zwar Gegenmittel gegen die hemmungslose Ausbeutung von Ressourcen, zugleich aber Instrumente, mit denen aus Ressourcen ökonomische Werte gemacht werden können. Die Ökonomisierung wechselt lediglich die Seiten und versteckt unter dem Deckmantel der Knappheit die Möglichkeit einer nunmehr geregelten und an das Nachwachsen von Ressourcen angepassten Ausbeutung. Das Überleben, um das es in diesem Kontext geht, ist das Überleben des Industriekapitalismus. Strategisch nutzt der Republikaner Nixon den von allen Seiten aufbrausenden Wunsch nach einer nachhaltigen Politik für die eigenen Zwecke und vereinnahmt die Opposition der Umweltschutzbewegungen – wenn auch nicht nachhaltig. Umweltschutz wird zum staatlichen Projekt, nicht zuletzt, so Flippen, um den zahlreichen aktivistischen, tendenziell linken Gruppen, die in den 1960er Jahren entstanden sind, entgegenzuwirken.[22]

19 | Martin: »Environment, c. 1973«, 80.

20 | Nixon: »State of the Union«.

21 | Nixon: »Environmental Quality«.

22 | Flippen: *Nixon and the Environment*.

2. Design und Environment

Dieser politisch-ökonomische Kontext wird zum Gegenstand intensiver Debatten um die Verantwortung des Menschen für sein Verhalten – und die Möglichkeit, dieses Verhalten durch Design aktiv zum Besseren zu gestalten. Vom 14. bis 19. Juni 1970 findet in Aspen, Colorado die hochkarätig besetzte, von Sponsoren wie IBM, Coca Cola und Ford geförderte *International Aspen Design Conference* mit gut tausend Besuchern statt. Unter der Leitung von Eliot Noyes, seines Zeichens verantwortlicher Designer bei IBM und Direktor des *Department of Industrial Design* am Museum of Modern Art in New York, widmet sich die Tagung in diesem Jahr dem Thema *Environment by Design.*[23] Seit 1951 wird die *Aspen Design Conference* alljährlich zur Vertiefung der Zusammenarbeit zwischen Designern und Unternehmen abgehalten und von allen wichtigen Akteuren des Designs dieser Zeit besucht.

Während dieser Woche in Colorado brechen, wie die Designhistorikerin Alice Twemlow gezeigt hat, die bis dahin unterschwellig gebliebenen Konflikte zwischen Kunst und Design auf der einen und den sozialen Bewegungen der *counterculture* und der *environmentalists* auf der anderen Seite auf. Sie betreffen vor allem das Verhältnis des Designs zu Ökologie und Ökonomie. Unter den Besuchern sind zahlreiche neu gegründete *environmental action groups* vor allem aus Kalifornien, die, so Twemlow, unzufrieden mit dem gängigen Verständnis von Design als der Gestaltung von gutem Aussehen sowie praktischen Eigenschaften von Waren sind.[24] Sie fordern stattdessen, wie etwa das Architektenkollektiv *The Ant Farm,* die Auswirkungen von Gestaltungsprozessen auf die Gesellschaft und das *environment* zu bedenken.[25] Design soll, so die von Felicity Scott dargestellte Forderung, eine verantwortungsvolle Rolle übernehmen und sich seiner Verantwortung für den Verbrauch von Ressour-

---

23 | Die Konferenz des Jahres 1970 ist bereits Gegenstand zweier Studien, auf die sich die folgenden Ausführungen stützen: Felicity Scott: *Architecture or Techno-Utopia. Politics after Modernism*, Cambridge 2007; sowie Alice Twemlow: »I can't talk to you if you say that. An ideological collision at the International Design Conference at Aspen, 1970«, in: *Design and Culture* 1 (2009), 23-49. 1974 erscheint ein von Reyner Banham, langjährigem Gast der Tagung, herausgegebener Band mit Texten aus den ersten zwanzig Jahren der Aspen Conference. Als Chair des letzten, besonders umstrittenen Panels unterscheidet Banham zwei Gruppen innerhalb der Besucher der Konferenz: jene, die versuchen würden, Änderungen innerhalb des bestehenden Systems zu erreichen, und jene, die das System selbst ablehnen. (Reyner Banham [Hg.]: The *Aspen Papers. Twenty Years of Design Theory from the International Design Conference in Aspen*, New York 1974, 205.)

24 | Vgl. ausführlicher Twemlow: »I can't talk to you if you say that«.

25 | Vgl. Scott: *Architecture or Techno-Utopia*, 232.

cen und das entsprechende Verhalten der Konsumenten bewusst werden. Die emanzipatorische Funktion von Design ist stark umstritten. Eine Reihe von politischen Deklarationen am Ende der Tagung rufen tiefe Gräben zwischen den Teilnehmern hervor und erzwingen eine radikale Revision des bis dahin so erfolgreichen Tagungskonzepts. Aber auch wegen der politischen Fortschreibung der in den Jahren zuvor geführten Debatten um die steigende Bedeutung des *environments* – bereits 1962 wurde eine Tagung zu diesem Thema abgehalten, auf der sich aber keine so starken Differenzen zeigten –, kann die Veranstaltung in Aspen als Wegmarke für das nordamerikanische Verständnis von Design gelten.

Die Tagung stellt sich folgendes Motto: »We must bridge the gap between man's promises and his performance, between words and actions, between becoming and being.«[26] Das Programm verbindet *environmentalism* mit Designforschung und setzt dies in den Horizont eines Abgleichs von Verhalten und Versprechen. Während das nordamerikanische Design dieser Zeit durch die Gestaltung des *environments* eine bessere Welt in Aussicht stellt, mangelt es noch an praktischer Umsetzung dieser Welt durch Designer. Ideen des *recycling* und des *reuse* werden daher in Aspen ebenso diskutiert wie die Begeisterung für den Computer und natürlich die Umweltzerstörung. All dies wird in eine zeitgemäße Mischung aus *Do-it-yourself*, Hippictum und Kybernetik integriert, die in den Jahren zuvor im *Whole Earth Catalog* Ausdruck gefunden hatten. Am Ende der Tagung wird auf Bestreben der Studierenden eine überaus umstrittene Resolution verabschiedet, die nicht nur die sofortige Beendigung des Vietnam-Kriegs fordert, sondern auch eine Restrukturierung des urbanen Raums: kleinere, ländliche Siedlungen, die auf wissenschaftlichem und bewahrendem Management der lokalen Ressourcen anstatt auf industrieller Ausbeutung beruhen.[27] Pädagogik, Forschung und Politik sollen für diesen Ausgleich mit dem *environment* eng verbunden werden. Eine bessere Welt, so die Hoffnung der Aktivisten, sei nur durch ein dem *environment* angemessenes Verhalten möglich. Den Weg dazu aufzuzeigen oder sanft zu erzwingen sehen sie als Aufgabe von Designern, Stadtplanern und Architekten.

Doch es gibt eine auch heute noch beachtenswerte Gegenstimme, die auf die Widersprüche dieses *environmentalisms* und seine Verschränkung mit dem in Aspen diskutierten Design hinweist. Wie üblich wird, gesponsert von IBM, eine ausländische Delegation zur Konferenz eingeladen, in diesem Fall eine Gruppe von dreizehn Designern und Theoretikern aus Frankreich. Sie umfasst

26 | Der Künstler Martin Beck hat die *Aspen Design Conference* 2012 zum Gegenstand einer Installation gemacht, die viele der hier beschriebenen Prozesse aufgreift. Vgl. Martin Beck: »Panel 2. Nothing better than a touch of ecology and catastrophe to unite the social classes...«, in: ders. (Hg.): *The Aspen Complex*, Berlin 2012, 8-29.

27 | Vgl. ebd., 95f.

Teile der linken Bewegung *Utopie*, die von 1967 bis 1978 mit einer gleichnamigen Zeitschrift in Architektur und Stadtplanung interveniert.[28] Noch tief in den Auswirkungen des Mai ›68 verankert, fühlt sich die Delegation in Aspen an den Ort ihrer eigenen Widersprüche katapultiert. Doch man will sich nicht zu Komplizen machen lassen. Am Ende der Konferenz wird das *Statement by the French Group* verlesen, verfasst von Jean Baudrillard, dessen erstes Buch *Le Système des objets* zwei Jahre zuvor erschienen war.

Gleich zu Beginn meldet Baudrillard Zweifel an der in Aspen deklarierten universellen Bedeutung des *environments* an: »In France, the environment issue is a fall-out of May, 1968; more precisely a fall-out of the failure of the May revolutions.«[29] Das Statement versucht anzusprechen, was auf der Konferenz ausgespart wurde: die sozialen und ökonomischen Bedingungen der Umweltzerstörung, die Involviertheit der Designtheorie in das kapitalistische System und die Mythologie der Ökologie. So wird deutlich, dass die Tagung in einem Widerspruch gefangen bleibt, der vor Ort nicht thematisiert wird: Design wird zugleich die emanzipative Rolle zugesprochen, das Verhalten von Menschen zum Besseren zu verändern, als auch die repressive Rolle, für die missliche Lage der Konsumkultur verantwortlich zu sein. Die Rede vom *environment* ist daher, so Baudrillard, Ausdruck einer Krise, aber nicht im Sinne einer Konsequenz bedrohlicher ökologischer Entwicklungen, sondern im Sinne eines Symptoms der vorherrschenden Ideologie, die eben solche Widersprüche verdeckt. Mit der Trumpfkarte der Apokalypse versuche diese Ideologie, ihre politische Macht so zu restrukturieren, dass sie auch unter neuen Bedingungen vorherrschen könne. Ökologische Debatten würden genutzt, um schwelende Klassenkonflikte zu verdecken und stattdessen – wie etwa Nixon in seiner *State of the Union*-Rede – zu einer politischen Einheit aufzurufen, die de facto nicht existiere. »Once again, this holy union created in the name of environment is nothing but the holy union of the ruling classes of the rich nations.«[30]

Der Kampf für das *environment* vereine nicht die Menschheit, sondern die herrschenden Klassen der reichen Länder. Baudrillard kritisiert, dass die Rede von der individuellen Verantwortung, die aus der Involviertheit eines jeden in die umgebenden Ökosysteme resultiert, verdeckt, dass die zu Recht konstatierten Probleme Effekte der vorherrschenden Produktionsweise sind. Wenn

28 | Zu der nach Aspen geladenen Gruppe gehören Jean Aubert, Francois Barre, Jean Baudrillard, Claude Braunstein, Françoise Braunstein, Gilles de Bure, Christine Duparc, A. Ficher, Odile Hanappe, Lionel Schein, Roger Tallon und Nicole Tallon. (Vgl. Scott: *Architecture or Techno-Utopia*, 320.)

29 | Jean Baudrillard: »The Environmental Witch-Hunt. Statement by the French Group«, in: Reyner Banham (Hg.): *The Aspen Papers. Twenty Years of Design Theory from the International Design Conference in Aspen*, New York 1974, 208-210, 208.

30 | Ebd., 209.

also Individuen angehalten werden, sich *environmentally friendly* zu verhalten, so würde die Lösung für die falsche Produktionsweise im Verhalten des Individuums und nicht im kapitalistischen System verortet, das diese Subjektpositionen hervorgebracht habe und somit auch für das entsprechende Design von Verhalten verantwortlich sei. Indem im Namen des *environments* die Menschheit selbst zum Feind des Planeten erklärt wird, könne das kollektive schlechte Gewissen zur Waffe im Klassenkampf werden. Die kapitalistische Strategie besteht aus dieser Sicht darin, das Individuum für die Krise verantwortlich zu machen und ihm zugleich die Aufgabe ihrer Lösung zu übertragen.[31]

Environmentalism erscheint in Baudrillards Darstellung als eine von der politischen Klasse im Namen einer vereinten Menschheit geförderte Verschiebung der Kampfzone von Straßen in Wälder und damit weg von den Brennpunkten. Statt soziale Konflikte in ihrer gesellschaftlichen Tiefe zu überwinden, würden die Umweltschutzbewegungen politisch unbedarft den »boy scout idealism« einer Naturverbundenheit zur Schau stellen,[32] der alle Probleme lösen solle, aber in Wirklichkeit nur von ihnen ablenke. »In the mystique of environment, this blackmail toward apocalypse and toward a mythic enemy who is in us and all around tends to create a false interdependence among individuals. Nothing better than a touch of ecology and catastrophe to unite the social classes, except perhaps a witch hunt (the mystique of antipollution being nothing but a variation of it).«[33]

In dieser stabilisierenden, reaktionären Funktion im Dienste des Kapitals innerhalb der zerfallenden Gesellschaft ähnelt, so Baudrillard, der *environmentalism* sogar dem Krieg: Beide nutzen den Horizont einer permanenten Apokalypse, um den Status Quo zu rechtfertigen. »This enemy that each of us is invited to hunt and destroy is all that pollutes social order and production order.«[34] Ohne direkten Bezug auf Nixon hört man doch dessen Stimme im Hintergrund. In ätzenden Worten fasst Baudrillard zusammen, dass Veranstaltungen wie die in Aspen mit ihren Feinden kollaborierten: »Aspen is the Disneyland of environment and design. [...] But the real problem is far beyond Aspen – it is the entire theory of design and environment itself, which constitutes a generalized Utopia, a Utopia produced by a capitalist system that assumes the appearance of a second nature in order to survive and perpetuate itself under the pretext of nature.«[35] Eine noch drastischere Erklärung für den Sieges-

31 | Vgl. Jean Baudrillard: »Warum Ökologie? Eine Diskussion zwischen *Liberation*, Brice Lalonde, Dominique Simonnet, Laurent Samuel und Jean Baudrillard«, in: ders.: *Kool Killer oder Der Aufstand der Zeichen*, Berlin 1978, 119-127, 123.

32 | Baudrillard, »The Environmental Witch-Hunt«, 209.

33 | Ebd.

34 | Ebd.

35 | Ebd., 210.

zug der Ökologie findet Baudrillard 1978 in einem Interview mit der französischen Zeitschrift *Liberation*: »Das ökonomische System fällt auf die Fresse und deshalb erfindet man die Ökologie.«[36]

Auch wenn der Aufruf der französischen Delegation am Ende der Konferenz verhallt, vertieft Baudrillard seine Überlegungen für das 1972 anlässlich der geplanten Gründung einer neuartigen Universität für Design abgehaltene Symposium *Institutions for a Post-Technological Society* am Museum of Modern Art in New York.[37] Unter dem Titel *Design and Environment: Or, the Inflationary Curve of Political Ecology* erläutert er das moderne Verhältnis des Menschen zum *environment* auf der Grundlage seiner Semiotik und aktualisiert zugleich die marxistische Kritik an der politischen Ökonomie im Hinblick auf die Rolle von Design. Seit dem Bauhaus würden, so Baudrillards Ausgangspunkt, Objekte von Gestaltern vornehmlich durch ihre Funktion und damit als Zeichen und nicht als Waren verstanden. Beginnend mit dem Bauhaus und in direkter Linie bis zum US-Design dieser Zeit, wie es auf der *Aspen Design Conference* verhandelt wird, verfolgt Baudrillard nach, wie ausschließlich der Gebrauchswert der produzierten Objekte zum Kriterium der Wertschöpfung gemacht wird. Die Ideologie des Designs besteht, so Baudrillards Schlussfolgerung, in der Annahme, die Kreativität des Designers verhelfe der Menschheit zu mehr Freiheit, während sie tatsächlich die bestehenden Produktionsverhältnisse verstärke und dabei der Designer selbst ausgebeutet werde, ohne es zu merken. Fatal daran sei die Blindheit dafür, dass diese Produktion durch Design ein Austauschsystem etabliere, das wiederum keinen anderen Zweck als den der Kapitalakkumulation habe. Es diene keineswegs der dem Design zugesprochenen Befriedigung der Grundbedürfnisse aller Menschen.

Design, so kann man Baudrillards Überlegungen auf die Situation von 1970 beziehen, erweitert den Tauschwert des Zeichens auf alle Ebenen der Kultur, indem es seine Objekte durch den Funktionalismus aus ihrer Gebundenheit in den Alltag des Gebrauchs löst. Gegenstand von Design sind demnach nicht die Objekte, sondern die Kommunikation, zu der diese Objekte dienen. Vergessen werde dabei, dass im Rahmen dieser historischen Entwicklung Zeichen in den Kreislauf der Politischen Ökonomie eingespeist werden. Dies geschieht, wenn Zeichen sich von ihren Referenten lösen und nicht mehr Waren, sondern Information, also designte Botschaften zirkulieren.

Wenn Design, wie in Aspen, zur Sache eines neuen globalen Humanismus der Ökologie erklärt wird, erscheine die zum Gegenstand von Design gemachte Natur als »network of messages and of signs, and its laws are those of

36 | Baudrillard: »Warum Ökologie?«, 119.

37 | Vgl. zum Kontext dieser Tagung Scott: *Architecture or Techno-Utopia*, 90; sowie die Beiträge in Emilio Ambasz (Hg.): *The Universitas Project. Solutions for a Post-Technological Society*, New York 2006.

communications.«[38] Da Design in dieser Lesart nicht mehr nur Objekte gestaltet, sondern Umgebungen, verändert sich im Zuge dieser Entwicklungen auch das Konzept der Natur hin zur »universal semantization of the environment, with everything judged on the basis of its function and meaning.«[39] Natur werde gemäß des Mottos der Konferenz in ein *environment by design* transformiert, in eine vom Menschen abgelöste, objektivierte Natur, die nur noch in der Zirkulation von Zeichen besteht. Design erscheint so als Produktion von Kommunikation, also von Informationszirkulation. Aus dieser Perspektive gehören der Aufstieg des Designs und der des *environments* als ökologischem wie ökonomischem Gegenstand untrennbar zusammen, weil sie die gleiche semiotische Funktion erfüllen. An die Stelle der Natur als zu beherrschender Produktivkraft trete in der Mitte des 20. Jahrhunderts das *environment* als zu beherrschendes Reich der Zeichen.

Diesen Prozess der Ersetzung von Natur durch *environment* beschreibt Baudrillard als Teil der die zweite Hälfte des 20. Jahrhunderts prägenden Verfallslogik des Signifikats, die seitdem zentrales Thema seiner Arbeiten ist. Das resultierende »end of a world we were in touch with« geht für Baudrillard mit dem Tod des großen Referenten Natur einher, der die Zirkulation kultureller Zeichen zusammengehalten habe: »The Great Signified, the Great Referent Nature is dead, and what takes its place is the environment, which points out both nature's death and its reconstitution as a simulation model (reconstitution, as of a pre-hashed beefsteak).«[40] Im Konzept des *environments*, das an diese Stelle trete, sei entsprechend durch die basale Zirkulation von Zeichen alle Referenz gelöscht, wenn nicht die Zirkulation gar selbst zur Referenz werde.

Wenn innerhalb ökologischer Debatten von einem *environmental design* die Rede ist, bedeutet das Baudrillard zufolge nichts anderes, als dass die von Designern vertretene »*doctrine of participation and public relations*« auf die Natur selbst angewandt wird.[41] Wenn in diesem Sinne das *environment* als Verhältnis von Zeichen durch Design manipulierbar ist, gilt dies ebenso für den Menschen, der in ihm lebt. Nixon aufnehmend schreibt Baudrillard: »If nature, air, water, after having been simple productive forces, become rare goods and enter the field of value, it is because men themselves enter a bit more deeply into the field of political economy.«[42] *Environmental design*, wie es zu dieser Zeit etwa Reyner Banham, Buckminster Fuller oder Ian McHarg beschreiben, ist dem-

38 | Jean Baudrillard: »Design and Environment. Or, The Inflationary Curve of Political Economy«, in: Emilio Ambasz (Hg.): *The Universitas Project*, 50-66, 62.

39 | Ebd., 50. Vgl. dazu auch Larry Busbea: »Metadesign. Object and Environment in France, c. 1970«, in: *Design Issues* 25 (2009), 103-119.

40 | Baudrillard: »Design and Environment«, 63.

41 | Ebd., Hervorhebung im Original.

42 | Ebd., 64.

nach eine Ausweitung der politischen Ökonomie und ihrer Produktionsverhältnisse einer »rational hyperproductivity« auf die Natur.[43] In der Konsequenz wird, ganz in Nixons Sinne, Natur als *environment* zur tauschbaren Ware.

3. Ökologie und Ökonomie

Baudrillards Hauptthese, dass zu dieser Zeit Zeichen nur noch auf Zeichen verweisen und ihre Zirkulation keine Hindernisse mehr kennt, ist auch das Signum eines weiteren Ereignisses der frühen 1970er Jahre, auf das der Text anspielt: Am 15. August 1971 hebt Nixon zunächst temporär, ab 1973 dann endgültig die Bindung des Dollars an Goldreserven auf und löst damit das Geld als Signifikant vom Gold als Signifikat. Nixons Entscheidung besiegelt das Ende des Abkommens von Bretton Woods, das die internationale Währungsordnung auf die Ankerwährung des Dollars festlegte, der wiederum durch Goldreserven gesichert war.[44] Indem Geld durch die »Auflösung von Wertreferenten« nicht mehr an Gold gebunden ist,[45] kann es – wie das von der Natur gelöste *environment*, so könnte man ergänzen – selbst zum Gegenstand von Spekulation werden.

Antonio Negri und Michael Hardt folgend kann man davon sprechen, dass die ökologische Krise dieser Zeit und das mit ihr einhergehende Bewusstsein für die Endlichkeit natürlicher Ressourcen, also die Notwendigkeit einer Begrenzung ihrer Ausbeutung, mit der Loslösung der Zirkulation von Signifikanten – Zeichen, Zahlen und Geld – von den Signifikaten – Bedeutung, Natur und Gold – einhergehen. Diese Bewegung mündet in jenes von Baudrillard beschriebene freie Flottieren der Signifikanten, das Reinhold Martin in folgenden Worten zusammenfasst: »When there is nothing left to consume, capital consumes itself.«[46] Diese ökonomische Auflösung »of the *world* as the real warranty of the sign« spiegelt sich in der Ökologie durch die Ersetzung der Natur durch das *environment*.[47] Wie der Goldstandard habe Natur als objektiver Referent fungiert, der kulturelle Signifikationsprozesse zusammengehalten habe. Die Auflösung des Gold- wie des Naturreferenten – beides unter der Ägide Nixons zur politischen Realität geworden – mache Platz für ein referenzloses

43 | Ebd.

44 | Vgl. A.L.K. Acheson, J.F. Chant, M.F.J. Prachowny (Hg.): *Bretton Woods revisited. Evaluations of the International Monetary Fund and the International Bank for Recontruction and Development*, Toronto 1972.

45 | Joseph Vogl: *Das Gespenst des Kapitals*, Berlin 2016, 87.

46 | Reinhold Martin: *Utopia's Ghost. Architecture and Postmodernism, Again*, Minneapolis 2010, 67.

47 | Baudrillard: »Design and Environment«, 64.

System der Zirkulation, welches einerseits, so kann man retrospektiv ergänzen, in die jüngste Finanzkrise geführt und andererseits Umweltschutz zum kapitalistischen Projekt nachhaltigen Wachstums gemacht hat.

Man mag Baudrillards Abrechnung mit den Motiven des Umweltschutzes für ihre Abstraktion von den konkreten Herausforderungen des Klimawandels kritisieren, wie etwa seine Gesprächspartner im erwähnten Interview mit *Liberation*.[48] Die Alternativlosigkeit seiner Darstellung lässt kaum Handlungsperspektiven. Baudrillards Argumentation macht dennoch deutlich, dass die Rede vom *environment* mit jenen ökonomischen Praktiken zusammenhängt oder vielleicht sogar ihr Effekt ist, die Umgebungen als modifizierbare, zu gestaltende Objekte ansehen. *Environment by design* ist in diesem Sinne schlicht eine Ausweitung der kapitalistischen Produktionsweise. Doch wenn Design auf diese Weise im kapitalistischen System verankert ist, was bedeutet dies dann für die Rede vom Verhaltensdesign? Nimmt dieser Begriff dann nicht mit dem Vokabular auch die Ideologie auf – »in fact, everything belongs to design«[49] – und beschreibt einen weiteren Phänomenbereich als Gegenstand dieser Produktionsweise und all ihrer Widersprüche? Entspringt die Ausweitung des Designbegriffs auf Verhalten selbst einer kapitalistischen Logik?

Die ökologische Krise wird um 1970, das zeigen die Gesetzgebung Nixons und die Intensität der Debatten in Aspen, als globale Krise des menschlichen Verhaltens beschrieben und öffentlich rezipiert. Die sowohl von Nixon als auch von den Designern in Aspen vorgeschlagene Lösung eines *environments by design* lässt jene Spannungen hervortreten, die noch heute die Debatten um das Anthropozän beherrschen. Als analytischem Begriff bleibt Verhaltensdesign also jene historische Situation eingeschrieben, in der *environment by design* zur Produktionsweise wird. Verhalten wird in diesem Kontext nicht nur als kontinuierliche Anpassung von Menschen an die Bedingungen der jeweiligen Umgebung verstanden, sondern auch als Modifikation dieser Umgebungen gemäß der Bedürfnisse der in ihnen Lebenden – seien sie ökonomisch oder ökologisch. Als Gegenstand von Design wird *environment* selbst eine Variable des Verhaltens.[50]

48 | Baudrillard: »Wozu Ökologie?«, 122.

49 | Baudrillard: »Design and Environment«, 63.

50 | Ich danke Isabell Schrickel, Jeannie Moser und Christina Vagt für zahlreiche Hinweise.

Education Automation

Verhaltensdesign als ästhetische Erziehung

Christina Vagt

Was haben ein Dichter wie Stéphane Mallarmé und ein Industriedesigner wie Adolf Loos gemeinsam? Sie gehören derselbe Epoche an und Jacques Rancière zufolge teilen sie deren Auffassung von Design als allgemeiner ästhetischer Erziehung: Beide suchen nach allgemeinen Formen oder ›Typen‹ des alltäglichen Lebens:

»As far removed from each other as the symbolist poet and the functionalist engineer may seem, they both share the idea that forms of art should be modes of collective education. Both industrial production and artistic creation are committed to doing something on top of what they do – to creating not only objects but a sensorium, a new partition of the perceptible.«[1]

Rancières Clou besteht darin, das Design des 20. Jahrhunderts in Anlehnung an Friedrich Schiller als kollektive ästhetische Erziehung zu verstehen, die sowohl die kapitalistische Geldökonomie als auch die bloße Verschönerung der Oberfläche überschreitet, weil sie Teil einer zweiten, symbolischen Ökonomie der bürgerlichen Gesellschaft ist. Design hat dann (ebenso wie Literatur oder bildende Kunst) Anteil an der »Aufteilung des Sinnlichen«, an der Vorbereitung dessen, was überhaupt erscheinen kann. Auch wenn Rancière selbst sich nicht lange bei dieser Idee aufhält – diese Sätze fallen fast beiläufig im größeren Kontext seiner Bemerkungen zu Politik und Ästhetik – erscheint mir diese Verschiebung des Designdiskurses via Schiller als allgemeine Erziehung im Sinne einer symbolischen Ökonomie doch bemerkenswert, besonders da sich das Design der 1960er und 1970er Jahre durch Ingenieure und Computertechnologie zu weltumspannenden, ja astronomischen Dimensionen aufschwingt. Bemerkenswert erscheint mir auch, dass das Register der symbolischen Öko-

1 | Jacques Rancière, Steve Corcoran: *Dissensus: On Politics and Aesthetics*, London/New York 2015, 121.

nomie bei Rancière keineswegs die kapitalistische Warentauschlogik in Frage stellt, vielmehr fügt sie dem exakt quantifizierbaren Tauschwert der Ware einen zweiten, nicht messbaren Tauschwert hinzu, ähnlich wie es Marcel Mauss als Gabentausch beschrieben hat: Performative oder rituelle Akte fordern zu immer größeren Gegengaben heraus.[2] Ob Opfer, Tänze, Duelle oder erotische Verführung – in der symbolischen Ordnung werden keine Waren getauscht, vielmehr geht es um die wechselseitige Verpflichtung der Subjekte. Was also bei Marcel Mauss oder in zugespitzter Form auch bei Jean Baudrillard unter den Stichwörtern ›Gabentausch‹ und ›symbolischer Tausch‹ eine klare Demarkationslinie zwischen symbolischen Tauschgesellschaften und kapitalistischen Warenökonomien markiert,[3] erscheint bei Rancière als Doppelökonomie im Sinne von ästhetischer Erziehung. Schillers Idee einer ästhetischen Revolution, die allein durch die freie Form des Spiels zu bürgerlicher Freiheit und höchstem individuellen Glück führen soll und sich von der französischen Revolution und ihren politischen Forderungen abwendet, erlebt im 20. Jahrhundert eine Renaissance.[4]

Die Produktivität von Dichtern und Ingenieuren lässt sich dann nicht mehr auf das Fabrizieren von Waren wie Regalen oder Gedichten reduzieren, sondern hat Anteil an der Formierung der kollektiven Erziehung – etwas, das ich als Verhaltensdesign verstehe. Der Begriff ›Design‹ verschiebt sich natürlich durch diese Lesart. Statt seine gesellschaftliche Funktion auf die Sphäre der schönen Künste oder die der politischen Ökonomie zu reduzieren, weitet sich der Wirkungsbereich des Designs zu einer Figur des Dritten aus, einer *trading zone* zwischen den Sinnen und dem Politischen, die sich im 20. Jahrhundert gleichermaßen in Wissenschaft, Technologie und Ästhetik herausbildet.[5] Die Macht des Designs im 20. und 21. Jahrhundert liegt in dieser Aushandlungszone, denn hier werden Entscheidungen über das, was den Sinnen überhaupt erscheinen kann oder nicht, vorweggenommen.

Ich teile Rancières Interesse an diesem »neuen Sensorium« und der »Aufteilung des Sinnlichen«, weil es eine Diskussion über die Beziehung zwischen

2 | Vgl. Marcel Mauss: *Die Gabe. Form und Funktion des Austauschs in archaischen Gesellschaften* [1923/1924], Frankfurt a.M. 1968, 153.

3 | Vgl. Jean Baudrillard: *Der symbolische Tausch und der Tod*, München 1991, 8.

4 | Vgl. Friedrich Schiller: *Über die ästhetische Erziehung des Menschen* [1793], 27. Brief, Stuttgart 2005, 114-123.

5 | Den Begriff der *trading zone* hat Peter Galison in Bezug auf soziale Aushandlungspraktiken bei neuem Technologiedesign von Physikern eingeführt, später hat er ihn auch explizit auf die Rolle von Computersimulation bezogen. (Vgl. Peter Galison: *Image and Logic*, Chicago 1997, 781ff.; ders.: »Computer Simulations and the Trading Zone«, in: Gabriele Gramelsberger [Hg.]: *From Science to Computational Science*, Zürich 2011, 118-157.)

Diskursen und Techniken des Designs auf der einen Seite und politischen Technologien des Kalten Krieges auf der anderen Seite ermöglicht. Das Nachkriegsdesign (oder Re-Design) von Lernumgebungen in den USA (beeinflusst aber nicht determiniert durch den Behaviorismus, die Kybernetik und das Auftauchen des Computers) fungiert hierbei als Gegenstand und als historische Szene: Verhaltensdesign *von* Lernumgebungen und *durch* Lernumgebungen. Hierbei überschneiden sich abstrakte Programme der Erziehung, der Regierung und der Technologie, die verkörpert in konkreten Designstrategien und Entwürfen erscheinen.

Walden Two – Verhaltenstechniken und *Cultural Engineering*

Zu den möglichen Anfängen einer Geschichte des Verhaltensdesigns von Lernumgebungen gehören die Forschungen von Burrhus Frederic Skinner. In seinem utopischen Roman *Walden Two* (1948) skizziert er eine nach behavioristischen Prinzipien entworfene Gesellschaft – ein alternativer utopischer Entwurf zu den dominanten real-existierenden politischen Regierungssystemen Demokratie, Faschismus und Kommunismus. Politik ist in *Walden Two* grundsätzlich unerwünscht.[6] *Cultural engineering* ersetzt den Ort und die Funktion politischen Handelns und damit des Politischen. Kultur wird nicht länger dem Zufall überlassen – und dabei spielt Erziehung eine entscheidende Rolle: *behavioral engineering* beginnt in *Walden Two* bereits mit der Geburt, aber die Erziehung der Kinder obliegt nicht länger Eltern und Familie, sondern der Wissenschaft, genauer gesagt einer auf organisierte Gruppen angewandten Verhaltenswissenschaft. Zwar können sich laut Skinner im strengen Sinne nur Individuen *verhalten*, aber dieses Verhalten wird durch die soziale Umwelt oder Kultur der umgebenden Gruppe gesteuert.[7]

Nach der Doktrin des Behaviorismus verhalten sich Menschen wie alle anderen Organismen nicht gemäß eines freien Willens, sondern aufgrund von Umweltkontrollmechanismen. So hängt das Überleben einer Kultur von ihrem Design ab.[8] Diese Verwissenschaftlichung sozialer und kultureller Formen zeichnet sich gleichermaßen durch ein tiefes Ressentiment gegenüber

---

6 | Burrhus Frederic Skinner: *Walden Two*, Indianapolis 2005, xvi.

7 | Vgl. Burrhus Frederic Skinner: *Science and Human Behavior*, The B. F. Skinner Foundation, Cambridge/MA 2005, 312.

8 | »A social environment is usually spoken of as the ›culture‹ of a group. The term is often supposed to refer to a spirit or atmosphere or something with equally nonphysical dimensions. Our analysis of the social environment, however, provides an account of the essential features of culture within the framework of a natural science. It permits us

klassischen politischen Formen und einer gewissen wissenschaftlichen Selbstüberschätzung aus.[9] Im Vorwort der Neuauflage von *Walden Two* von 1975, fast zwanzig Jahre nach dessen Erstauflage, resümiert Skinner, dass *cultural engineering* einst als Utopie und literarisches Gedankenexperiment im Genre der Science Fiction begonnen habe, mittlerweile technologisch realisiert sei.[10] Aber auch nachdem das Verhaltensdesign die Schwelle der Technologie genommen und sich mit kybernetischen Verfahren und dem Computer verbunden hat, steht noch immer die Erziehung im Zentrums seines Designs. Alltägliche Probleme wie die des Regierens können nur dann gelöst werden, so Skinner, wenn sich das menschliche Verhalten als Ganzes verändert.

Hierfür spielt der Computer allerdings nur eine untergeordnete Rolle. Skinner, Konstrukteur von Lernmaschinen und Erfinder des »programmierten Lernens«,[11] weist den Computerenthusiasmus in seine behavioristischen Schranken: Der Computer könne lediglich Informationen speichern und organisieren, selber aber nicht lehren.[12] Skinners Ablehnung des Computers ist dabei nicht das Resultat einer allgemeinen Technologiefeindlichkeit, sondern vielmehr Teil seiner Technikauffassung: Er versteht Apparate wie seine eigenen analogen Lernmaschinen eher als Erweiterungen oder Ergänzungen des Menschen, als technischen Bestandteil einer optimierten Lernumgebung und als Instrument, um eine bessere Gesellschaft hervorzubringen. Die primäre Rolle der Lernmaschine sei die eines Tutors, der beim Lernen unmittelbares Feedback gibt und das Verhalten der Schüler durch positive Verstärkung zu formen hilft: »The machine itself, of course, does not teach. It simply brings the student into contact with the person who composed the material it presents.«[13]

---

not only to understand the effect of culture but, as we shall see later, to alter cultural design.« (Skinner: *Science and Human Behavior*, 419.)

9 | Vgl. Skinner: *Walden Two*, xv.

10 | »The 1950's, however, saw the beginnings of what the public has come to know as behavior modification. There were early experiments on psychotic and retarded persons, and then on teaching machines and programmed instruction, and some of the settings in which these experiments were conducted were in essence communities. And in the sixties applications to other fields, such as counseling and the design of incentive systems, came even closer to what I had described in *Walden Two*. A technology of behavior was no longer a figment of the imagination.« (Skinner: *Walden Two*, vi-vii.)

11 | Vgl. Burrhus Frederic Skinner: *The Technology of* Teaching, The B. F. Skinner Foundation, Cambridge/MA 2003.

12 | Vgl. Alexandra Rutherford: *Beyond the Box: B. F. Skinner's Technology of Behavior from Laboratory to Life, 1950s-1970s*, Toronto 2009, 33.

13 | Skinner: *The Technology of Teaching*, 54.

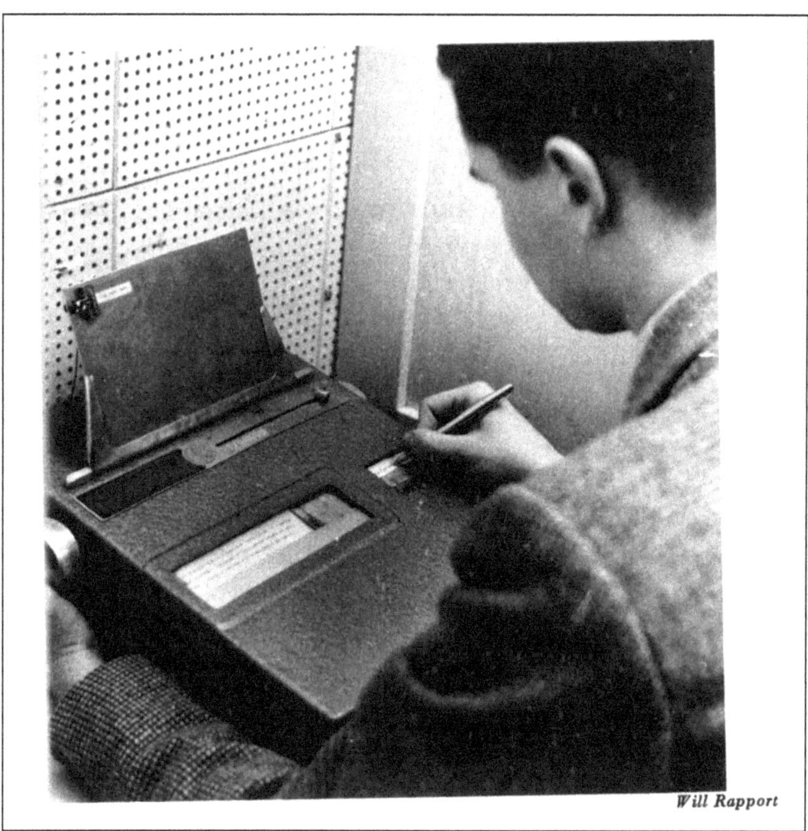

Abbildung 1: Eine von Skinners propagierten analogen Lernmaschinen. Abgedruckt in Burrhus Frederic Skinner: The Technology of Teaching, *New York 1968, 38.*

›Education‹ im amerikanischen Sinne meint sowohl Erziehung als auch Bildung und ist nach Skinner mehr als mechanisches Auswendiglernen. Das dabei erworbene Wissen gehört zu den komplexesten Formen menschlichen Verhaltens, weil es selbstreflexiv ist.[14] Die Aufgabe der Erziehung besteht darin, Kontrollprozesse im Individuum zu initiieren, die später unabhängig von der ersten mimetischen Lernsituation mit dem Lehrer wieder aufgerufen werden können. In diesem Sinne ist Erziehung weniger ein Programm als vielmehr eine Programmierung: »Education emphasizes the acquisition of behavior rather than its maintenance.«[15]

14 | Vgl. Skinner: *Science and Human Behavior*, 408.

15 | Vgl. ebd. 402.

Ohne solche Erziehungs- und Bildungstechniken könnte keine Gesellschaft komplexer Organismen ein konformes Verhalten ausbilden.[16] So liegt in der Erziehung auch die behavioristische Rolle von Kunst und Literatur begründet: Um *Walden Two* zu schreiben, brauchte Skinner nach eigener Darstellung nicht mehr als ein gewisses Interesse an US-amerikanischer Sozialgeschichte und eine intensive Lektüre Thoreaus.[17] Tief verwurzelt im amerikanischen Transzendentalismus beinhaltet sein Verhaltensdesign dann auch ein ästhetisches Programm: Mit Bezug auf Henry David Thoreaus *Walden* verspricht Skinners *cultural engineering* nicht nur eine Gesellschaft der Glücklichen durch eine puritanisch anmutende Reduktion von Konsumgütern und ein Mehr an sinnstiftender kollektiver Tätigkeit, sondern es koppelt das Überleben der amerikanischen Kultur an positive Verstärker wie Literatur, Kunst, Musik und Theater.[18]

Innerhalb des behavioristischen Kosmos werden die freien Künste zu Überlebensfaktoren, zu kulturellen Verstärkern jener Programme, die zuvor durch Erziehung installiert oder programmiert wurden. Kunst ist Teil eines kulturellen Wartungsprogramms oder auch einer kulturellen Hygiene der US-amerikanischen Gesellschaft – und zwar nicht erst seit dem 20. Jahrhundert. Religion, Gesetzgebung, Bildung und Erziehung, Psychologie und Ökonomie manipulieren immer schon Teile der sozialen Umwelt. Die Manipulation der Kultur durch Design ist selbst ein Wesensmerkmal aller Kultur, so Skinner, denn sie ist wie das Wissen von Natur aus selbstreflexiv. Neu an den Utopien der 1960/70er Jahre ist lediglich das Design, das sich nicht mehr auf einzelne Teile oder Bereiche der Kultur beschränken mag, sondern diese als Ganzes adressiert: »What is called ›Utopian‹ thinking embraces the design of a culture as a whole.«[19]

Im Angesicht neuartiger Probleme von globalem Ausmaß wie Atomwaffen, Hunger, Bevölkerungsexplosion und Umweltverschmutzung verspricht das *cultural engineering* eine planvolle und funktionale Kultur, statt sie wie bisher dem Zufall zu überlassen. Der Behaviorisms spricht nicht von Katastrophen, sondern bedient sich mit seiner Vision des *cultural engineering* einer affirmativen, problemorientierten Management-und Organisationsrhetorik. Die einzige

---

16 | Vgl. ebd. 416-417.

17 | Vgl. Rutherford: *Beyond the Box*, 119.

18 | »Although sometimes questioned, the survival value of art, music, literature, games, and other activities not tied to the series business of life is clear enough. A culture must positively reinforce the behavior of those who support it and must avoid creating negative reinforcers from which its members will escape through defection. A world which has been made beautiful and exciting by artists, composers, writers, and performers is as important for survival as one which satisfies biological needs.« (Skinner: *Walden Two*, xii.)

19 | Skinner: *Science and Behavior*, 427.

Schwierigkeit besteht in der Tatsache, dass es für die komplexen Probleme kein Labor gibt, so Skinner.

Obwohl bereits in den 1950er Jahren teilweise harsche Kritik an Skinners Verhaltenslehre sowohl innerhalb wie außerhalb der wissenschaftlichen Gemeinde laut wird, werden seine Prinzipien in den folgenden Jahrzehnten auf zahlreiche Anwendungen übertragen. Alexandra Rutherford zufolge hält diese Ausweitung und Umwandlung menschlicher Umgebungen nach Prinzipien des Behaviorismus bis heute an. Allerdings ist es nicht Skinners experimentelle Analyse des Verhaltens oder seine radikale Verhaltens- und Sozialphilosophie, die sich erhalten hat, sondern seine Verhaltens*techniken*, die sich unabhängig von ihren sozialphilosophischen Anfängen durchsetzen.[20] Eine ähnliche Beobachtung findet sich auch in Michel Foucaults *Geburt der Biopolitik:*

> »Alle diese Methoden, deren reinste, strengste, genaueste oder abweichendste Formen man bei Skinner findet und die gerade darin bestehen, daß man eben nicht die Bedeutung der Verhaltensweisen untersucht, sondern einfach herausfindet, wie eine gegebene Menge von Reizen durch sogenannte Verstärkungsmechanismen Reaktionen hervorbringen kann, deren Systematizität festgestellt werden und auf deren Grundlage man andere Verhaltensvariablen einführen kann [...]«[21]

Der Behaviorismus setzt sich nicht als Wissenschaft oder Doktrin durch, sondern in Form von Technologie und Design.

Programmierung der Lernumgebung

Im Folgenden soll das in den 1950er Jahren gegründete Designinstitut der Southern Illinois University (SIU) in Carbondale als Fallbeispiel für ein Labor des *cultural engineering* dienen. Das Institut, nachhaltig geprägt durch seinen ersten Direktor Harold Cohen, ein ehemaliger Student von László Moholy-Nagy, strebt zunächst eine noch ganz im Bauhaus-Sinn interdisziplinäre Kooperation zwischen Design und Wissenschaften an. Allerdings gestaltet sich eine solche insbesondere mit den Geisteswissenschaften als schwierig, und so vertieft man stattdessen die Beziehungen zu Biologie, Soziologie und Psychologie. Unter den prominenten Gästen des Instituts finden sich B. F. Skinner und Margaret Mead. 1955 rekrutiert Cohen dann Richard Buckminster Fuller als Dozent, der auch gleich Carbondales ersten geodätischen Dom errichten lässt.

20 | Vgl. Rutherford: *Beyond the Box*, 7.

21 | Michel Foucault: *Die Geburt der Biopolitik*, Frankfurt a.M. 2004, 369f.

Die Aufgabe des Designinstituts besteht nach Cohen zunächst darin, Designern beizubringen, wie man ein Problem formuliert.[22] Allerdings gerät er und mit ihm das Designprogramm zunehmend unter den Einfluss der Verhaltenspsychologen. Von ihren Kollegen aus der Psychologie und Biologie übernehmen die Designer Verhaltenstechniken wie Konditionierung und positive Verstärkung und übertragen sie auf das Design von Lernumgebungen. 1961 startet Cohen das Experimental Freshman Year (EFY), bei dem ein kompletter Jahrgang neuer Collegestudierender aufgenommen wird, die aufgrund ihres Notendurchschnitts unter normalen Bedingungen keine Chance auf höhere Bildung hätten. Das EFY bietet keine spezielle Designausbildung, sondern versteht sich als *studium generale*, das Designelemente wie Papierfalten oder Bauen mit Karton als Problemlösungsstrategien integriert.[23]

Buckminster Fuller, der zuvor bei Moholy-Nagy am Institute of Design (ID) in Chicago und am Black Mountain College in North Carolina lehrte, bringt seine Erfahrungen mit vom Bauhaus inspirierter Bildung ein. Cohen und Fuller bleiben in freundschaftlichem Kontakt, auch nachdem Cohen Carbondale 1965 verlässt und ans Institute for Behavioral Research in Washington, D.C. geht. Buckminster Fuller beschreibt rückblickend nicht nur die Medienarchitektur des EFY in Carbondale, sondern auch dessen politisch-ökonomischen Hintergrund:

»In Illinois, as in many other states, any student who graduates from high school is entitled to go to a state university. Unfortunately, the capacity of state universities in Illinois is not adequate for the number of graduates. Therefore, some have to be turned down. About a third of all graduates from high school cannot be accommodated. That group is called the lower one-third, and they are excluded from the state universities. Their parents represent a very powerful part of the electorate of Illinois. As such they feel they have been unjustly dealt with, particularly that their children have been unjustly dealt with. And that irritates parents much more than if they had been personally mistreated. So there is a great pushing of the legislature of Illinois to do something about it. As a consequence, a number of experimental undertakings have occurred. Harold Cohen, trying to reform environment instead of trying to reform man, saw that he might be able to develop school apparatus and procedures to help the student learn how to teach himself. So in 1961 he designed and directed the Experimental Freshman Year program.«[24]

22 | Al Gowan: *Shared Vision: The Second American Bauhaus*, Cambridge 2012, 9.

23 | »I am a paper-folding man. I believe that you can solve big design problems after first manipulating paper. So I approached the Alton Box Company for a grant of materials so we could build structures with corrugated board. [...] We also used waterproof cardboard for emergency housing.« (Ebd., 11.)

24 | Harold L. Cohen, James Filipczak: *A New Learning Environment*, Boston 1989, xiv.

Der politische Druck auf das Bildungssystem wuchs demzufolge in den 1960er Jahren. Während Fuller vom »unteren Drittel« als einer homogenen Gruppe spricht, beschreibt Cohen den demographischen Mix des EFY differenzierter: Frauen, Afro-Amerikaner und Homosexuelle, ebenso wie streng religiöse Studenten sollen integriert werden.[25] Statt politische Forderungen nach Gleichberechtigung oder zumindest nach mehr Inklusion von Minderheiten im Bildungssystem zu stellen, reagiert das behavioristische Bildungs- und Erziehungsprogramm in den 1960er Jahren auf das Problem des »unteren Drittels« mit dem Design einer Lernumgebung, in der diese Studierenden sich selbst unterrichten.

Das EFY bespielt eine ganze Etage, die neben den üblichen Vorlesungssälen und Seminarräumen kleine Kartonboxen bereitstellte (»little paper houses«), ausgestattet mit Stuhl, Schreibtisch, Lampe, Periodensystem und Weltkarte, Globus, Schreibmaschine und einem Telefon. Idealerweise müssen die Studierenden ihre Boxen während der veranschlagten Zeiten des Selbststudiums nicht verlassen, um Informationen zu erhalten oder zu verarbeiten:

»The telephone was connected directly to a switchboard and from there to the instructor's office. If a student could not find the information he needed in his room, he could telephone the professor for assistance. The student did not have to leave the room to get even the most obscure information.«[26]

Cohen erfindet diese neue Art der »Input-Output-Einrichtung« bereits 1961 – einige Jahre bevor Herman Miller die ersten Entwürfe seines *Action Office* publiziert und damit die Ära der US-amerikanischen *cubicle offices* einläutet.[27] Aber es sind vor allem die Telefone, die das EFY aus heutiger Perspektive nicht nur zum Vorläufer einer spezifisch US-amerikanischen Büroinnenarchitektur machen (die Regierungsagenturen, Unternehmen und Universitäten gleichermaßen kolonisierte), sondern auch als Vorläufer einer *distant education* erscheinen lassen, die sowohl von räumlicher Trennung als auch durch Konnektivität via Telekommunikation charakterisiert ist. Idealerweise verlassen die Studierenden ihre Boxen nur um zu rauchen, zu essen oder um Musik zu hören. Sobald sie in die Box zurückkehren, werden alle störenden Umwelteinflüsse und Ablenkungen aus- und die Studierenden in den Modus der Informationsverarbeitung umgeschaltet – so enthusiastisch beschreibt es zumindest Buckminster Fuller. Der Dozent kann jederzeit per Telefon erreicht werden, muss aber selbst nicht anwesend sein und kann daher viele Studierende gleichzeitig betreuen.

25 | Vgl. Gowan: *Shared Vision*, 11.

26 | Cohen, Filipczak: *A New Learning Environment*, xv.

27 | Vgl. Ronn M. Daniel: »Herman Miller's Action Office: Corporate Interiors in the Cold War«, in: *Interiors-Design Architecture Culture* 6/1 (2015), 5-20.

Obwohl diese Art der Lernumgebung bereits in den 1960er Jahren als kostensparend gilt, wird das Programm für das »untere Drittel« bereits nach einem Jahr wieder eingestellt. Cohens »totale Lernumgebung« erfährt erst breitere Anerkennung an der National Training School: In diesem Jugendgefängnis findet er die perfekten Laborbedingungen für seine Verhaltensdesignforschungen. Er lässt ein komplettes Gebäude umbauen, in dem 150 jugendliche Insassen schlafen, essen und lernen. Das Forschungsprogramm zur Umerziehung straffälliger Jugendlicher mittels *environmental design* nennt er CASE (Contingencies Applicable to Special Education). Die Bestandteile des CASE-Programms können anhand der Grundrisse der einzelnen Etagen nachvollzogen werden, die Cohen und sein Mitarbeiter Filipczak 1971 in ihrer Monographie *A New Learning Environment* publizieren. Die zweite Etage war der *educational floor*. Der Bereich F weist die schon bekannten Studierboxen auf, allerdings waren diese nun nicht mehr aus Karton gebastelt, sondern solide gebaute Studierzellen, vier Quadratfuß kleine ›Büros‹.

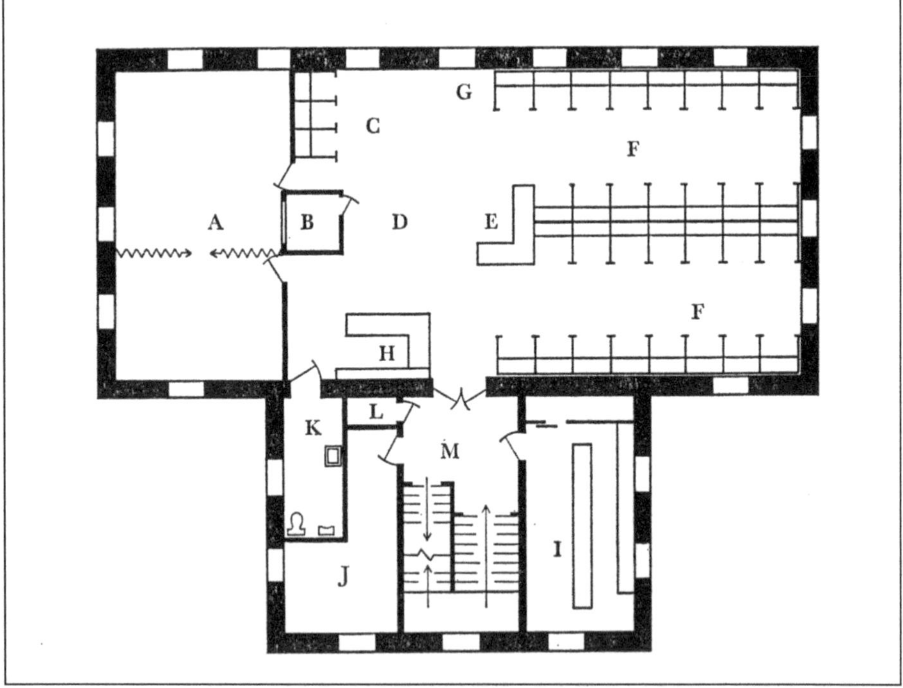

Abbildung 2: Der educational floor, *die zweite Etage des von Cohen im Rahmen des CASE-Programms umgebauten Jugendgefängnisses. Abgedruckt in Cohen, Filipczak:* A New Learning Environment, *44.*

Trotz der klaustrophobischen Dimensionen galt die eigene Studierzelle bei den Insassen als Privileg, das man ausschließlich durch Lernerfolge verdienen konnte. Zu den positiven Verstärkern gehörten Skinners Lernmaschinen, die genutzt wurden, um den Lernfortschritt beständig zu testen. Die Insassen konnten Lese-, Schreib-, Mathematik- und Schreibmaschinenkurse, aber auch Kurse in amerikanischer Geschichte und Literatur, Elektronik und Design belegen. Die Phasen des Selbststudiums wurden wie im Schichtbetrieb von Fabrikarbeitern mittels Zeitkarten erfasst. Die Gesamtstruktur des CASE-Programms wurde den Insassen mithilfe eines Flussdiagramms (*Educational Program Flow Chart*) eingebläut, das als Bedienungsanleitung für die einzelnen Programmabläufe diente.

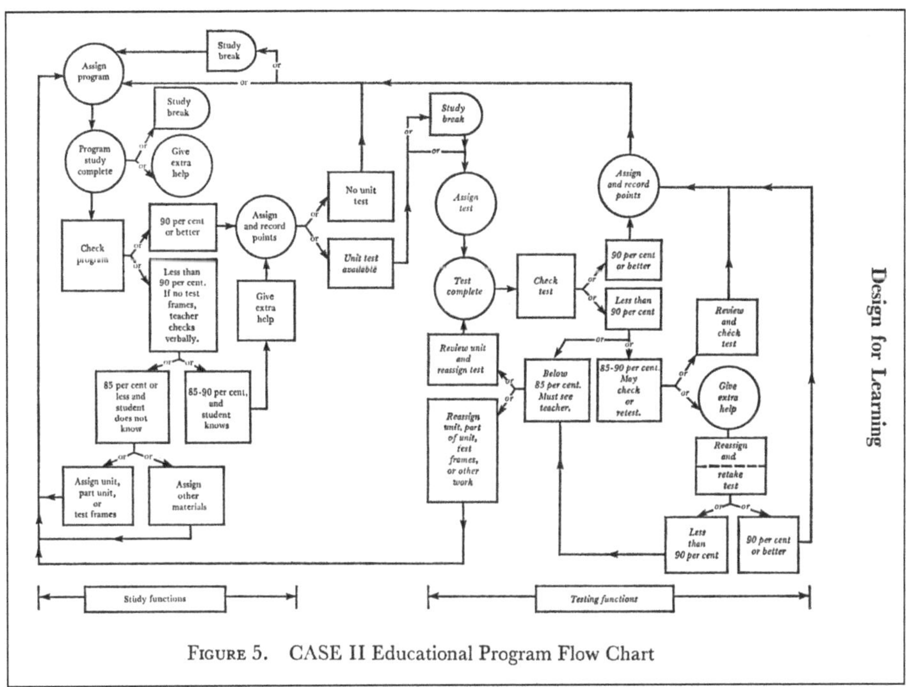

FIGURE 5. CASE II Educational Program Flow Chart

Abbildung 3: CASE Educational Program Flowchart. *Abgedruckt in Cohen, Filipczak:* A New Learning Environment, 55.

Mit diesem Flussdiagramm übertrugen Cohen und Filipczak eine diagrammatische Methode auf die Erziehung, die zuvor von Mathematikern wie John von Neumann benutzt wurde, um frühe Computerprogramme zu notieren, oder die von Politikberatern wie Hermann Kahn im Rahmen seiner Szenariotechnik zum Einsatz kam.[28] Während allerdings Computersimulationen wie von Neumanns Monte-Carlo-Simulation oder Kahns Kalte Kriegs-Szenarien jegliche Lerneffekte vermeiden müssen, die in einem aus Zufallszahlen modellierten System entstehen können, zielen die Spielzüge im CASE Programm auf ebensolche Lerneffekte ab: Der Insasse oder Schüler wird darauf programmiert, einen möglichst effektiven und schnellen Weg durch die Verzweigungen des Flussdiagramms zu finden. Wann immer ein Schüler die 90 %-Marke korrekter Antworten verfehlt, wird er »recycled« – und muss wieder von vorne beginnen.[29] Das Erziehungs- und Bildungsprogramm war im Prinzip ein konstantes und zu großen Teilen automatisiertes Selbsttestsystem, um die Lernleistung insgesamt zu optimieren. Und als eben dieses ist es ein großer Erfolg: Die Insassen erreichen in den Bereichen Lesen, Schreiben und Rechnen ähnlich hohe Lernquoten wie nicht-straffällige Jugendliche, allerdings landen die meisten kurze Zeit nach ihrer Entlassung wieder im Gefängnis, auf die Resozialisierung schien das gehobene Bildungsniveau keine Auswirkungen zu haben. Trotzdem wurde das CASE-Modell mit seiner programmierten Lernumgebung und seinen positiven Verstärkern zu einem Klassiker der behavioristischen Strafvollzugswissenschaft der 1970/80er Jahre: 90 % aller Publikationen in diesen Jahrzehnten verweisen auf die Monographie von Cohen und Filipczak.[30]

Der Computer und die ästhetische Erziehungsrevolution

Buckminster Fuller assimiliert Cohens Lernumgebung auf die für ihn nicht untypische Weise, indem er dessen Erfindung als seine eigene deklariert. In dem Artikel *Emergent Humanity. It's Environment and Education* von 1968 synthetisiert er sie mit seinem Erziehungs- und Bildungsdesign: »We have learned that the maturing student, like the younger learner, wants privacy – a special place.«[31] Die lokale Designlösung, eine sowohl trennende wie konnektive Umgebung, soll in den 1960er Jahren nicht mehr das Problem des »unteren Drittels« lösen, sondern wird von Fuller als Lösung für das Problem steigender Studienabbruchszahlen beworben – also eine alte Lösung für ein neues Problem.

28 | Vgl. Claus Pias: »One Man Think Tank. Herman Kahn, oder wie man das Undenkbare denkt«, in: T. Brandstetter, ders., S. Vehlken (Hg.): *Think Tanks. Die Beratung der Gesellschaft*, Zürich 2009, 5-16.

29 | Cohen, Filipczak: *A New Learning Enviornment*, 57.

30 | Vgl. Janet Ellis: »Cohen and Filipczak's *A New Learning Environment*: What's New and What's Not«, in: *Journal of Applied Behavior Analysis* 25/4 (1992), 917-18.

31 | Richard Buckminster Fuller: *Education Automation: Comprehensive Learning for Emergent Humanity*, Baden 2010, 114.

Gleichzeitig wird die Lernumgebung in das Narrativ einer globalen Umerziehung eingebettet, weil lokale Lösungen laut Fuller nur dann funktionieren, wenn sie im Einklang mit globalen Strukturen entworfen werden: »We can no longer think in terms of single static entities – one thing, situation or problem – but only in terms of dynamic changing processes and series of events that interact complexly.«[32]

Fuller erscheint der Großteil existierender Bildungsinstitutionen in den 1960er Jahren überflüssig. Er führt Bildungsreformer wie Jean Piaget, Margaret Mead und Alfred North Whitehead als Referenten an, die allesamt den Einfluss der Umgebung auf die Entwicklung des Kindes oder der Menschheit im Allgemeinen betonen – also eine Art von *Lernökologie* vertreten. Er erweitert den illustren Kreis der Bildungsreformer mit der von ihm entwickelten energetischen Geometrie und Entwürfen elektronischer Mediennetzwerke, die nun nicht mehr nur aus Telefon, Telegramm oder Telefax bestehen, sondern insbesondere für die Kombination aus Fernsehen, Computer und Satelliten zielführend erscheint.

Technologie ist für Fuller ganz anders als etwa bei Ernst Kapp, Marshall McLuhan oder B. F. Skinner nicht einfach eine Erweiterung des Menschen, sondern eine Erweiterung der Natur und daher Teil der Evolution. Technologie und Menschheit befinden sich in unmittelbarer Abhängigkeit voneinander. Der neue globale Mensch entsteht durch Technologiedesign, so Fuller – dies zeigt sich insbesondere bei der Studentenrevolte der späten 1960er und frühen 1970er Jahre und der Rolle, die dabei das Fernsehen spielt, das Fuller auch liebevoll »third parent« nennt: »The students in revolt on the university campus are the first generation of TV-reared babies. They insist on social justice of the world around. They sense that imminent change is inexorable.«[33]

In Diskurs und gestalterischer Praxis der Lernumgebungen verbinden sich Prinzipien behavioristischer Kontrolle mit neuen Medientechnologien und Fragen allgemeiner Erziehung und Ästhetik. John McHale, der mit Fuller in Carbondale arbeitete, beschreibt das Designkonzept am Second American Bauhaus und mit Bezug auf Moholy-Nagy als »general education«. Ganz im Sinne von Rancières eingangs zitierten Bemerkungen zu Loos und Mallarmé geht es im Design McHale zufolge um eine Art allgemeiner, ästhetischer Erziehung, und zwar im globalen Maßstab.[34] Offenbar immigriert die Vorstellung, dass Design sowohl allgemeine als auch ästhetische Erziehung ist, mit dem Bauhaus in die USA und verbindet sich dort mit behavioristischen Techniken.

---

32 | Ebd., 115.

33 | Ebd., 131.

34 | John McHale: »Education in Progress« [1961], auf: http://siudesign.org/index_htm_files/education_in_progress.pdf (Zugriff: 01.04.2018). Zum Begriff des ›Second American Bauhaus‹ vgl. Gowan: *Shared Vision*, 47-48.

Und ähnlich wie bei Cohen verändert sich auch McHales Designauffassung in Carbondale: Aus dem Künstler und Soziologen mit einem gewissen Interesse an Technologie wird ein *environmental designer*.

Zusammen mit Fuller gründet er in den 1960ern das World Resource Inventory, eine Art globale Datenerfassungszentrale, die bereits im Hinblick auf computergestützte Datenverarbeitung entworfen ist – mit dem Ziel, globale Interdependenzen von Ressourcen wie Wasser und Energie und deren Verbrauch, Verteilung von Nahrungsmitteln, Bildungsressourcen oder auch Krankheiten simulieren zu können. Gemeinsam veröffentlichten sie sechs Bände dieser globalen Inventur, die nicht nur globale Daten und Trends, sondern auch den Entwurf eines globalen Re-Designs enthalten, das die drängendsten Probleme wie Hunger, Überbevölkerung oder Atomkrieg lösen sollte.[35] McHale, der später eine zweite berufliche Metamorphose durchlaufen wird und seine Arbeit ganz der Zukunftsforschung widmet,[36] beschreibt die Anfänge der *environmental control studies* in Carbondale in ökologischen Begriffen:

> »The student was given a basic survival problem which is a unique variant of the traditional ›beach hut‹ theme. Working to a very limited budget, he was required to design a ›survival kit‹ for a set number of days in open country – then dumped on a nearby peninsula for the given period to check how well he had planned! Results of initial tests like these are correlated, linked to the data from relevant fields and projected into different climate conditions in further studies. The local terrain is exploited like this in various ways. Another early exercise was given, in which a primitive culture was outlined, in a defined local area, as at a particular level of development based on agriculture etc. The assignment design [sic!] a religion to fit the given conditions. This used the student's course work in other departments, and required an analysis of the defined area's various natural cycles, and, the eventual production of suitable images, rituals and symbols to go with the outline of the religion.«[37]

Von kleinen Laboranwendungen wie dem Laboratory Mice Dispenser bis zur Religion – McHales Problem- und Prozessorientiertheit lässt Design beliebig skalierbar werden.

In Carbondale verbindet sich Design institutionell mit allgemeiner Erziehung und dem Konzept einer allgemeinen Ökologie, die Natur, Kultur und Politik nicht nur beschreiben, sondern auch manipulieren können soll.

---

35 | Vgl. Christina Vagt: »Fiktion und Simulation«, *Archiv für Mediengeschichte* 13 (2013), 117-34.

36 | Vgl. Elke Seefried: *Zukünfte. Aufstieg und Krise der Zukunftsforschung 1945-1980*, Berlin/Boston 2017, 189.

37 | McHale: »Education in Progress«.

Elektronische Medien und zunehmend auch digitale Computer fungieren als Schlüsseltechnologien. Während Skinner sich noch skeptisch in Bezug auf den Computer als Lernumgebung zeigt, wird er von den *environmental designern* Cohen, McHale und Fuller aufgrund seines Potenzials als vernetzte Lern- und Spielumgebung als Vorbote einer neuen und besseren Menschheit gefeiert.

Bereits 1959 startete Donald Bitzer das erste großangelegte computergestützte Lernprogramm mit dem Namen PLATO an der University of Illinois, und während der späten 1960er Jahre begann die National Science Foundation, massiv Schulen und Universitäten mit Computern auszustatten. 1974 nutzten bereits mehr als die Hälfte aller Bildungseinrichtungen in den USA Computer für den Unterricht. Blitzer resümiert, dass Computer besonders, aber nicht ausschließlich, in den Naturwissenschaften beliebt waren: »The technique of programming rules instead of answers allows great flexibility in both subject content and manner of presentation. It enables sophisticated types of teaching to be done which are often difficult and sometimes impossible to implement in the traditional classroom.«[38] Unter den frühen Advokaten computergestützter Bildung befand sich auch das Germanistische Institut der University of Illinois, das seit 1972 Computer zum Spracherwerb einsetzte. Der Erfolg war messbar: »90 % of the students polled would recommend another course based on PLATO.«[39]

Für Fuller kann die digitale Bildungsrevolution gar nicht schnell genug kommen:

»Computers, suddenly making human beings obsolete as specialists, force them back into comprehensivity functioning, which they were born spontaneously to demonstrate. Computers as learning tools can take over much of the ›educational metabolics‹, freeing us to really put our brains and wisdom to work. A recent report by the President's Science Advisory Committee recommends that the government underwrite a program to give every college student in America access to a computer by 1971. I suggest that we give every preschooler access first!«[40]

Auch Marshall McLuhan schreibt enthusiastisch: »An educational revolution is upon us.«[41] Wie Fuller versteht McLuhan das Phänomen nicht nur als eine technologische, sondern auch als ästhetische Bildungsrevolution. Aber wäh-

38 | Donald L. Bitzer: »Computer Assisted Education«, in: *Theory into Practice* 12/3 (1974), 173-178, 175.

39 | Philip Grundlehner: »Computer-Based Education: PLATO in German«, in: *Die Unterrichtspraxis/Teaching German* 7/2 (1974), 102.

40 | Buckminster Fuller: *Education automation*, 117f.

41 | Marshall McLuhan: »Our Dawning Electric Age«, in: Emmanuel Mesthene (Hg.): *Technology and Social Change*, Indianapolis 1967.

rend McLuhan mit seinem Technik- und Medienbegriff bei der Erweiterung-des-Menschen-Metaphorik bleibt, findet sich bei Fuller eine Art *kybernetischer Ästhetik*, die Problemen organisierter Komplexität mit Mustererkennung, graphischer Aufbereitung statistischer Daten und Simulation begegnet – und die sich eine Rettung des Planeten Erde durch die vernünftige Selbstorganisation der globalen Menschheit mittels ästhetischer Erziehung erträumt. Dadurch sollen zum Beispiel globale Interdependenzen spielerisch, sinnlich und vor allem individuell erfahrbar werden; das »neue Sensorium« (Rancière) erhält bei Fuller eine globale oder gar interstellare Größenordnung, denn das Globale kann aufgrund seiner Komplexität nur in Form von Feedbackschleifen zwischen erhobenen und prognostizierten Daten und Trends sinnlich erfassbar gemacht werden – und so das Handeln ganzer Staatsverbände beeinflussen. Der Kalte Krieg und seine »Probleme organisierter Komplexität« lassen sich nur durch kluges Design bekämpfen, im Sinne von Schiller ist dieses Verhaltensdesign alternativlos: »Es gibt keinen anderen Weg, den sinnlichen Menschen vernünftig zu machen, als daß man denselben zuvor ästhetisch macht.«[42]

Als der Kybernetiker und Mathematiker Warren Weaver den Begriff der ›organisierten Komplexität‹ 1948 einführt, tut er das bereits im Hinblick auf die neuen Möglichkeiten computergestützter Modellierung. Systeme, die bisher mathematisch nicht zu beschreiben waren, weil sie aus einer zu großen Anzahl von interdependenten Variablen bestehen und daher strukturiertes oder auch komplexes Verhalten zeigen, erscheinen unter computertechnischen Bedingungen plötzlich mathematisch adressierbar. Im Gegensatz zu unorganisierter Komplexität, wie sie zum Beispiel in thermodynamischen Systemen zu finden ist, die zwar aus einer großen Anzahl von Gasmolekülen bestehen, die sich aber zueinander chaotisch verhalten und darum statistisch beschreibbar sind, zeigt sich bei organisierten oder auch strukturierten Systemen ein komplexes, hierarchisches Verhalten im Sinne eines »organischen Ganzen« – es handelt sich also um Probleme der Organisation.[43] Organisationsprobleme schossen ab der Mitte des 20. Jahrhunderts wie Pilze aus dem Boden, und bis heute regiert organisierte Komplexität das chemische Verhalten von Molekülen, das biologische Verhalten von Viren oder das soziale Verhalten von großen Städten.[44]

42 | Schiller: *Über die ästhetische Erziehung des Menschen*, 90.

43 | Zur Hierarchie komplexer Systeme vgl. Herbert A. Simon: »The Architecture of Complexity«, in: *Proceedings of the American Philosophical Society* 106/6 (12.12.1962), 467-482.

44 | Vgl. Christina Vagt: »Neighborhood Design. Buckminster Fuller's Planning Tool and the City«, in: Tobias Harks, Sebastian Vehlken (Hg.): *Neighborhood Technologies: Media and Mathematics of Dynamic Networks*, Zürich/Berlin 2015, 81-98.

Mehr noch beschäftigen Probleme organisierter Komplexität das Militär und die Politik, seitdem der Kalte Krieg als eine Frage des Verhaltens geführt wird, und die Zukunft der Welt davon abhängt, die Verhaltensprobleme zweier Supermächte zu lösen.[45] Noch in den ersten Jahrzehnten nach dem Zweiten Weltkrieg sind keine Lösungen in Sicht, auch wenn die Operational Research und System Analysis neue Methoden des militärischen und zivilen Management hervorbringt, die tatsächlich designt sind, um Probleme zu lösen, für die es keine verlässliche Daten gibt, wie zum Beispiel ein Atomkrieg. Mit Ausnahme des einseitigen Militärschlags der USA gegen Japan im Zweiten Weltkrieg existiert diese Art beispielloser Krieg bis heute nur als Simulation, als Spiel oder Computermodell. Paul Edwards beschreibt in *The Closed World*, wie der Atomkrieg sich in einem semiotischen Raum aus Modellen, Ikonographie und Metaphern abspielt.[46]

Militärtechnologie und Wettrüsten, Truppenverteilung und Verhandlungsstrategien basieren wesentlich auf den Projektionen zukünftiger Entscheidungen des Feindes. Computersimulationen versprechen Abhilfe, Quantifizierung und Berechenbarkeit angesichts mangelnder Erfahrung und der Abwesenheit konventionell-empirisch gewonnener Daten. Sie modellieren Verhalten unabhängig davon, wer oder was sich verhält. Allerdings zeigen sich bereits 1966 die Grenzen langfristiger Vorhersagbarkeit, und sowohl dic Planer und Politikberater, als auch die Designer des Kalten Krieges verlagerten sich auf Mustererkennung und Trendvorhersage.[47]

Futurologie und Politikberatung entstehen durch die Einsicht, dass globale Zukünfte nicht durch Computersimulationen vorhergesagt werden können. Das heißt aber nicht, dass auf die neue Technologie verzichtet wird. Obwohl sie offenbar nicht dazu taugt, etwa das »kontraintuitive Verhalten sozialer Systeme« zu verstehen, verspricht sie dabei zu helfen, den »gesamten techno-menschlichen-politisch-ökonomischen Komplex«, den wir Welt nennen, zu managen.[48] Der Kalte Krieg und mit ihm die Kybernetik als geopolitisches Problemlösungsfeld hatten ein massives Regierungsproblem. Eben hier kommt das Verhaltensdesign der Lernumgebungen ins Spiel: Das *environmental design* mit seinen behavioristischen Techniken liefert die Strategie, dass man Systeme, die man nicht vorhersagen kann, erzeugen und designen muss. Verhalten, das sich nicht in klassischen Begriffen von Ursache und Wirkung beschreiben lässt, kann nur durch Umweltkontrolle beherrscht werden, die es ja allererst

45 | Warren Weaver: »Science and Complexity«, *American Scientist* 36/536 (1948).

46 | Vgl. Paul N. Edwards: *The Closed World: Computers and the Politics of Discourse in Cold War America*, Cambridge 1997.

47 | Vgl. Seefried: *Zukünfte*, 112-113.

48 | Jay W. Forrester: »Counterintuitive Behavior of Social Systems«, *Ekistics* 32/189 (1971), 134-44, 139.

hervorbringt. Design, besonders das Design der Lernumgebungen nach dem Zweiten Weltkrieg, kann darum auch in Begriffen einer politischen Technologie verstanden werden, die auf eine konkrete politische Krise des Kalten Krieges reagiert: die Unberechenbarkeit des Verhaltens organisierter komplexer Systeme.

Theater und Kybernetik

Zu Brechts Realismus der Relationen und Funktionen[1]

Hans-Christian von Herrmann

1. Die Wirklichkeit der Möglichkeiten

Bertolt Brechts episches Theater fordert von seinen Schauspielern, im Alltag auffindbare Verhaltensweisen auf der Bühne vorführen zu können, um sie so dem Publikum zur Beurteilung vorzulegen. Die Formulierung dieses Programms erfolgt Ende der zwanziger Jahre unter offener Bezugnahme auf John B. Watsons Behaviorismus.[2] In lyrischer Form entfalten es 1930 auch die Gedichte *Aus einem Lesebuch für Städtebewohner.*[3] Beschreibung und Neugestaltung sind in dieser Ästhetik des Verhaltensstudiums von Anfang an eng miteinander verbunden. Mitte der fünfziger Jahre tritt Brechts Theaterarbeit mit den Pariser Gastspielen des Berliner Ensembles in eine neue Rezeptionsphase ein. Nun sind es Strukturalismus und Kybernetik, die ihren epistemischen Resonanzraum bilden. Dafür stehen zunächst die Artikel und Kommentare, die Roland Barthes in den Jahren 1954 bis 1960 dem Theater Brechts gewidmet hat.[4] Zu den Mitarbeitern, die 1955 gemeinsam mit Brecht die Inszenierung

---

1 | Zuerst erschienen in: *Zeitschrift für Semiotik* 33/3-4 (2012), 325-337. Der Text wurde für diese Veröffentlichung durchgesehen und geringfügig überarbeitet.

2 | Vgl. Reiner Steinweg: *Das Lehrstück. Brechts Theorie einer politisch-ästhetischen Erziehung*, Stuttgart 1976, 147.

3 | Vgl. Helmut Lethen, Erdmut Wizisla: »›Das Schwierigste beim Gehen ist das Stillestehn.‹ Benjamin schenkt Brecht Gracián. Ein Hinweis«, in: *The Brecht Yearbook* 23 (1998): *drive b: Brecht 100*, hg. von Marc Silberman, 142-146, 144.

4 | Roland Barthes: *»Ich habe das Theater immer sehr geliebt, und dennoch gehe ich fast nie mehr hin.« Schriften zum Theater*, übers. von Dieter Hornig, Berlin 2001. Noch in einem Aufsatz von 1975 betont Barthes: »Ja, das Theater Brechts ist ein Theater des ›Zeichens‹.« (Roland Barthes: »Brecht und der Diskurs. Beitrag zu einer Untersuchung der Diskursivität« [1975], in: ders.: *Das Rauschen der Sprache (Kritische Essays IV)*, übers. von Dieter Hornig, Frankfurt a.M. 2006, 241-251, 248.

des *Kaukasischen Kreidekreises* nach Paris begleiteten, gehörte auch der junge Regisseur Manfred Wekwerth. Mit seiner ab 1968 verfassten Dissertation *Theater und Wissenschaft* promovierte er 1970 bei Werner Mittenzwei, Ernst Schumacher und Rita Schober an der Berliner Humboldt-Universität. Die Arbeit erschien im gleichen Jahr in den *Arbeitsheften der Akademie der Künste*,[5] 1974 dann in einer überarbeiteten Fassung im Carl Hanser Verlag.[6] Der Text stellt, wie Wekwerth es später auf seiner Website formulierte, den »Versuch« dar, »moderne Wissenschaften (Semiotik, Linguistik z.B.) für das Theater nutzbar zu machen.«[7] Tatsächlich unternimmt es die Arbeit, eine Semiotik des Theaters zu entwerfen, in dessen Zentrum der Begriff des ›Modells‹ steht. Ein 1968 in der Zeitschrift *Sinn und Form* veröffentlichter Vortrag Wekwerths macht deutlich, dass dabei das kybernetische Denken von Georg Klaus den entscheidenden theoretischen Hintergrund bildete:

»Brecht verzichtete nicht auf die mobilisierende Utopie. Sie klingt in jedem seiner Sätze. Sie ist nicht das Gegenteil von Wirklichkeit, sondern ihre notwendige, planende, spielende, hoffende menschliche Durchdringung. Sie ist die Wirklichkeit der Möglichkeiten. Sie kann bestehen in der Erwartung einer besseren Zukunft, aber auch in der Meisterung heutiger Probleme. Und vor allem darin. Und so verstehe ich Theater der nächsten Jahrzehnte. Programmatisch möchte ich daher nicht mit dem Zitat eines Künstlers abschließen. Wenige außer Brecht haben dafür schon eine Sprache gefunden. Das Zitat ist entnommen dem Buch *Spezielle Erkenntnistheorie* des bedeutenden marxistischen Philosophen Georg Klaus. Er sagt: ›Die moderne Kybernetik hat erkannt, daß die höchste Form kybernetischer Systeme diejenige ist, die ein inneres Modell der Außenwelt besitzt, ein inneres Modell, an dem alles, was in der Außenwelt, soweit sie dieses System betrifft, vor sich gehen soll, zunächst *durchgespielt* wird, so wie der Generalstab die Vorgänge auf dem wirklichen Schlachtfeld vorher im Planspiel erprobt.‹ Ginge ähnliches nicht auch für Theater? Nicht nur um zu erfahren, wie man diese Welt meistert (das erfährt man anderswo auch), sondern vor allem, sich in der Lust zu schulen, sie zu meistern?«[8]

5 | Manfred Wekwerth: »Theater und Wissenschaft. Überlegungen für die siebziger Jahre«, in: *Arbeitshefte der Deutschen Akademie der Künste zu Berlin* 3 (1970).

6 | Manfred Wekwerth: *Theater und Wissenschaft. Überlegungen für das Theater von heute und morgen*, München 1974. Eine leicht überarbeitete Neuauflage erschien 2007: *Chance oder Abgesang? Theater im Zeitalter der Wissenschaften*, Eigenverlag des Verfassers.

7 | www.manfredwekwerth.de/biographisches.html (Zugriff 15.10.2017). Manfred Wekwerth starb im Juli 2014 in Berlin.

8 | Manfred Wekwerth: »Das Theater Brechts 1968«, in: *Sinn und Form* 20 (1968), 542-570, 570. Das Zitat im Zitat stammt aus Georg Klaus: *Spezielle Erkenntnistheorie. Prinzipien der wissenschaftlichen Theoriebildung*, Berlin 1966 [1965], 59. Zu Klaus vgl.

Diese auf den ersten Blick überraschende technokratische Funktionsbestimmung, die Wekwerth hier für das Theater vornimmt, kehrt in seiner Dissertation wieder, wenn auch in einer stärker philosophischen Terminologie. »Das System der Sprache«, so heißt es dort,

»ist ein wesentliches Mittel menschlicher Erkenntnis. Sie liefert Abbilder der Wirklichkeit. Aber sie ist als Produkt selbst Abbild menschlicher Tätigkeit, und die Abbilder, die sie von der Wirklichkeit liefert, sind alles andere als Spiegelbilder. Sie sind aktive Rezeption der Wirklichkeit durch den Menschen. Erst in der tätigen Auseinandersetzung mit der Wirklichkeit kann der Mensch die Strukturen (Zusammenhänge) dieser Wirklichkeit erfahren und sie analog dazu in seinem Bewußtsein ›modellieren‹. Dieses Modell, das der Mensch von der Außenwelt in seinem Kopf hat, entwickelt sich in dem Maße, wie sich die menschliche Praxis entwickelt.«[9]

In dem kurzen Literaturverzeichnis der Arbeit ist Klaus mit fünf Titeln sehr prominent vertreten.[10] Die darin auf vielfältige Weise formulierte Grundeinsicht, »in einem wissenschaftsgeschichtlichen Zeitalter abstrakter wissenschaftlicher Strukturen« zu leben,[11] wird bei Wekwerth nicht etwa zur Forderung, neue »Mittel« im Theater zu verwenden, sondern die Wissenschaft »zu einer Quelle« seiner künstlerischen Haltung gegenüber der Welt werden zu lassen. »Nicht die Formeln allein sind ihr Ausdruck, sondern die Freude an ihnen. Aber auch die alltägliche Wissenschaftlichkeit, die Brecht lobt, wenn jemand trotz des Sonnenscheins sich einen Regenmantel mitnimmt in Erwartung schlechten Wetters. Hier zeigt sich Plan und Fähigkeit des Veränderns, also Menschlichkeit.«[12] Wissenschaftliche Erkenntnis als abstrahierende und damit zugleich wirklichkeitsüberschreitende Beschreibung oder Abbildung – das ist die semiotische Grundeinsicht, die Wekwerth von Klaus übernimmt. »Abbildung der Wirklichkeit«, so liest man in der *Speziellen Erkenntnistheorie*, »ist also nicht passives Fotografieren derselben, sondern aktive, konstruktive Tätigkeit. Dabei entsteht eben mehr als nur eine Fotografie, freilich auch weniger insofern, als Unwesentliches beiseite gelassen ist.«[13] Gerade einem Brecht-

---

auch Stefan Artmann: *Historische Epistemologie der Strukturwissenschaften*, München 2010, 67-102.

9 | Wekwerth: *Theater und Wissenschaft* [1970], 31.

10 | Genannt werden in Anm. 19 und Anm. 24 folgende Titel von Georg Klaus: *Semiotik und Erkenntnistheorie*, Berlin 1963; *Die Macht des Wortes*, Berlin 1968; *Spezielle Erkenntnistheorie*, Berlin 1965; *Moderne Logik*, Berlin 1966 [1964]; *Kybernetik und Erkenntnistheorie*, Berlin 1966.

11 | Klaus: *Spezielle Erkenntnistheorie*, 309.

12 | Wekwerth: Theater und Wissenschaft [1970], 6.

13 | Klaus: *Spezielle Erkenntnistheorie*, 84.

Schüler mussten Formulierungen wie diese einleuchten, könnten sie doch auch der Theorie des Verfremdungs- oder V-Effekts entnommen sein. Damit aber eröffnet sich eine Perspektive, die Brechts theaterästhetische Schriften im Rückblick als eine ›Vorgeschichte‹ strukturalistischer und kybernetischer Positionen erscheinen lässt. Wekwerths an Georg Klaus orientierte Lektüre dieser Schriften hätte somit einen Grundzug herausgearbeitet, der zwar seit den zwanziger Jahren in ihnen angelegt war, aber erst im Kontext strukturwissenschaftlicher Theorien,[14] die auch Kunst und Wissenschaft in ein neues Verhältnis treten ließen, sichtbar und explizit werden konnte. In diesem Sinne soll im Folgenden die Affinität des epischen Theaters zu Experimentalwissenschaft und Technik seit den zwanziger Jahren rekapituliert werden, um anschließend Wekwerths Dissertation genauer situieren zu können.

2. Eingriff der Technik

»Das epische Theater«, schrieb Walter Benjamin 1931, »gibt also nicht Zustände wieder, es entdeckt sie vielmehr. Die Entdeckung der Zustände vollzieht sich mittels der Unterbrechung von Abläufen.« Und Benjamin fährt fort mit einem Beispiel, dem »primitivste(n)«, wie er meint, nämlich mit einer

»Familienszene. Plötzlich tritt da ein Fremder ein. Die Frau war gerade im Begriff, ein Kopfkissen zu ballen, um es nach der Tochter zu schleudern; der Vater im Begriff, das Fenster zu öffnen, um einen Schupo zu holen. In diesem Augenblick erscheint in der Tür der Fremde. ›Tableau‹, wie man um 1900 zu sagen pflegte. Das heißt: der Fremde stößt jetzt auf den Zustand: zerknülltes Bettzeug, offenes Fenster, verwüstetes Mobiliar. Es gibt aber einen Blick, vor dem auch die gewohnteren Szenen des bürgerlichen Lebens sich nicht viel anders ausnehmen. Je größeres Ausmaß freilich die Verwüstungen unserer Gesellschaftsordnung angenommen haben (je mehr wir selber und die Fähigkeit, von ihnen uns noch Rechenschaft zu geben, angegriffen sind), desto markierter wird der Abstand des Fremden sein müssen.«[15]

Benjamin zufolge ist die dramaturgische und theaterästhetische Grundfigur des epischen Theaters also das plötzliche Hereintreten eines Fremden in eine geschlossene Szenerie, das den kontinuierlichen Ablauf des Geschehens unterbricht und an seiner Stelle Differenzen und Relationen hervortreten lässt. Man

14 | Eine wissenschaftsphilosophische Darstellung der im 20. Jahrhundert neben Natur- und Geisteswissenschaften tretenden Strukturwissenschaften unternimmt Artmann: *Historische Epistemologie.*

15 | Walter Benjamin: »Was ist das epische Theater? (1). Eine Studie zu Bertolt Brecht«, in: ders.: *Versuche über Brecht*, Frankfurt a.M. 1981 [1966], 17-29, 20f.

könnte auch sagen, dass das Theater hier von der gewöhnlichen Anschaulichkeit in den Modus der Strukturbeschreibung wechselt. Insofern meint das Wort vom eintretenden Fremden nicht eigentlich eine konkrete dramatische Figur. Benjamin zielt hier vielmehr auf das theatrale Geschehen im Ganzen und vor allem auch auf das Verhältnis von Bühne und Zuschauerraum. Nicht ›Einfühlung‹, wie Brecht es nannte, soll hier herrschen, sondern das Fremdwerden dessen, was man auf der Bühne sieht, obwohl es doch bekannte oder allzu bekannte Vorgänge sind. So heißt es in einer Fassung von Benjamins Brecht-Kommentar aus dem Jahr 1939: »Das epische Theater, meint Brecht, hat nicht so sehr Handlungen zu entwickeln, als Zustände darzustellen. Darstellung ist aber nicht Wiedergabe im Sinne der naturalistischen Theoretiker. Es handelt sich vielmehr vor allem darum, die Zustände erst einmal zu entdecken. (Man könnte ebensowohl sagen: sie zu verfremden.) Diese Entdeckung (Verfremdung) von Zuständen vollzieht sich mittels der Unterbrechung von Abläufen.«[16] Ein konkretes Mittel, mit dem diese Verfremdung geschieht, ist die Verwendung von Schrifttafeln als Teil des Bühnenbildes oder von Songs, die das Geschehen unterbrechen und kommentieren. Es ist aber auch das Bühnenbild selbst, das alles Realistische vermeidet und damit alles Abbildhafte verliert, um stattdessen, zusammengesetzt aus mobilen Elementen, nur das zu zeigen, was wirklich für die Aktion vonnöten ist. »Wir haben«, so notiert Brecht um 1937/38,

»den *Augenschein* aufgegeben. Was wir aufgebaut haben, gleicht nur in wenigen Stücken dem wirklichen Ort, oder überhaupt einem wirklichen Ort. [...] Wie stehen wir zum Augenschein? Die Psychologie sagt uns, daß je nach dem Gebrauch, den die Menschen von einem Ort machen, ein anderer Augenschein entsteht. [...] Da wir uns der Einfühlung unserer Zuschauer nicht bedienen wollen, sehen wir keine andere Möglichkeit, dem Gebrauch Rechnung zu tragen, den unsere Figuren vom Ort machen, als indem wir Stücke des Ortes mit Elementen mischen, welche diesen Gebrauch deutlich aufzeigen.«

So geschieht etwa der »Aufbau« einer für das »Spiel« des epischen Theaters »geeigneten Straße« »in mobilen Elementen«, die »eine Reihe von Merkmalen« besitzen, aber »nur eine lückenhafte Abbildung« einer »realen Straße« geben.[17] Eine solche fragmentarische Darstellung richtet sich, wie Brecht sagt, an den »umordnende[n] Geist (den der Zuschauer haben oder bekommen soll)«,[18] denn »unsere *mobilen Elemente* sind [...] Merkmale gesellschaftlicher Prozes-

16 | Walter Benjamin: »Was ist das epische Theater (2)« [1939], in: ders.: *Versuche über Brecht*, 32-39, 35.

17 | Bertolt Brecht: *Werke*, 30 Bde., Berlin/Weimar/Frankfurt a.M. 1993, Bd. 22: *Schriften 1933-1942*, 251f.

18 | Ebd., 250.

se«,[19] die vom Zuschauer als veränderbar erkannt werden sollen. »Die Imitation einer Fabrikansicht sagt wenig aus, weil auch die Ansicht eines Fabrikhofs selbst wenig hergibt [...] Die Kunst des Abstrahierens muß von *Realisten* angewendet werden.«[20] Abstraktion im Dienste des Realismus – diese Forderung hatte Brecht schon 1931 im *Dreigroschenprozeß* formuliert. Der Realismus des epischen Theaters ist nämlich ein Realismus der Relationen und Funktionen:

»Die Lage wird dadurch kompliziert, daß weniger denn je eine einfache ›Wiedergabe der Realität‹ etwas über die Realität aussagt. Eine Fotografie der Kruppwerke oder der AEG ergibt fast nichts über diese Institute. Die eigentliche Realität ist in die Funktionale gerutscht. Die Verdinglichung der menschlichen Beziehungen, also etwa die Fabrik, gibt die letzteren nicht mehr heraus. Es ist also tatsächlich ›etwas aufzubauen‹, etwas ›Künstliches‹, ›Gestelltes‹. Es ist also ebenso tatsächlich Kunst nötig. Aber der alte Begriff der Kunst, vom Erlebnis her, fällt eben aus.«[21]

Brechts ›episches‹ oder ›nicht-aristotelisches‹ Theater unterschied sich vom ›dramatischen‹ Theater, insofern es den Handlungszusammenhang zugunsten von Verhaltensstudien vernachlässigte. Benjamin teilte Brechts Sicht auf die epochale Bedeutung dieser Neuerung und verglich sie mit Bernhard Riemanns Einführung der nicht-euklidischen Geometrie.[22] So teilt sich die Theatergeschichte in ein post und ante Brecht. Die 1930 erschienenen »Anmerkungen zur Oper *Aufstieg und Fall der Stadt Mahagonny*« stellen in diesem Sinne tabellarisch die dramatische und die epische Form des Theaters einander gegenüber: dort der »Mensch als bekannt vorausgesetzt«, hier der Mensch als »Gegenstand der Untersuchung«; dort der »unveränderliche Mensch«, hier der »veränderliche und verändernde Mensch«; dort das kontinuierliche »Wachstum«, hier die diskontinuierliche »Montage«; dort »das Geschehen linear«, hier das Geschehen »in Kurven«; dort »evolutionäre Zwangsläufigkeit«, hier nichtdeterminierte »Sprünge«; dort der »Mensch als Fixum«, hier der »Mensch als Prozess«.[23]

Als Beispiel sei an dieser Stelle auf das Stück Brechts verwiesen, das auch Benjamin als paradigmatisch für die neue epische Theaterästhetik erschien – das 1926 in Darmstadt uraufgeführte *Mann ist Mann*. Zu sehen ist darin der ganz und gar undramatische, dafür aber umso technischere Umbau eines

19 | Ebd., 255.

20 | Ebd., 263.

21 | Bertolt Brecht, »Der Dreigroschenprozeß. Ein soziologisches Experiment« [1931], in: ders.: *Werke*, Bd. 21, 448-514, 469.

22 | Benjamin: »Was ist das epische Theater (2)«, 34f.

23 | Bertolt Brecht: »Anmerkungen zur Oper *Aufstieg und Fall der Stadt Mahagonny*«, in: ders.: *Werke*, Bd. 24, 74-84, 79.

gewöhnlichen Hafenarbeiters in eine »menschliche Kampfmaschine«.[24] In einem ›Zwischenspruch‹ wird dies nach dem Ende der 8. Szene von der Kantinenbesitzerin Leokadja Begbick wie folgt kommentiert: »Herr Bertolt Brecht behauptet: Mann ist Mann./Und das ist etwas, was jeder behaupten kann. Aber Herr Bertolt Brecht beweist auch dann/Daß man mit einem Menschen beliebig viel machen kann./Hier wird heute abend ein Mensch wie ein Auto ummontiert/Ohne daß er irgend etwas dabei verliert.«[25] Und in der Fassung von 1938 stellt der Soldat Jesse Mahoney in ganz ähnlicher Weise fest: »Ich sage Ihnen, Witwe Begbick, von einem weiteren Gesichtspunkt aus ist, was hier vorgeht, ein historisches Ereignis. Denn was geschieht hier? Die Persönlichkeit wird unter die Lupe genommen, dem Charakterkopf wird nähergetreten. Es wird durchgegriffen. Die Technik greift ein. Am Schraubstock und am laufenden Band ist der große und der kleine Mensch, schon der Statur nach betrachtet, gleich.«[26]

Die Rede ist hier recht deutlich von tayloristischen und fordistischen Verfahren der Arbeitsorganisation und Massenproduktion.[27] Blieben diese Bezugnahmen auf die inhaltliche Ebene beschränkt, wären sie nicht besonders erwähnenswert, handelt es sich doch um Fragen, die in jener Zeit keineswegs nur von Wirtschaftsfachleuten, sondern von einer breiten Öffentlichkeit diskutiert wurden. Tatsächlich aber erscheinen diese Äußerungen als ästhetische Selbstreflexion des Bühnengeschehens und die angesprochenen Verfahren damit als Modell für die künstlerische Formgebung. »Die Formen des epischen Theaters«, heißt es auch bei Benjamin, »entsprechen den neuen technischen Formen [...] Es steht auf der Höhe der Technik.«[28]

Der Eingriff der Technik und der Umbau eines ›Charakterkopfes‹ in einen Soldaten der britisch-indischen Armee wird in Brechts Komödie daher auch keineswegs kritisiert, sondern auf clowneske Weise affirmiert. Dies lediglich einer Verirrung des jungen, marxistisch noch wenig geschulten Brecht im Zuge von Neuer Sachlichkeit und Amerikanismus zuzuschreiben, wäre vollkommen verfehlt. Denn auch nach dem Zweiten Weltkrieg blieb die techni-

24 | Bertolt Brecht: *Mann ist Mann. Die Verwandlung des Packers Galy Gay in den Militärbaracken von Kilkoa im Jahre neunzehnhundertfünfundzwanzig* [1927], in: ders.: *Werke*, Bd. 2, 93-168, 157.

25 | Ebd., 123.

26 | Bertolt Brecht: *Mann ist Mann. Die Verwandlung des Packers Galy Gay in den Militärbaracken von Kilkoa im Jahre neunzehnhundertfünfundzwanzig*, in: ders.: *Werke*, Bd. 2, 169-227, 206.

27 | Siehe dazu ausführlicher: Hans-Christian von Herrmann: *Sang der Maschinen. Brechts Medienästhetik*, München 1996, 143-193.

28 | Benjamin: »Was ist das epische Theater? (1)«, 22.

sche Rationalität für Brechts Schriften unverändert ein maßgeblicher Orientierungspunkt. So liest man etwa im *Kleinen Organon* von 1953:

»Welches ist die produktive Haltung gegenüber der Natur und gegenüber der Gesellschaft, welche wir Kinder eines wissenschaftlichen Zeitalters in unserm Theater vergnüglich einnehmen wollen? [...] Die Haltung ist eine kritische. Gegenüber einem Fluß besteht sie in der Regulierung des Flusses; gegenüber einem Obstbaum in der Okulierung des Obstbaums, gegenüber der Fortbewegung in der Konstruktion der Fahr- und Flugzeuge, gegenüber der Gesellschaft in der Umwälzung der Gesellschaft. Unsere Abbildungen des menschlichen Zusammenlebens machen wir für die Flußbauer, Obstzüchter, Fahrzeugkonstrukteure und Gesellschaftsumwälzer, die wir in unsere Theater laden und die wir bitten, ihre fröhlichen Interessen bei uns nicht zu vergessen, auf daß wir die Welt ihren Gehirnen und Herzen ausliefern, sie zu verändern nach ihrem Gutdünken.«[29]

Wie schon in den zwanziger Jahren werden Natur und Gesellschaft hier bei Brecht als Felder wissenschaftlich-technischer Interventionen begriffen. Was sich nun allerdings verändert hat, ist das Verhältnis, in dem sich Kunst und Technik aufeinander beziehen. Hatten die Formen der industriellen Massenproduktion Brechts Theater zuvor als Material einer antibürgerlichen Ästhetik gedient, so ist es nun die Kunst, in der die dem ›wissenschaftlichen Zeitalter‹ eigentümliche Weise des Produzierens zum Vorschein kommt. Nicht die Kunst folgt hier also der Technik, sondern Technik und Wissenschaft werden im Lichte der Kunst überhaupt erst als ein Produzieren erkennbar, und zwar als ein Produzieren, bei dem der Mensch sich auf der Höhe der ihm eigenen Möglichkeiten bewegt (der ›veränderliche und verändernde Mensch‹, der ›Mensch als Prozess‹, hieß es in den Anmerkungen zur Oper *Mahagonny*).

Dieser Technik- und Wissenschaftsoptimismus blieb auch nach dem Zweiten Weltkrieg ungebrochen in Brechts Arbeit bestehen. Der Grund dafür, dass hier keine der *Dialektik der Aufklärung* vergleichbare Wendung gegen Szientismus und Technokratie der Moderne erfolgte, liegt darin, dass Brecht sein poetologisches Programm eben nicht als autonomieästhetischen Einspruch gegen die aufgeklärte und verwaltete Welt konzipierte, sondern als Beförderung der Transformation von Natur in Kultur beziehungsweise Technik. Dementsprechend fordert das *Kleine Organon* eine Darstellungsweise »die den beobachtenden Geist frei und beweglich erhält.« Der Zuschauer

»muß sozusagen laufend fiktive Montagen an unserm Bau vornehmen können, indem er die gesellschaftlichen Triebkräfte in Gedanken abschaltet oder durch andere ersetzt, durch welches Verfahren ein aktuelles Verhalten etwas ›Unnatürliches‹ bekommt, wodurch die aktualen Triebkräfte ihrerseits ihre Natürlichkeit einbüßen und handelbar

29 | Bertolt Brecht: *Kleines Organon für das Theater*, Frankfurt a.M. 1960 [1953], 16f.

werden. [...] Dies ist, wie der Flußbauer einen Fluß sieht, zusammen mit seinem erstmaligen Bett und manchem fiktiven Bett, das er hätte haben können, wäre die Neigung des Plateaus verschieden oder die Wassermenge anders.«[30]

So wird der Zuschauer in Brechts Theater zu einem Ingenieur, der die Wirklichkeit (Natur und Gesellschaft) als unendliche Konstruktionsaufgabe begreift.

Voraussetzung dafür ist, dass die Kunst die »Regeln« im »Zusammenleben« der Menschen »als vorläufige und unvollkommene« erkennbar macht. In der damit ermöglichten Überschreitung des Wirklichen liegt auch das eigentliche »Vergnügen«, das Brecht ästhetisch erzeugen will. »In diesem läßt das Theater den Zuschauer produktiv, über das Schauen hinaus. In seinem Theater mag er seine schrecklichen und nie endenden Arbeiten, die ihm den Unterhalt geben sollen, genießen als Unterhaltung, samt den Schrecken seiner unaufhörlichen Verwandlung. Hier produziere er sich in der leichtesten Weise; denn die leichteste Weise der Existenz ist in der Kunst.«[31]

Bereits gut zwei Jahrzehnte zuvor hatte die Kantinenbesitzerin Leokadja Begbick in *Mann ist Mann* die Zuschauer wissen lassen: »Herr Bertolt Brecht hofft, Sie werden den Boden, auf dem Sie stehen/Wie Schnee unter Ihren Füßen vergehen sehen/Und werden schon merken bei dem Packer Galy Gay/Daß das Leben auf Erden gefährlich sei.«[32] Die gezielte Erschütterung des aus Naturgesetzlichkeit, Tradition und Gewohnheit gefügten festen Bodens der Wirklichkeit kennzeichnet Brechts Poetologie also bereits in den zwanziger Jahren. Man könnte hier auch von einer konstruktivistischen Ästhetik sprechen, die die Wirklichkeit in abstrakte Elemente zerlegt, um sie dann in eine neue Ordnung zu überführen. Im Laufe der dreißiger und vierziger Jahre wird daraus das neobarocke Projekt einer unaufhörlichen Verwandlung. Ihr entspricht die Technik des V-Effekts, der am Gezeigten sein historisches Gewordensein akzentuiert und damit zugleich den Raum für seine Veränderbarkeit eröffnet.[33] An die Stelle des revolutionären Aufbaus einer neuen Ordnung tritt damit die unerschöpfliche Variabilität von Formen, Regeln und Verhaltensweisen.

---

30 | Ebd., 25.

31 | Ebd., 44.

32 | Brecht: *Mann ist Mann*, 123.

33 | Bei Barthes heißt es: »Brecht macht aus der Geschichte keinen Gegenstand, nicht einmal einen tyrannischen, sondern einen allgemeinen Anspruch des Denkens: Das Theater auf die Geschichte gründen heißt für ihn [...] dem Menschen jegliches Wesen absprechen, der menschlichen Natur jede Realität absprechen, die nicht historisch ist«. (Roland Barthes: »Brecht, Marx und die Geschichte« [1957], in: ders.: *»Ich habe das Theater immer sehr geliebt«*, 184-189, 189.

So zielt das ästhetische Programm, das Brecht 1948 im *Kleinen Organon* formuliert, beim Zuschauer auf eine Haltung, die das Wirkliche auf einen virtuellen Horizont nicht-aktualisierter Möglichkeiten hin überschreitet. Aus dem epischen Theater der zwanziger und frühen dreißiger Jahre ist damit das »Theater des wissenschaftlichen Zeitalters«[34] – so lautet die neue Formel – geworden. Für dieses Zeitalter gilt, dass Kunst und Wissenschaft sich hier – auf dem Weg der Sichtbarmachung von Strukturen – einander annähern. »Es ist unvermeidlich«, notiert Brecht um 1938/39 im dänischen Exil,

»daß die Dramatik, soweit sie eine Dramatik großer Gegenstände ist, in immer engere Beziehungen zur Wissenschaft gerät. [...] Und langsam beginnt auch [...] [die] Kunst [des Dichters] selber eine Wissenschaft, zumindest eine Technik zu entwickeln, und zwar eine Technik, die sich zu der früherer Generationen nicht viel anders verhält als die Chemie zur Alchemie. Die Mittel der Darstellung fangen an, etwas anderes zu werden, als bloße Kunstgriffe. Aber entscheidend wird die neue Wendung, wo die Dramatik sich in ihrer Funktion den Wissenschaften angleicht. Das letztere ist als etwas, was weitergeht als die Benutzung wissenschaftlicher Erkenntnisse, nicht ganz leicht zu begreifen.«[35]

Und Brecht fährt fort:

»Es soll hier nicht versucht werden, einer Niederlegung des Unterschieds zwischen Kunst und Wissenschaft das Wort zu reden, jedoch wäre es gut, wenn einiger Zweifel daran erregt würde, ob der Unterschied, der hier für gewöhnlich gemacht wird, nicht ein wenig zu starr und zu schematisch ist. Man erzählt, daß die Wissenschaften eine Phase hatten, wo sie sich als Künste bezeichneten; wo sie in die Technik übergehen, sind sie heute noch Künste oder müßten es werden. Und auch die Künste hatten Phasen, wo sie wissenschaftliche Funktionen ausführten.«[36]

Um nun genauer zu bestimmen, wie eine »Dramatik im Zeitalter der Wissenschaft« auszusehen hätte, zieht Brecht den Vergleich »mit einer allbekannten Einrichtung für astronomische Demonstrationen, dem Planetarium«,[37] heran. Es gehe, so Brecht, darum, »die Theater wie Planetarien [zu] verwenden«,[38]

34 | Brecht: *Kleines Organon*, 6. Es heißt dort: »›Kleines Organon für das Theater‹, 1948 abgefaßt, ist der 32. Versuch. Es wird ein Theater des wissenschaftlichen Zeitalters beschrieben.«

35 | Brecht: *Werke*, Bd. 22, 385.

36 | Ebd., 386.

37 | Ebd., 387.

38 | Ebd., 388.

damit die »Dramatik sich [...] in der Funktion den Wissenschaften angleicht«.[39] Dies setze zunächst einmal die Einsicht in die Krise der Anschauung voraus. »Auch künstlerische Konzeptionen der Welt können heute nicht mehr auf Grund von eigenen Erlebnissen von Individuen, ihrer Betrachtung mit nacktem Auge, zustande kommen.«[40] Und das heißt: so wie in der modernen Physik Messungen und Modelle an die Stelle beobachtbarer Objekte und Ereignisse treten, so hört auch die moderne Kunst auf, Abbilder natürlicher Vorgänge zu liefern. An ihre Stelle treten Artefakte, die eine sekundäre, nicht-anschauliche Sichtbarkeit erzeugen.

3. Modellspiele

»Wir stehen hier vor einer richtiggehenden poetischen Ordnung, in der der funktionelle Sinn der Sache die Sache selbst absorbiert (woraus ersichtlich wird, daß der Formalismus einen Realismus begründen kann).«[41] Dieser Satz findet sich in Roland Barthes' Vorwort zur 1960 erschienenen französischen Ausgabe von *Mutter Courage*. Er rückt Brechts Theaterästhetik in den Horizont jener strukturalistischen Tätigkeit, die der berühmt gewordene Essay von 1963 dann programmatisch beschreiben sollte. »Das Ziel jeder strukturalistischen Tätigkeit«, heißt es dort,

> »sei sie nun reflexiv oder poetisch, besteht darin, ein ›Objekt‹ derart zu rekonstituieren, daß in dieser Rekonstitution zutage tritt, nach welchen Regeln es funktioniert (welches seine ›Funktionen‹ sind). Die Struktur ist in Wahrheit also nur ein *simulacrum* des Objekts, aber ein gezieltes, ›interessiertes‹ Simulacrum, da das imitierte Objekt etwas zum Vorschein bringt, das im natürlichen Objekt unsichtbar oder, wenn man lieber will, unverständlich blieb. [...] Man sieht also, warum von strukturalistischer Tätigkeit gesprochen werden muß: Schöpfung oder Reflexion sind hier nicht originalgetreuer ›Abdruck‹ der Welt, sondern wirkliche Erzeugung einer Welt, die der ersten ähnelt, sie aber nicht kopieren, sondern verständlich machen will. Man kann also sagen, der Strukturalismus sei im wesentlichen eine Tätigkeit der Nachahmung, und insofern gibt es streng genommen keinerlei technischen Unterschied zwischen wissenschaftlichem Strukturalismus

39 | Ebd., 391. Vgl. dazu ausführlicher Hans-Christian von Herrmann: »Das Projektionsplanetarium. Ein Theater des wissenschaftlichen Zeitalters«, in: Ulrich Bleyer, Dieter B. Herrmann (Hg.): *125 Jahre Urania Berlin: Wissenschaft und Öffentlichkeit. Eugen Goldstein Kolloquium*, Berlin 2013, 13-21.

40 | Ebd., 392.

41 | Roland Barthes: »Kommentar (Vorwort zu Brechts *Mutter Courage und ihre Kinder* mit Photographien von Pic)«, in: ders.: *»Ich habe das Theater immer sehr geliebt«*, 228-252, 238.

einerseits und der Kunst andererseits [...] Das derart errichtete Simulacrum gibt die Welt nicht so wieder, wie es sie aufgegriffen hat, und darin gründet die Bedeutung des Strukturalismus. Zunächst offenbart er eine neue Kategorie des Objekts, die weder das Reale noch das Rationelle ist, sondern das *Funktionelle*; er trifft hiermit mit einem ganzen Wissenschaftskomplex zusammen, der sich im Augenblick im Umkreis der Informationstheorie entwickelt.«[42]

Im theoretischen Horizont der Strukturwissenschaften konvergieren Kunst und Wissenschaft nicht auf der Ebene ihrer Ziele, aber auf der ihrer Verfahren. Und dies ist auch die Bedingung der Möglichkeit, dass Manfred Wekwerth Brechts Überlegungen zum ›Theater des wissenschaftlichen Zeitalters‹ im Rückgriff auf die Schriften von Georg Klaus an Semiotik und Kybernetik anzuschließen vermochte. Dieses Theater ist kein Ort der Vermittlung wissenschaftlicher Einsichten. Stattdessen übt es in die Haltung ein, die aller Wissenschaft zugrunde liegt – in das Spiel mit Modellen. Wekwerth entwickelt hier, wiederum im Anschluss an Klaus, eine Anthropologie des Spiels, die über den Begriff des ›Modells‹ den ästhetischen und den mathematischen Spielbegriff zusammenführt. »Wir betrachten den homo ludens«, so Klaus,

»nicht nur als Produzenten strategischer Spiele, sondern wir verstehen unter dem homo ludens im allgemeinen kybernetisch-erkenntnistheoretischen Sinne den Spieler, der schlechthin mit ideellen oder materiellen Modellen der Außenwelt spielt. Der homo ludens als Teilnehmer an einem strategischen Spiel ist in diesem Sinne nur ein Spezialfall des Spielers überhaupt. Im Sinne unserer Definition ist z.B. Experimentieren an einem materiellen oder ideellen Modell ebenfalls ein Spiel.«[43]

42 | Roland Barthes, »Die strukturalistische Tätigkeit«, übers. von Eva Moldenhauer, in: *Kursbuch* 5 (1966), 190-196, 191f. und 194f.

43 | Georg Klaus, *Kybernetik und Erkenntnistheorie*, Berlin 1967 [1966], 94. »Künstler waren von Klaus' Konzept des Homo ludens fasziniert. Klassische Kategorien der ästhetischen Reflexion wie die des Spiels oder der Kreativität wurden von Klaus nicht preisgegeben, sondern umbestimmt. In der Trias von erkenntnistheoretischem Homo sapiens, technisch-sachlich produzierendem Homo faber und spielend erkundendem Homo ludens wurde gerade der letztere aufgewertet. Klaus betrachtete den Homo ludens nicht als Seitenlinie der menschlichen Aktivität, sondern als wesentliches Glied einer Rückkopplungskette, das zwischen dem Homo sapiens und dem Homo faber vermittelt.« (Michael Franz: »Der ›Auszug der Ästhetik aus der Philosophie‹«, in: Hans-Christoph Rauh, Peter Ruben (Hg.): *Denkversuche. DDR-Philosophie in den 60er Jahren*, Berlin 2005, 281-305, 300.

Dementsprechend sieht Wekwerth im »Modellspiel«[44] auch die Zukunft des Theaters im wissenschaftlichen Zeitalter. Dabei ist »der primäre Spieler« wohlgemerkt

»nicht der Schauspieler, sondern der Zuschauer. Er realisiert zwar sein Spiel nicht selbst [...] Im Gegenteil, der Reiz, der ihn zum Theater zieht, liegt gerade darin, daß der Zuschauer seine Spiele, die er sonst in seinem Kopf am inneren Modell der Außenwelt ›spielt‹, für die Dauer einer Vorführung auf die Bühne verlegt, wo sie von anderen realisiert werden, so daß sie der Zuschauer anschauen kann. [...] Die Vorgänge auf der Bühne werden für ihn zu seinen Vorgängen, die er gleichzeitig am inneren Modell in seinem Kopf und an ihrer gegenständlichen Entsprechung auf der Bühne spielt.«[45]

Und aus diesem Vergleich zweier Modelle entspringt die angestrebte Wirkung der Aufführung. »Das Spiel auf der Bühne wird erst zum Spiel des Theaters, wenn es den Zuschauer zum Spielen veranlaßt. Die Realität des Theaters besteht eben darin, durch die Realisierung anderer Möglichkeiten die eigene Realität zu überschreiten. Die Produkte des Theaters sind nicht Theateraufführungen, sondern produzierende Menschen.«[46] Damit erscheint Wekwerths Reformulierung von Brechts Theaterästhetik als Teil der »performative[n] Wende«, »welche die Künste seit den sechziger Jahren des 20. Jahrhunderts vollzogen haben«.[47] In ihrem Zentrum steht die Erfahrung der kybernetischen »*feedback*-Schleife, als die sich die Aufführung selbst erzeugt«.[48] Dieser ästhetische Prozess von Wechselwirkungen zwischen Akteuren und Zuschauern dient für Wekwerth der Einübung in ein Weltverhältnis des Modellierens und Regulierens, denn das ›Produzieren‹ ist hier sehr konkret auf die sozialen Systeme und Teilsysteme bezogen. »Das Theater hat also [...] vor allem die sozialen Systeme auszuliefern, die dem Zuschauer den Schlüssel geben, selbst mit diesen Systemen umzugehen und zu produzieren.«[49] Die ›unaufhörliche Verwandlung‹, von deren Schrecken und deren Leichtigkeit Brecht gesprochen hatte, ist damit zur Grundstruktur menschlichen Verhaltens im Rahmen eines Konzepts der umfassenden wissenschaftlichen und technischen Selbststeuerung der Gesellschaft geworden.

44 | Wekwerth: *Theater und Wissenschaft* [1970], 65-67.

45 | Ebd., 49.

46 | Ebd., 51.

47 | Erika Fischer-Lichte: *Ästhetik des Performativen*, Frankfurt a.M. 2004, 56.

48 | Ebd., 81.

49 | Wekwerth: *Theater und Wissenschaft* [1970], 66.

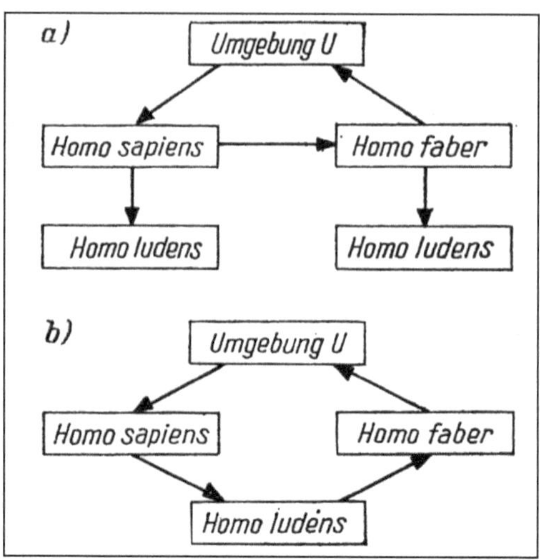

Abbildung 1: Der alte und der neue erkenntnistheoretische Regelkreis. Während die Spiele von Theorie und Kunst unter den Bedingungen von a) nicht in den Regelkreis der Umweltgestaltung eingebunden sind, ist dies bei b) der Fall. »Der homo ludens ist hier nicht eine Seitenlinie menschlicher Aktivität, sondern ein wesentliches Glied der Rückkopplungskette. Der homo sapiens erwirbt seine Kenntnisse aus der Umwelt nicht, um aus ihnen Motive, Befehle, Anweisungen usw. für den homo faber zu konstruieren, sondern zunächst nur, um sein inneres Modell der Außenwelt zu vervollkommnen. An diesem inneren Modell der Außenwelt werden die Außenweltsituationen der Zukunft modellmäßig durchgespielt. Dieses modellmäßige Durchspielen kann ein geistiges Durchspielen sein, es kann sich aber auch an materiellen Modellen vollziehen.« (Georg Klaus: Kybernetik und Erkenntnistheorie, *Berlin 1967, 93f., Abb. 21.)*

Dichtungsmaschinen und Subjektprogramme

Literarische Regelkreisphantasien in den 1960ern

Marcus Krause

Bevor die Kybernetik zu Beginn der 1970er zur Kybernetik zweiter Ordnung und am Ende der 1970er nahezu bedeutungslos geworden sein wird, erlebt sie in den 1960er Jahren ihr erfolgreichstes Jahrzehnt. Zumindest ist sie so erfolgreich, dass sich ihre Theoreme sowohl in die verschiedensten wissenschaftlichen Disziplinen,[1] in populäre Diskurse als auch in die Tiefen der deutschen Metaphysik vorgearbeitet haben. Die Spannbreite dieses Erfolgs reicht von Verhaltenslehren des Selbstbezugs, wie sie der bis heute aufgelegte Klassiker der Ratgeberliteratur *Psycho-Cybernetics & Self-Fulfillment* formuliert,[2] bis zu Martin Heideggers 1966 geäußertem Diktum, gemäß dessen die Kybernetik nach dem Ende der Philosophie ihr Erbe antritt.[3] Sie verdeutlicht, wie sehr die Faszination für eine Theorie, welche Maschinen, Lebewesen und soziale Phänomene mit denselben Termen und Formeln beschreiben und regulieren zu können glaubte, verbreitet war.

Entsprechend ist es ein wenig erstaunlich, dass die Literatur der 1960er Jahre nur vereinzelt direkten Anschluss an die Kybernetik sucht. Umso mehr, als

1 | Vgl. hierzu die Nachweise in Stefan Rieger: *Kybernetische Anthropologie*, Frankfurt a.M. 2003, bes. 19f.

2 | Vgl. Maxwell Maltz: *Psycho-Cybernetics & Self-Fulfillment*, New York 1960. Die bislang letzte Auflage erschien, »updated and expended«, im Jahr 2015.

3 | Heidegger erklärt in einem 1966 geführten Spiegel-Interview: »Die Philosophie löst sich auf in Einzelwissenschaften: die Psychologie, die Logik, die Politologie.« Auf die Frage »Und wer nimmt den Platz der Philosophie ein?« antwortet er: »Die Kybernetik.« Das Interview wird erst nach Heideggers Tod, zehn Jahre später veröffentlicht. Vgl. *Spiegel* Nr. 23 des 30. Jahrgangs (31. Mai 1976), 212. Ausführlicher zum Verhältnis Heideggers zur Kybernetik vgl. Erich Hörl: »Parmenidische Variationen. McCulloch, Heidegger und das kybernetische Ende der Philosophie«, in: Claus Pias (Hg.): *Cybernetics – Kybernetik. The Macy-Conferences 1946-1953. Band II: Essays & Dokumente*, 209-225.

sie selbst während dieser Zeit einen Experimentalisierungsschub erfährt,[4] was im Erproben neuer Darstellungsoptionen und ästhetischer Formate genauso seinen Ausdruck findet wie im Ausloten möglicher Bezugspunkte der Literatur zur Mathematik auf der einen und zur sich langsam etablierenden Computertechnologie auf der anderen Seite. Darüber hinaus lässt sich zwischen der Literatur und der Kybernetik dieser Zeit ein gemeinsames Feld von Interessen ausmachen, welches sich zwischen Fragen nach der Adressierung von Kontingenz, nach der Verarbeitung von Komplexität, der Problematisierung des Verhältnisses von Wahrnehmung und Wirklichkeit sowie des selbstreferentiellen Bezugs auf die eigene Schreib- bzw. Beobachtungsposition aufspannt. Eine Rekonstruktion dieses Feld möchten die folgenden Ausführungen andeuten, indem sie sowohl einigen der expliziten Bezugnahmen des literarischen Diskurses und seiner Experimentalanordnungen zur Kybernetik als auch solchen Bezugnahmen nachspüren, welche z.B. vermittelt durch ihren Rekurs auf Computer, Aleatorik oder Figuren der Selbstreferenz eher implizite Verbindungen zu kybernetischen Problemen und Beschreibungsmustern aufweisen.

Literarische Algorithmen: Nanni Balestrinis Computertexte

Im Jahr 1961 lässt Nanni Balestrini in einem Experiment, dem er den Titel *Tape Mark I* gibt, erstmals einen Computer Lyrik schreiben. Hierzu gibt Balestrini ein begrenztes Set an Satzfragmenten vor und lässt diese von einer *Intelligent Business Machine* mittels eines randomisierten Algorithmus so zusammensetzen, dass aus dieser Kompilation Gedichte entstehen, von denen eine Auswahl 1962 in Buchform erscheint.[5] Bei dem Experiment handelt es sich im Grunde um eine Wiederholung von Raymond Queneaus Projekt *Hunderttausend Milliarden Gedichte*, welches 1961 als Klappbuch veröffentlicht wurde. Auch Queneaus Apparat erlaubt es nämlich, die einzelnen Verse von insgesamt zehn Sonetten dadurch, dass sie auf einzelnen umklappbaren Pappstreifen gedruckt

4 | Vgl. zur Konjunktur des Experimentierens in literarischen Texten der 1960er und ihrem Verhältnis zu anderen historischen Phasen der literarischen Experimentalisierung (sowie weiterführender Literatur) die Einleitung in Christoph Zeller (Hg.): *Literarische Experimente: Medien, Kunst, Texte seit 1950*, Heidelberg 2012.

5 | Eine gute Erläuterung des Projekts inklusive Interview mit Balestrini und weiterführenden Literaturhinweisen findet sich unter https://museo.freaknet.org/en/tape-mark-1-nanni-balestrini-ricerca-ricostruzione-storica (Zugriff 01.09.2017). Zur literaturhistorischen und -theoretischen Einordnung Balestrinis vgl. Thomas Atzert, Andreas Löhrer, Reinhard Sauer, Jürgen Schneider (Hg.): *Nanni Balestrini. Landschaften des Wortes*, Hamburg/Berlin 2015.

sind, beliebig miteinander zu kombinieren, sodass sich insgesamt 10^{14} oder eben hunderttausend Milliarden verschiedene Gedichte mit dem Klappbuch bilden lassen.[6] Hinsichtlich der literarischen Qualität ist Queneaus Projekt gegenüber demjenigen Balestrinis wahrscheinlich als anspruchsvoller einzuschätzen, da seine Elemente anders als diejenigen in *Tape Mark I* nicht nur hinsichtlich des Reimschemas und Metrums aufeinander abgestimmt sind, sondern auch eine komplexere Syntax aufweisen und es darüber hinaus auf einer thematischen Einheitlichkeit der zugrundeliegenden zehn Sonette besteht. Queneaus *Gedichte* sind aber eben keine Maschine, sondern nur ein Apparat und mithin auf die Agentur eines lesenden Menschen angewiesen, der Verse zur Kombination selegiert und die Pappstreifen entsprechend umlegt.[7]

An exakt dieser Stelle setzt das Experiment Balestrinis an und baut Komplexität auf, indem es ein Flussdiagramm (Abb. 1) formuliert, dieses in Algorithmen umsetzt, um mit diesen Regeln schließlich eine Rechenmaschine in einer italienischen Bank so zu programmieren, dass sie eine solche Auswahl übernehmen und Gedichte produzieren kann. Zwar ist davon auszugehen, dass der Leser, der bei Queneau diese Aufgabe übernehmen muss, bei ihrer Bewältigung durchaus komplexeren Algorithmen folgt als die Rechenmaschine. Allerdings müssen diese eben nicht formalisiert und angegeben werden, sondern können schlicht im Unbeobachtbaren der *black box* Mensch verweilen. Diese Kiste hat dann auch die Freiheit zu entscheiden, wie viele Sonette sie tatsächlich bilden oder sogar lesen möchte, denn eine vollständige Lektüre der

6 | Vgl. Raymond Queneau: *Hunderttausend Milliarden Gedichte* [1961], Frankfurt a.M. 1984. Zu diesem und anderen literarischen Formexperimenten der Gruppierung *Oulipo* vgl. Heiner Boehncke, Bernd Kuhne: *Anstiftung zur Poesie. Oulipo – Theorie und Praxis der Werkstatt für potentielle Literatur*, Bremen 1993 sowie Uwe Schleypen: *Schreiben aus dem Nichts. Gegenwartsliteratur und Mathematik. Das Ouvroir de littérature potentielle*, München 2004.

7 | Die Unterscheidung zwischen Maschine und Apparat (sowie angrenzenden Gebilden wie Gerät, Instrument, Automat etc.) ist trotz umfangreicher Definitions- und Normierungsbemühungen, welche ihren vorläufigen End- und Höhepunkt in der Maschinenrichtlinie der Europäischen Gemeinschaft aus dem Jahr 2006 gefunden haben, auch unter Vernachlässigung historischer Differenzierungen weder eindeutig noch endgültig zu treffen. In dem hier vorliegenden Kontext wird auf die Semantik der untersuchten Diskurse der 1960er Jahre zurückgegriffen, welche der Maschine gegenüber dem Apparat zum einen eine höhere Komplexität und zum anderen eine größere systemische Geschlossenheit, innerhalb welcher rekursive Prozesse ohne Input von außen ablaufen, zuschreiben. Queneau selbst allerdings bezeichnet sein Buch – ganz gemäß der ubiquitären Metaphorik der Zeit – als »so etwas wie eine Maschine zur Herstellung von Gedichten«. (Raymond Quenau: »Gebrauchsanweisung«, in: ders.: *Hunderttausend Milliarden Gedichte*, Frankfurt a.M. 1984, unpaginiert.)

hunderttausend Milliarden Gedichte ist aufgrund der begrenzten Lebensdauer des Menschen selbst in der *Werkstatt für potentielle Literatur* unmöglich, würde das Lesen jedes möglichen Sonetts doch – wie Queneau selbst vorrechnet – 190.258.751 Jahre benötigen.[8]

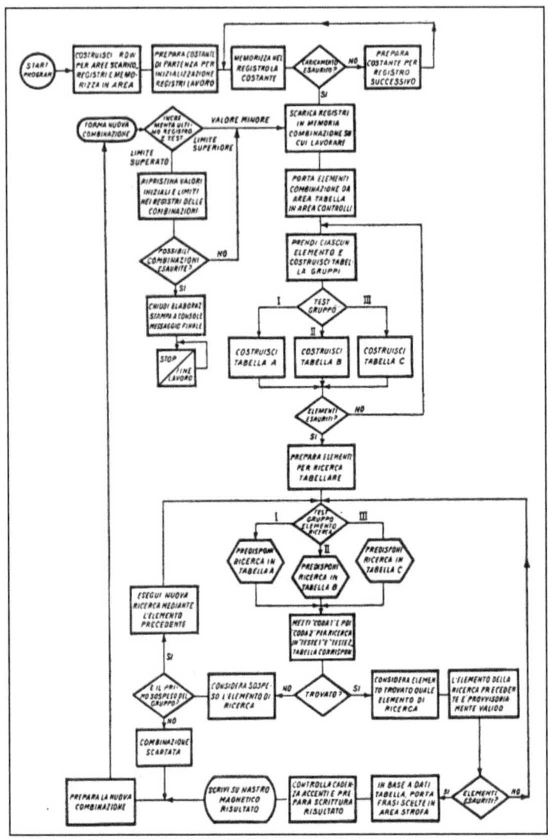

Abbildung 1: Nanni Balestrini: »flow chart for Tape Mark I *(1961)«, in: Jasia Reichardt (Hg.):* Cybernetic Serendipity. The Computer and the Arts, *London 1968, 65.*

8 | Vgl. ebd.: »Wenn man 45 Sekunden zum Lesen eines Sonettes und 15 Sekunden zum Umblättern der Lamellen rechnet, 8 Stunden pro Tag, 200 Tage pro Jahr, hat man für mehr als eine Million Jahrtausende zu lesen, und wenn man 365 Tage im Jahr den ganzen Tag über liest, für 190 258 751 Jahre, ohne die Gequetschten, die Schaltjahre und andere Kleinigkeiten in Betracht zu ziehen.«

Solche Probleme haben Rechenmaschinen nicht. Zu rechnen hat die Computerpoesie Balestrinis aber mit einem anderen Faktor, nämlich mit der Frage danach, ob und wie sie dargestellt und präsentiert, in welcher Form sie also veröffentlicht werden kann. Während Queneaus Klappbuch tatsächlich alle möglichen Gedichte liefert, bietet die Buchausgabe von *Tape Mark I* nur eine kleine Auswahl: »gerade soviel wie nötig, um den Sinn der Übung zu demonstrieren«,[9] wie Balestrini selbst kommentiert. Was aber ist der ›Sinn der Übung‹? Balestrinis Antwort ist merkwürdig, soll es doch genau nicht um »Spekulationen über die Möglichkeiten einer ›Maschinen-Poesie‹« gegangen sein: »In Wirklichkeit ging es nur darum, eine Maschine zu gebrauchen, die mit großer Geschwindigkeit rechnen konnte und dem Unerwarteten und Zufälligen viel Platz einräumte.«[10] Der Sinn der Übung läge laut dieser Aussage in ihrem Unsinn, da bereits in den 1940er Jahre Maschinen ›mit großer Geschwindigkeit rechnen und dem Unerwarteten und Zufälligen viel Platz einräumen konnten‹ und zur Demonstration dieser Fähigkeit auch gar keine Poesie erforderlich war.[11] Interessanter als diese Paradoxie, welche sich zwischen Balestrinis Computerpoesie-Projekt und seiner Selbstbeschreibung, zwischen der Bricolage und ihrer Theorie ergibt, ist aber eine andere Paradoxie im Kontext eines zweiten Projekts von Balestrini. Im Grunde handelt es sich bei diesem Projekt mit dem Titel *Tristano* um eine Übertragung der im Rahmen von *Tape Mark I* auf die Lyrik angewendeten Prinzipien auf den Roman.

Tristano ist ein Liebesroman, der in einer an den Nouveau Roman erinnernden Beobachtungssprache weitestgehend alltägliche Handlungen eines Paars verzeichnet, von dem allerdings noch nicht einmal genau anzugeben ist, welchen Geschlechts die beiden Partner sind. Im Zentrum dieses Romanexperiments steht aber nicht der hohe Abstraktionsgrad des Personals oder der Handlung, sondern erneut die Aleatorik. Der Roman sollte aus 10 Kapiteln bestehen, die sich wiederum aus 20 Abschnitten zusammensetzen, welche vom Rechner aus 30 möglichen Abschnitten ausgewählt worden sind. Im Jahr der Ersterscheinung konnte das Projekt allerdings nicht verwirklicht werden. 1966 erschien lediglich eine Version, die für jedes der 10 Kapitel alle 30 Abschnitte abdruckt, die zufällige Auswahl einer Maschine also genau nicht zur Dar-

9 | Nanni Balestrini: »Notiz des Autors«, in: ders.: *Tristano No 7341 von 109 027 350 432 000 möglichen Romanen*, Frankfurt a.M. 2009, XIIIf., XIII.

10 | Ebd.

11 | Zeitgenössisch präsentiert sich diese Rechenleistung wohl am schönsten in Edmund Callis Berkeley: *Giant Brains or Machines That Think*, New York 1949. Vgl. als historische Darstellung das erste Kapitel in Paul E. Ceruzzi: *A History of Modern Computing*, Cambridge, MA 2003, welches allerdings die Beiträge Konrad Zuses zur Entwicklung des Computers ausblendet. Vgl. hierzu Raúl Rojas (Hg.): *Die Rechenmaschinen von Konrad Zuse*, Berlin 1998.

stellung bringt. Erst das neue Jahrhundert realisiert das Projekt in all seinen Möglichkeiten. 2007 erscheint in Italien eine Neuausgabe von *Tristano* in einer Auflage von 5.999 Exemplaren, von denen jede eine mögliche Version des Romans abdruckt. Jedes Exemplar ist also ein nummeriertes Unikat. 2009 folgt der Suhrkamp Verlag mit den Bänden 6.000 bis 7.999. Das Projekt *Tristano* kommt also erst über 40 Jahre nach seiner Programmierung bei sich selber an, da zwar die Rechenleistung 1966 für seine Umsetzung ausreicht, die drucktechnologische Infrastruktur aber nicht. Erst das print-on-demand-Verfahren, das Buch 2.0, lässt die Träume der 1960er Jahre im 21. Jahrhundert Wirklichkeit werden.[12] Entsprechend euphorisch kommentiert Balestrini:

»Durch diese Operation wird das Dogma der einmaligen und definitiven Originalversion eines literarischen Werks, die sich aus dem strengen Determinismus der Gutenbergschen Druckmaschine ergibt, die stets identische Exemplare produziert, in Frage gestellt. Die Überwindung der mechanischen Buchproduktion durch die digitale Methode gemahnt an die unendliche Vielfalt der Formen der Natur, wo ebenfalls jedes Ding, vom Blatt am Baum bis zum menschlichen Wesen, eine stets abgewandelte Variante eines idealen Prototyps ist. [...] Dank der neuen Techniken ist es möglich, statt wie früher ein unveränderliches Buch, eine Vielzahl von Varianten zu drucken, die alle von gleicher Qualität sind – und jeder Leser erhält sein persönliches und einzigartiges Exemplar. Es handelt sich um ein erstes Experiment, das bisher in eingeschränkter Weise die großen Möglichkeiten ausnutzt, die von den technischen Entwicklungen angeboten werden, doch wird bereits die Komplexität und Unvorhersehbarkeit der zeitgenössischen Wirklichkeit unseres täglichen Lebens wirkungsvoll gezeigt. Demonstriert wird eine neue Art, den Roman und die Literatur überhaupt zu konzipieren, Verfahren, die völlig ungeahnte Möglichkeiten bieten, mit dem Lesepublikum zu kommunizieren.«[13]

Balestrini traut seinem Projekt einiges zu. Es steht für die Ablösung der Gutenberg-Galaxis und der ihr gleichgesetzten Genieästhetik. Es bildet die Vielfalt der Natur ab. Es bietet jedem Leser sein persönliches individuelles Exemplar und stellt darüber hinaus die Komplexität der neuen Kommunikationsverhältnisse in einer grundlegend neuen literarischen Ästhetik dar. Aber auf die zahlreichen Widersprüche, in die sich das Statement verwickelt, kommt es hier genauso wenig wie darauf an, dass es doch recht erstaunlich ist, dass dem ehemaligen Neomarxisten und Operaisten die kapitalistische Wunschmaschine ›print-on-demand‹ in keiner Weise verdächtig vorkommt. Worauf es hier ankommt, ist das Versprechen, das sich offenkundig in den 1960er Jahren mit

12 | Vgl. zum aktuellen Stand von print-on-demand-Verfahren Jörg Behrens: *book on demand. Auswirkungen auf den deutschen Buchmarkt*, Norderstedt 2017.

13 | Balestrini: »Notiz des Autors«, XIV.

der Mechanisierung des Literarischen im Allgemeinen und der Verknüpfung von Literatur und Computertechnologie im Besonderen verbunden hat.

Literatur und Kybernetik: Italo Calvinos Gespenster

Dieses Versprechen und seine Paradoxie, dass die Welt der Maschinen neue Hoffnungen und Freiheiten für den Menschen verheißt, kann darauf zurückgreifen, dass sich kybernetische Vorstellungen und die mit ihnen verbundenen epistemologischen Utopien in der Nachfolge der Macy-Konferenzen aus theoretischen Spezialdiskursen in die Mitte der Gesellschaft vorgearbeitet haben.[14] Als Beispiel für dieses utopische Potential seien nur die folgenden Aussagen des französischen Germanisten Pierre Bertaux aus dem Jahr 1963 angeführt: Die

»erprobten Regierungsmethoden haben innerhalb eines halben Jahrhunderts zwei Weltkriege und unzählige Krieg bescheideneren Ausmaßes mit mehr als fünfzig Millionen Toten nicht vermeiden können. [...] Die Kunst des Regierens ist die Kunst des Voraussehens. Die Dimension der Zukunft ist aber für die Menschen, für ihr organisches, cérébrales Denken, für das Denken mit Worten schwer zu erfassen, weil es dem Gehirn nicht möglich ist, die zahllosen Elemente, die auf das Geschehen einwirken, auf einmal zu übersehen. [...] Diesem Faktum kann durch die Maschine abgeholfen werden.«[15]

Die Bedeutung der Kybernetik für die Literatur versucht Italo Calvino, wie Queneau Mitglied der *Ouvroir de littérature potentielle (Oulipo)*, in seinem 1967 gehaltenen Vortrag *Kybernetik und Gespenster* zu ermessen. Deutlich präziser als Balestrinis Erläuterungen seiner literarischen Experimente macht Calvinos Vortrag deutlich, auf welchen theoretischen Grundlagen seine Formalisierung der Literatur und seine kombinatorischen Texte ruhen. Mit Blick auf den russischen Formalismus identifiziert er arithmetische und erzählerische Operationen,

14 | Vgl. zur historiographischen Einordung der Entwicklung der Kybernetik Katherine N. Hayles: *How We Became Posthuman. Virtual Bodies in Cybernetics, Literature, and Informatics*, Chicago/London 1999, insbesondere 1-24, Michael Hagner: »Vom Aufstieg und Fall der Kybernetik als Universalwissenschaft«, in: ders., Erich Hörl (Hg.): *Die Transformation des Humanen. Beiträge zur Kulturgeschichte der Kybernetik*, Frankfurt a.M. 2008, 38-71 sowie Claus Pias: »Zeit der Kybernetik – Eine Einleitung«, in: ders. (Hg.): *Cybernetics – Kybernetik. The Macy-Conferences 1946-1953. Band II: Essays & Dokumente*, 9-41.

15 | *Maschine – Denkmaschine – Staatsmaschine. Entwicklungstendenzen der modernen Industriegesellschaft*, Protokoll des 9. Bergedorfer Gesprächskreis, 25. Februar 1963, zitiert nach ebd., 31.

deren Anzahl zwar begrenzt, deren »Kombinationen, Wandlungen und Veränderungen« dagegen aber unbegrenzt seien.[16] Mit Blick auf den Strukturalismus und die Bewegung *Tel Quel* folgert er erstens, dass »Schreiben nicht mehr Erzählen [ist], sondern Sagen, daß man erzählt,«[17] verabschiedet zweitens Autorschaftskonzepte, die über ihre Beschreibung als Textfunktion hinausgehen wollen, und meint drittens, dass die solchen Einsichten folgenden literarischen Verfahren moderner und postmoderner Literatur als syntaktisch-rhetorische Operationen formal schematisiert werden können. Solche Formalisierung sieht er schließlich mit der Kybernetik auf die Wahrnehmung nicht mehr nur der literarischen, sondern der gesamten natürlichen und sozialen Welt ausgedehnt.

Die Welt wird laut Calvino nicht mehr wie noch im 19. Jahrhundert in ihrer »geschichtlichen und biologischen Kontinuität erlebt«,[18] sondern »in ihren verschiedenen Aspekten [...] immer mehr als *diskret* und nicht als *stetig* gesehen.«[19] Dies gilt selbstredend auch für das menschliche Gehirn, das nicht anders als andere Maschinen diskret und das soll heißen: in seinen einzelnen Elementen und den funktionalen Verknüpfungen dieser Elemente adressierbar, beschrieben werden soll. Das informationstheoretische Credo der Kybernetik, nach dem Nervenzellen genauso digital operieren wie Computer und psychische Systeme sich entsprechend von Rechenmaschinen nur hinsichtlich ihrer Komplexität unterscheiden,[20] ist laut Calvino nicht nur theoretisch zu benennen, sondern kann – oder konnte zumindest im Jahr 1967 – sogar gefühlt werden:

»Shannon, Weiner [sic!], von Neumann, Turing haben das Bild unserer mentalen Prozesse radikal verändert. An die Stelle der changierenden Wolke, die wir bis gestern in unseren Köpfen herumtrugen und deren Verdichtung oder Verfliegen wir uns durch die Schilderung hauchzarter psychologischer Zustände, schattenhafter Seelenlandschaften bewußt zu machen versuchten – anstelle all dessen empfinden wir heute das blitzschnelle Vorbeigleiten von Signalen auf den verworrenen Schaltkreisen, welche die Re-

16 | Italo Calvino: »Kybernetik und Gespenster«, in: ders.: *Kybernetik und Gespenster. Überlegungen zu Literatur und Gesellschaft*, München/Wien 1984, 7-26, 9. Zu der Stellung von Calvinos Ausführungen zur Kybernetik sowie weiterführender Literatur vgl. Dani Cavallaro: *The Mind of Italo Calvino. A Critical Exploration of his Thought and Writings*, Jefferson, NC 2010, bes. 3-16 und 90-145.

17 | Calvino: Kybernetik und Gespenster, 10

18 | Ebd., 12.

19 | Ebd., 10.

20 | Grundlegend entwickelt findet sich diese Ansicht vor allem in den kybernetischen Klassikern Norbert Wiener: *Cybernetics or Control and Communication in the Animal and the Machine*, 1948 und W. Ross Ashby: *A Design of a Brain. The Origin of Adaptive Behavior*, 1952. Vgl. hierzu auch Erich Hörl: »Das kybernetische Bild des Denkens«, in: Hagner, ders.: *Transformation des Humanen*, 163-195.

lais, Dioden, Transistoren miteinander verbinden, mit denen unsere Schädelhalbkugel bis obenhin zugestapelt [sind].«[21]

Im Anschluss an diese Identifikation von Mensch und Maschine wird bei Calvino deutlich, worin das utopische Potential der Maschinenmetaphorik liegt und wovon sie Freiheit verspricht. Sie zielt nämlich auf die Freiheit von einer ästhetischen und psychologischen Tradition, welche auf Subjektivität, Kontinuität, kausale Teleologie und dichterische Inspiration setzt. Der Schriftsteller ist stattdessen eine »schreibende Maschine«.[22] Als solche zersplittert sich die schreibende Person während der Operationen, die sie ausführt, zwar in verschiedene Figuren und Autoren-Ichs auf, ist aber frei von allen metaphysischen und genieästhetischen Zumutungen.

Calvino adressiert die Kybernetik also sowohl als theoretischen Stichwortlieferanten wie auch als Utopie, als Atmosphäre und als Lebensgefühl. Darüber hinaus benennt er neben der Rechen- und der Menschenmaschine mit einer weiteren, dritten Maschine diejenige Maschine, welche im Zentrum nicht nur der experimentellen Literatur der 1960er Jahre, sondern jeder Literatur steht: »Der Mensch fängt an zu begreifen, wie die komplizierteste und unvorhersehbarste aller seiner Maschinen auseinanderzunehmen und wieder zusammenzusetzen ist: die Sprache.«[23] Mit der Einsicht, dass neben Menschen und Automaten auch die Sprache als Maschine zu beschreiben ist, nimmt Calvinos Text in einer gespenstischen temporalen Feedback-Schleife auf Jacques Lacan Bezug, der in seinem zweiten Seminar nicht nur den berühmten Satz »Die symbolische Welt, das ist die Welt der Maschine« prägt, sondern eine Überlegung zuvor ausführt: »Die kompliziertesten Maschinen sind nur mit Worten gemacht.«[24] Passend zum Titel von Calvinos Vortrag aus dem Jahr 1967 ist dieser Bezug gespenstisch: und zwar, weil er Lacans Satz gleichzeitig zitiert, da er in einem Seminar des Jahres 1954 geäußert wurde, als auch antizipiert, da das entsprechende Seminar erst 1978 veröffentlicht wird. Auch auf solche temporalen Feedbacks der Sprachmaschine könnten die Gespenster, auf welche der Titel des Vortrags verweist, zielen. Explizit genannt werden aber andere.

---

21 | Calvino: Kybernetik und Gespenster, 11.

22 | Ebd., 17.

23 | Ebd., 13.

24 | Jacques Lacan: *Seminar II: Das Ich in der Theorie Freuds und in der Technik der Psychoanalyse*, Weinheim/Berlin 1991, 64. Zur Maschinenmetaphorik bei Lacan und den kritischen-emanzipatorischen Impulsen, welche Deleuze und Guattari im Anschluss an die bzw. Widerspruch zu der strukturalen Psychoanalyse mit ihr verbinden, vgl. Henning Schmidgen: *Das Unbewußte der Maschinen. Konzeptionen des Psychischen bei Guattari, Deleuze und Lacan*, München 1997.

Folgt man Calvino, ist Literatur nichts anderes als der Betrieb einer komplizierten Maschine aus Worten, während dessen von der jeweiligen Kultur, Epoche, Gattung etc. vorgegebene Elemente einer endlichen Menge rhetorischer und narrativer Funktionen miteinander kombiniert werden. Anders als in der Normalsprache, anders als in nicht-literarischen Diskursen ist der literarische Betrieb der Sprachmaschine aber ein solcher, der sich anstrengt, »aus den Grenzen der Sprache auszubrechen«, »sich über den äußersten Rand des Sagbaren« hinauszubeugen.[25] Dies geschieht, indem neue Kombinationen erprobt werden oder – wie in derjenigen Literatur, die sich selbst kombinatorisch bzw. experimentell nennt oder die den Anschluss an Rechenmaschinen sucht – der Betrieb der Sprachmaschine ihre Funktionsweise selbst zum Antrieb und Thema macht. Die »Literatur ist [...] ein Kombinationsspiel, das den im eigenen Material enthaltenen Möglichkeiten folgt, aber sie ist ein Spiel, das an einem bestimmten Punkt einen unerwarteten Sinn bekommt, einen nicht objektiven Sinn der sprachlichen Ebene«.[26]

Und an genau diesem Punkt kommen die Gespenster aus dem Titel des Vortrags endlich zum Zuge. Indem Calvino nämlich behauptet, dass an diesem Punkt ganze Zeichensysteme in Veränderung geraten, dass sich dort neue Mythen ausbilden können, kehrt neben dem zuvor von der Maschine verdrängten Pathos auch das verabschiedete Individuum wieder und tritt aus der Umwelt des Systems Literatur wieder in dieses selbst ein. Der Punkt, an dem sich das Kombinationsspiel verschiebt, kann nämlich eine »besondere Wirkung [...] auf den empirischen und historischen Menschen« produzieren, einen »Schock, der nur deshalb zustande kommt, weil um die schreibende Maschine die verborgenen Gespenster des Individuums und der Gesellschaft schweben.«[27]

Poetische Kombinatorik in den 1960ern

In der Regel kommt das Kombinationsspiel der Literatur aber auch ohne diese Gespenster recht gut aus und zwar auch und sogar dann, wenn es die Funktionsweise Sprachmaschine selbst zum Thema macht. So in dem folgenden Beispiel aus dem Jahr 1963, dem vielleicht bekanntesten Beispiel aus dem Bereich der konkreten Poesie, nämlich in Ernst Jandls monovokalistischem *Mops*:

25 | Calvino: Kybernetik und Gespenster, 19.

26 | Ebd., 22.

27 | Ebd.

»ottos mops
ottos mops trotzt
otto: fort mops fort
ottos mops hopst fort
otto: soso

otto holt koks
otto holt obst
otto horcht
otto: mops mops
otto hofft
ottos mops klopft
otto: komm mops komm
ottos mops kommt
ottos mops kotzt
otto: ogottogott«[28]

Ein anderes Beispiel stammt erneut aus dem Feld der Computerpoesie und ist schon eher gespenstig. Es handelt sich um eine Kollaboration der IBM 7094 und des Germanisten Gerhard Stickel, die im Jahr 1964 am Deutschen Rechenzentrum in Darmstadt gemeinsam sogenannte »autopoeme« produzierten, von denen pro Stunde 10.000 Stück auf Endlospapier gedruckt werden konnten.[29] Wie viele solcher Gedichte produziert werden mussten, um eines von der selbstrefentiellen Qualität, wie das folgende sie aufweist, zu erhalten, ist nicht bekannt. Fest steht aber, dass es sich bei den »autopoemen« um teure Gedichte handelt. Eine durchschnittlich ausgestattete Einheit der IBM 7094 kostete 1964 über drei Millionen Dollar, was einer heutigen Kaufkraft von ungefähr 24 Millionen Dollar entspricht:[30]

28 | Ernst Jandl: »ottos mops«, in: ders.: *Poetische Werke*, Bd. 4, München 1997, 60. Zur Kontextualisierung des Gedichts und Jandls literarischem Experimentalismus vgl. Andreas Brandtner: »Von Spiel und Regel. Spuren der Machart in Ernst Jandls *ottos mops*«, in: Volker Kaukoreit, Kristina Pfoser (Hg.): *Interpretationen. Gedichte von Ernst Jandl*, Stuttgart 2002, 73-89.

29 | Vgl. zu Stickels Experimenten Ralf Bülow: »Der Traum vom Computer – Literatur zwischen Kybernetik und konkreter Poesie«, in: *Universitas* 45 (1990), 473-483.

30 | Vgl. zum Stand der Computertechnologie bei IBM und ihrer Weiterentwicklung in den 1960er Jahren Emerson W. Pugh, Lyle R. Johnson, John H. Palmer: *IBM's 360 and Early 370 Systems*, Cambridge, MA 2003.

»Und ein Signal tanzt.
Diese Funktion denkt und denkt.
Wer einen kalten Leser befragt, ist ein Fehler.
Geräusche zittern aus der Analyse.
Motoren sprechen neben dem Motiv.
Das Metall ruft die schlechten Motive.
Wer reizt die starren Wellen - die Richtung.
Heute strahlen die Kompositionen.
Wer eine Synkope beschreibt, ist selten ein Unsinn.
Denken die neuen Dichter? Schon möglich.
Jedes Musizieren und Malen ist symmetrisch und stabil.
Absolutes Gleiten öffnet den schnellen Prozeß.
Wer gestaltet den Techniker? - Die Richtung.
Der Denker und der Effekt sprechen.
Und die Harmonie schreibt.«[31]

Ein letztes Beispiel geben die 1973 erschienenen *Gedichtgedichte* Oskar Pastiors, die nicht nur die sprachlichen Elemente der Sprachmaschine reflektieren, sondern auch die medialen, gattungstechnologischen, paratextuellen Bedingungen der Gedichtproduktion (siehe Abb. 2).

Literatur und Kybernetik 2: Wie erzählt sich Selbstreferenz

Zum Abschluss möchte ich – wie bereits zu Beginn – von der Maschinenpoesie zur Maschinenprosa wechseln. Mit diesem Wechsel geht bereits aufgrund der Länge der Texte eine Verkomplizierung der Beobachtungsverhältnisse einher. Die Sprachmaschine wird durch die Differenz zwischen Erzählinstanz und Figur sowie ihrer Pluralisierung und Verschiebungen im temporalen Verlauf um einige Elemente angereichert. Hinzu tritt in den 1960er Jahren eine grundlegende Skepsis gegenüber dem Erzählvorgang und seiner Darstellungskraft selbst, die auch Calvinos Essay für die Prosa seiner Zeit mit den Worten konstatiert, dass »das Schreiben nicht mehr Erzählen ist, sondern Sagen, daß man erzählt, und das, was man sagt, identifiziert sich mit dem Akt des Sagens selbst«.[32]

31 | Zitiert nach Max Bense: »Die Gedichte der Maschine der Maschine der Gedichte. Über Computer-Texte«, in: ders.: *Die Realität der Literatur. Autoren und ihre Texte*, Köln 1971, 74-96, 89.

32 | Calvino: Kybernetik und Gespenster, 10.

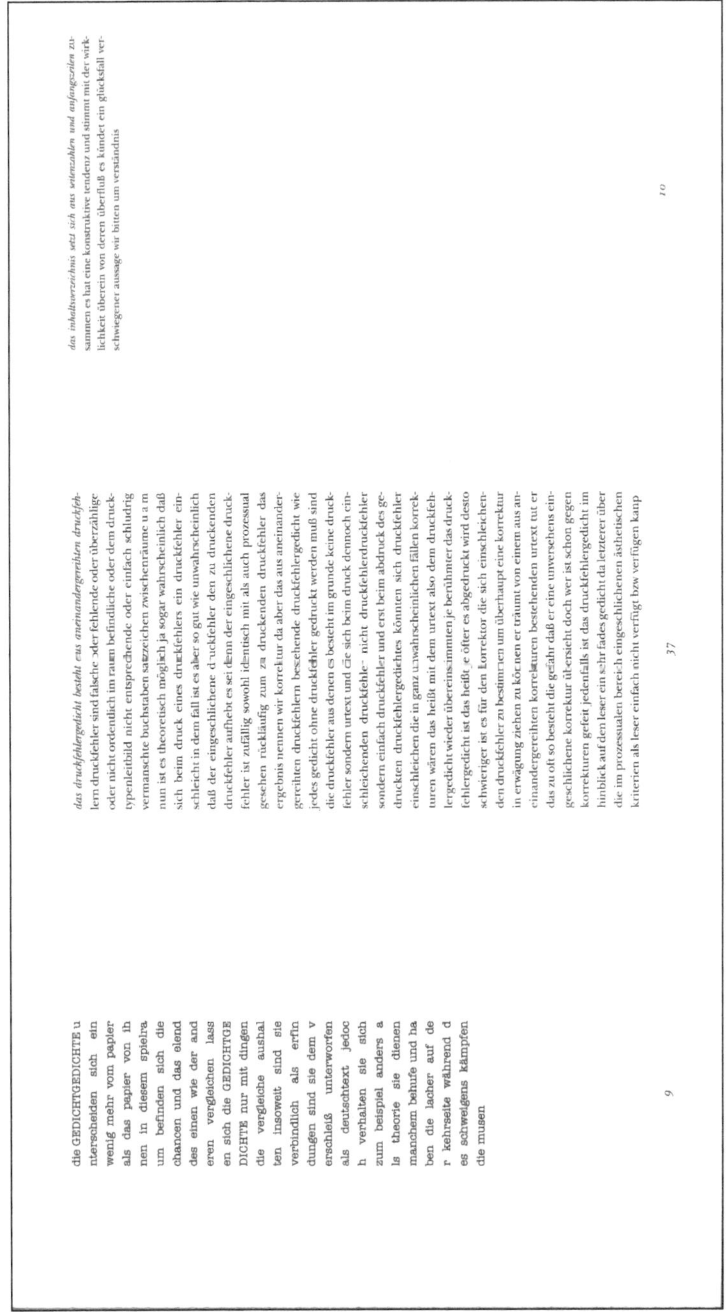

die GEDICHTGEDICHTE u
nterscheiden sich ein
wenig mehr vom papier
als das papier von ih
nen in diesem spielra
um befinden sich die
chancen und das elend
des einen wie der and
eren vergleichen lass
en sich die GEDICHTGE
DICHTE nur mit dingen
die vergleiche aushal
ten insoweit sind sie
verbindlich als erfin
dungen sind sie dem v
erschleiß unterworfen
als deutschtext jedoc
h verhalten sie sich
zum beispiel anders a
ls theorie sie dienen
manchem behufe und ha
ben die lacher auf de
r kehrseite während d
es schweigens kämpfen
die musen

9

das druckfehlergedicht besteht eus aneinandergereihten druckfeh-
lern druckfehler sind falsche oder fehlende oder überzählige
oder nicht ordentlich im raum befindliche oder dem druck-
typenleitbild nicht entsprechende oder einfach schludrig
vermanschte buchstaben satzzeichen zwischenräume u a m
nun ist es theoretisch möglich ja sogar wahrscheinlich daß
sich beim druck eines druckfehlers ein druckfehler ein-
schleicht in dem fall ist es aber so gut wie unwahrscheinlich
daß der eingeschlichene druckfehler den zu druckenden
druckfehler aufhebt es sei denn der eingeschlichene druckfehler ist zufällig sowohl identisch mit als auch prozessual
gesehen rückläufig zum zu druckenden druckfehler das
ergebnis nennen wir korrektur da aber das aus aneinandergereihten druckfehlern bestehende druckfehlergedicht wie
jedes gedicht ohne druckfehler gedruckt werden muß sind
die druckfehler aus denen es besteht im grunde keine druckfehler sondern urtext und die sich beim druck dennoch ein-
schleichenden druckfehler nicht druckfehlerdruckfehler
sondern einfach druckfehler und erst beim abdruck des ge-
druckten druckfehlergedichtes könnten sich druckfehler
einschleichen die in ganz unwahrscheinlichen fällen korrekturen wären das heißt mit dem urtext also dem druckfehlergedicht wieder übereinstimmten je berühmter das druckfehlergedicht ist das heißt je öfter es abgedruckt wird desto
schwieriger ist es für den korrektor die sich einschleichen-
den druckfehler zu bestimmen um überhaupt eine korrektur
in erwägung ziehen zu können er träumt von einem aus aneinandergereihten korrekturen bestehenden urtext tut er
das zu oft so besteht die gefahr daß er eine unversehens eingeschlichene korrektur übersieht doch wer ist schon gegen
korrekturen gefeit jedenfalls ist das druckfehlergedicht im
hinblick auf den leser ein sehr fades gedicht da letzterer über
die im prozessualen bereich eingeschlichenen ästhetischen
kriterien als leser einfach nicht verfügt bzw verfügen kanp

37

das inhaltsverzeichnis setzt sich aus seitenzahlen und anfangszeilen zu-
sammen es hat eine konstruktive tendenz und stimmt mit der wirklichkeit überein von deren überfluß es kündet ein glücksfall ver-
schwiegener aussage wir bitten um verständnis

10

Abbildung 2: Oskar Pastior: »Gedichtgedichte«, in: ders.: Werkausgabe, *Bd. 2: »Jetzt kann man schreiben was man will«, München/Wien 2003, 9f. und 37.*

Ohne sich in eine Diskussion um den Status des Postmodernen verwickeln zu müssen, kann man wohl festhalten, dass sich in Verbindung mit einer solchen Skepsis für die 1960er eine Experimentalisierung narrativer Schreibweisen beobachten lässt, die so grundlegend und verbreitet ist, dass man durchaus von einer – zumindest temporären – Verschiebung des Zeichensystems in dem Sinne sprechen kann, wie *Kybernetik und Gespenster* sie andeutet. Für eine kurze Skizzierung dieser Verschiebung möchte ich auf Calvinos Idee des Schocks zurückgreifen, derjenigen Irritation in der Umwelt eines Systems, die sich als so grundlegend erweist, dass sie die weiteren Reproduktionen des Systems verändert. In der Umwelt des Systems Literatur, nämlich in der Theoriebildung der Kybernetik, ereignet sich ein solcher Schock im Jahr 1959 mit der Publikation des Aufsatzes *What the Frog's Eye Tells the Frog's Brain.*[33]

Wie die beiden Schaubilder (Abb. 3/4) anzeigen, sind die Details, die Sachlage und ihr experimenteller Nachweis kompliziert. Die epochale Einsicht, die der Aufsatz transportiert, ist dagegen relativ einfach zusammenzufassen. Das, was ein Frosch sieht, was also seinem Gehirn übermittelt wird, hat mit dem, was in seiner Umwelt geschieht, nur sehr bedingt zu tun. Der Frosch ›sieht‹ nämlich und interagiert entsprechend nur mit solchen Objekten, die sich erstens schnell bewegen und zweitens die ungefähre Größe eines Insekts haben. Das ist gut für den Frosch, weil er auf diese Weise visuell nur zur Kenntnis nimmt, was ihn potentiell ernähren kann, aber schlecht für den Wissenschaftler, der ihn untersucht, zumindest, wenn er, wie die Autoren des Aufsatzes, kybernetisch geschult ist. Denn was für den Frosch als Beobachter des Teichs gilt, nämlich, dass seine Wahrnehmung bereits vor ihrer neuronalen Verarbeitung im Gehirn hochgradig selektiv und konstruiert ist, gilt ebenso für den Wissenschaftler als Beobachter des Froschs.

Die Konsequenzen dieser Einsicht sind weitreichend. Zum einen sind all solche Theorien, welche wie der Behaviorismus ihre beobachteten Systeme als schlichte *black boxes* bzw. als Widerstände von direkten Input-Output-Relationen behandeln, konsequent zu verabschieden. In den Worten Heinz von Foersters: »Instead of searching for mechanisms in the environment that turn organisms into trivial machines, we have to find the mechanisms within the organisms that enable them to turn their environment into a trivial machine.«[34]

33 | J. Y. Lettvin, H. R. Maturana, W. S. McCulloch, W. H. Pitts: »What the Frog's Eye Tells the Frog's Brain«, in: *Proceedings of the IRE* 47/11 (1959), 1940-1951.

34 | Heinz von Foerster: »Molecular Ethology. An Immodest Proposal for Semantic Clarification«, in : ders.: *Observing systems*, Seaside 1984, 171.

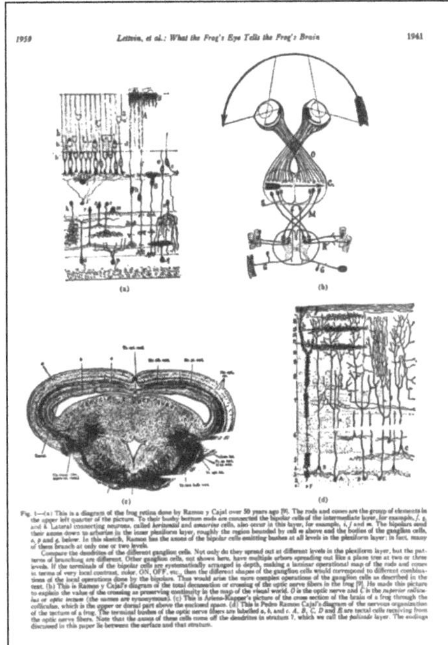

1959 Lettvin, et al.: What the Frog's Eye Tells the Frog's Brain 1941

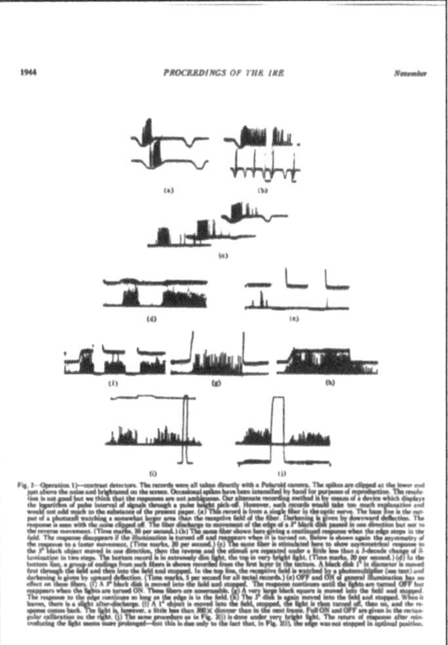

1944 PROCEEDINGS OF THE IRE November

Abbildung 3/4: J. Y. Lettvin, H. R. Maturana, W. S. McCulloch, W. H. Pitts: »What the Frog's Eye Tells the Frog's Brain«, in: Proceedings of the IRE *47/11 (1959), 1940-1951,1941 und 1944.*

Zum anderen ist die konstruktive Leistung nicht nur des beobachteten, sondern auch des beobachtenden Systems inklusive der Rückkopplungen, welche sich zwischen seinen Beobachtungen und dem von ihnen Beobachteten ergeben, theoretisch zu implementieren. Solche Implementierung ist charakteristisch für die zweite Welle der Kybernetik, die *second-order cybernetics.*[35] Entsprechend stehen noch deutlich vor der Entwicklung einer Konzeptualisierung autopoietischer Systeme die theoretischen Figuren des Beobachters und mit diesem zusammenhängend der Selbstreferenz im Zentrum ihrer Theoriebildung. Mit der Hilfe dieser Figuren kann nicht nur der Status des Theoretikers als Beobachter in die Theorie eingebracht, sondern auch aus der Kybernetik eine Kybernetik der Kybernetik werden. Erneut von Foerster, der in den 1960ern eine der Hauptfiguren dieses theoretischen *shifts* gewesen ist:

35 | Vgl. zu diesem Konzept und seiner historischen Entstehung Ranulph Glanville: »Second-Order Cybernetics«, in: Francisco Parra-Luna (Hg.): *Systems Science and Cybernetics, Encyclopedia of Life Support Systems* (developed under the Auspices of the UNESCO. EoLSS Publishers, Oxford: electronic), unter: http://cepa.info/2326 (Zugriff 15.09.2017).

»What is new is the profound insight that a brain is required to write a theory of a brain. From this follows that a theory of the brain, that has any aspirations for completeness, has to account for the writing of this theory. And even more fascinating, the writer of this theory has to account for her or himself. Translated into the domain of cybernetics; the cybernetician, by entering his own domain, has to account for his or her own activity. Cybernetics then becomes cybernetics of cybernetics, or second-order cybernetics.«[36]

Kehrt man vom Frosch und der Kybernetik zweiter Ordnung wieder zur Literatur zurück, sind mit den beiden theoretischen Figuren des Beobachters und der Selbstreferenz die beiden zentralen Schreibstrategien benannt, anhand derer sich die Verschiebung und Problematisierung literarischen Erzählens vollzieht, durch die sich die experimentelle Prosa der 1960er auszeichnet.

Damit soll selbstverständlich nicht gesagt sein, dass Beobachtung und Selbstreferenz 1960 plötzlich zum Thema der Literatur werden. Dies lässt sich wohl für die Literatur der verschiedensten oder aller Epochen behaupten. Neu ist vielmehr, dass sie zum einen *das* zentrale Thema auf der Ebene der *histoire* bilden und dass dies auf eine Weise geschieht, die an die epistemologischen Probleme der zeitgenössischen Kybernetik anschließbar ist. Zum anderen werden die beiden Figuren auf der Ebene des *discours*, also der Textproduktion und -gestaltung, zum Einsatz gebracht und zu literarischen Schreibverfahren moduliert, so dass im literarischen Text die Beobachtung selbstreferentiell und die Selbstreferenz beobachtet wird – oder noch schlimmer: die Beobachtung von Beobachtungen selbstreferentiell entfaltet bzw. die Selbstreferenz als solche in ihrer Selbstreferentialität literarisch beobachtet wird. Was hier manieriert klingt, ist es nicht selten auch in den literarischen Texten selbst.

Paradigmatisch für solche selbstreferentiellen Beobachtungsschleifen ist etwa Peter Weiss' *Der Schatten des Körpers des Kutschers*, erschienen 1960: ein Text, der sich selbst bzw. das Medium der Schrift dabei beobachtet, wie problematisch und fragil die Beobachtung und Verzeichnung der externen Wirklichkeit ist, in diesem Verschriftlichungsversuch des Beobachtens und seiner Problematisierung aber seine literarische Form findet.[37] Ror Wolfs *Fortsetzung*

36 | Heinz von Foerster: »Ethics and Second Order Cybernetics«, in: ders.: *Understanding Understanding. Essays on Cybernetics and Cognition*, New York 2003, 287-304, 289.

37 | Dass der Text dabei Parallelen zu den Schreibstrategien des *nouveau roman* aufweist, diskutiert Hans Esselborn: »Die experimentelle Prosa Peter Weiss' und der nouveau roman Robbe-Grillets«, in: Michael Hofmann (Hg.): *Literatur, Ästhetik, Geschichte. Neue Zugänge zu Peter Weiss*, St. Ingbert 1992, 29-48. Zum Bezug des Romans zur Beschreibungssprache der Phänomenologie vgl. Heinz J. Drügh: »›Dem schauenden Auge das Wort lassen?‹ Peter Weiss' Mikrogramm ›Der Schatten des Körpers des Kutschers‹ und die phänomenologische Deskription«, in: ders., Maria Moog-Grünewald (Hg.): *Behext von Bildern?*, Heidelberg 2001, 205-225.

des Berichts aus dem Jahr 1964 setzt das Projekt des *Schattens des Körpers des Kutschers* tatsächlich insofern fort,[38] als diese *Fortsetzung* die Konfrontation von Wirklichkeitsbeobachtung und ihrer Beobachtung im Medium der literarischen Schrift von der Wahrnehmung externer auf die Wahrnehmung interner Realitäten, also die Beobachtung der eigenen Gedanken, Gefühle, Erinnerungen etc., sowie die rekursiven Verschaltungen der beiden Bereiche ausdehnt.

Dass das Beobachten des Beobachtens nicht nur für die experimentelle Prosa der 1960er im Mittelpunkt der Aufmerksamkeit steht, sondern darüber hinaus auch für solche Texte das zentrale formbildende Verfahren bildet, die sich nicht immer schon der Beobachtung ihrer eigenen Performativität vollständig verschrieben haben, wird beispielsweise in Thomas Bernhards Erstling *Frost* (1963) deutlich. Die Konstruktion des Romans beruht darauf, dass seine Hauptfigur, der Maler Strauch, seine Beobachtungen über sich selbst und den desaströsen Zustand der Welt nicht direkt präsentiert, sondern diesen Beobachtungen mit dem Erzähler eine Instanz vorgeschaltet ist, die offiziell vom Roman bzw. dem Bruder des Malers die Aufgabe erhält, den Maler zu beobachten: Dieser Bruder, der Chirurg Strauch,

»verlangt von mir eine präzise Beobachtung seines Bruders, nichts weiter. Beschreibung seiner Verhaltensweisen, seines Tagesablaufs; Auskunft über seine Ansichten, Absichten, Äußerungen, Urteile. Einen Bericht über seinen Gang. Über seine Art, zu gestikulieren, aufzubrausen, ›Menschen abzuwehren‹. Über die Handhabung seines Stockes. ›Beobachten Sie die Funktion des Stockes in der Hand meines Bruders, beobachten Sie sie genauestens.‹«[39]

Aus solchen Beobachtungen von Verhaltensweisen und Beobachtungen besteht weitestgehend Bernhards Roman, dessen Pointe aber natürlich darin besteht, dass er dieses Beobachtungsverhältnis sowie die Veränderungen und den zunehmenden Distanzverlust, welche dieses Verhältnis in seinem Verlauf erfährt, wiederum beobachtet.[40] Wird auf diese Weise die Figur des Beobachtens auf mehreren Ebenen zum Konstruktionsprinzip von Bernhards *Frost*, wird in einem der österreichischen Avantgardeklassiker der Zeit, Konrad Bayers *der sechste sinn* genau umkehrt die Romankonstruktion oder auch die allmähliche Verfertigung des Romans beim Schreibens selbst zum

38 | Die Bezüge zwischen den beiden Texten finden sich aufgearbeitet in Kai U. Jürgens: *Zwischen Suppe und Mund. Realitätskonzeption in Ror Wolfs »Fortsetzung des Berichts«*, Kiel 2000.

39 | Thomas Bernhard: *Frost*, Frankfurt a.M. 1972, 12.

40 | Vgl. zur Charakterisierung und Funktionsweise des Beobachtens in *Frost* auch das entsprechende Kapitel in Nicolas Pethes: *Literarische Fallgeschichten. Zur Poetik einer epistemischen Schreibweise*, Konstanz 2016.

Beobachtungsgegenstand.[41] Vermittels der performativen Vorführung von Redundanzen und Automatismen, wie in dem folgenden Beispiel (Abb. 5), beobachtet sich der Text gewissermaßen bei seiner eigenen Entstehung und bietet in immer neuen fragmentarischen Anläufen eine Vielzahl möglicher Erzählungen an, ohne dass diese Potentiale realisiert werden würden:

franz goldenberg geht an seinen wackligen schreibtisch und schreibt in sein notizbuch:
freitag 10 uhr 30 aufstehen, städtische badeanstalt, 20 dkg leberwurst, 1 liter frischmilch, ½ laib schwarzbrot, butter, tomaten und zigaretten einkaufen. 14 uhr 30 postamt miete einzahlen. 15 uhr städtische bibliothek. 19 uhr nina bei leskowitsch (bis 19 uhr 30 warten!) oder 20 uhr 15 mirjam kino. tief einatmen! kein schweineschmalz!!
nachdem goldenberg um 10 uhr 30 aufgestanden war, ging er in die städtische badeanstalt, kaufte 20 dkg leberwurst, 1 liter frischmilch, einen halben laib schwarzbrot, butter, tomaten und zigaretten. um 14 uhr 30 zahlte er die fällige miete ein. um 15 uhr war er in der städtischen bibliothek. von 19 uhr bis 19 uhr 30 wartete er bei leskowitsch auf nina, dann traf er mirjam und ging mit ihr um 20 uhr 15 ins kino. wenn er daran dachte holte er tief atem. an diesem tag ass franz goldenberg kein schweineschmalz und nahm sich vor, es auch in zukunft nicht zu tun, der genuss von schweineschmalz fördert den haarausfall.
dann geht er zum spiegel, betrachtet die reflexion seines körpers und kratzt dem beweglichen foto die barthaare vom kinn, während er sich selbst wahrscheinlich ein gleiches oder gleichnis tut.
hernach in sein notizbuch (in der nacht):
samstag 10 uhr 30 aufstehen, städtische badeanstalt, 20 dkg leberwurst, 1 liter frischmilch, ½ laib schwarzbrot, butter, tomaten und zigaretten einkaufen. 15 uhr städtische bibliothek. 19 uhr nina bei leskowitsch (bis 19 uhr 30 warten!) oder 20 uhr 15 mirjam kino. fällige miete ist bezahlt. nicht mehr einzahlen! tief atem holen. kein schweineschmalz!!

Abbildung 5: Konrad Bayer: Sämtliche Werke, *Stuttgart 1996, 586.*

Bayers Text liefert eine Vielzahl an Beispielen dafür, wie eng experimentelle Schreibweisen und ihre Erforschung der Sprachmaschine mit dem Kalauer als nicht-avantgardistischer Variante der Ausstellung von Redundanz verwandt sind.[42] Ein solcher Kalauer findet sich auf den folgenden Seiten (Abb. 6), die aus nichts anderem als dem typographischen Versuch bestehen, eine

41 | Zur literaturhistorischen Einordnung Bayers und seinem Verhältnis zu Kybernetik und Computerkunst (sowie der recht überschaubaren Forschung zu Bayer) vgl. Janet Boatin: *Dichtungsmaschine aus Bestandteilen. Konrad Bayers Werk in einer Kulturgeschichte der frühen Informationsästhetik*, Bielefeld 2014.

42 | Vgl. zur Analyse des Textes und seiner Selbstreferentialität Oliver Jahraus: »Konrad Bayer: der sechste sinn. Roman«, in: Klaus Kastberger, Kurt Neumann (Hg.): *Grundbücher der österreichischen Literatur seit 1945*, Wien 2007, 77-83.

ninas weg war mit leichen gepflastert. »waren die schon vorher tot«, wollte dobyhal wissen. »ich soll immer alles wissen«, lieutenant casey war unwillig. »vielleicht ist das nur als BILD gemeint?« dobyhal ist wirklich eigensinnig. aber lieutenant casey gab auch gar keine antwort mehr. er hatte ja auch die frage nicht verstanden.

Ce jeudi de commençant avril, mon savant ami le maître Martial Canterel m'avait convié, avec quelques autres de ses intimes, à visiter l'immense parc environnant sa belle villa de Montmorency.
***Locus Solus* – la propriété se nomme ainsi – est une calme retraite où Canterel aime poursuivre en toute tranquillité d'esprit ses multiples et féconds travaux. En ce *lieu solitaire* il est suffisamment à l'abri des agitations de Paris – et peut cependant gagner la capitale en un quart d'heure quand ses recherches nécessitent quelque station dans telle bibliothèque spéciale ou quand arrive l'instant de faire au monde scientifique, dans une conférence prodigieusement courue, telle communication sensationelle.**
C'est à *Locus Solus* que Canterel passe presque toute l'année, entouré de disciples qui, pleins d'une admiration passionnée pour ses continuelles découvertes, le secondent avec fanatisme dans l'accomplissement de son œuvre. La villa contient plusieurs pièces luxueusement aménagées en laboratoires modèles qu'entretiennent de nombreux aides, et le maître consacre sa vie entière à la science, aplanissant d'emblée, avec sa grande fortune de célibataire exempt de charges, toutes difficultés matérielles suscitées au cours de son labeur acharné par les divers buts qu'il s'assigne.
Trois heures venaient de sonner. Il faisant bon, et le soleil étincelait dans un ciel presque uniformément pur. Canterel nous avait reçus non loin de sa villa, en plein air, sous de vieux arbres dont l'ombrage enveloppait une confortable installation comprenant différents sièges d'osier.
Après l'arrivée du dernier convoqué, le maître se mit en marche, guidant notre groupe, qui l'accompagnait docilement. Grand, brun, la physiognomie ouverte, les traits réguliers, Canterel, avec sa fine moustache et ses yeux vifs où brillait sa merveilleuse intelligence, accusait à peine ses quarante-quatre ans. Sa voix chaude et persuasive donnait beaucoup d'attrait à son élocution prenante, dont la séduction et la clarté faisaient de lui un des champions de la parole.
Nous cheminions depuis peu dans une allée en pente ascendante fort raide. A mi-côte nous vîmes au bord du chemin, debout dans une niche de pierre

assez profonde, une statue étrangement vieille qui, paraissant formée de terre noirâtre, sèche et solidifiée, représentait, non sans charme, un souriant enfant nu. Les bras se tendaient en avant dans une geste d'offrande – les seux mains s'ouvrant vers le plafond de la niche. Une petite plante morte, d'une extrême vétusté, s'élevait au milieu de la dextre, où jadis elle avait pris racine.
Canterel, qui poursuivait distraitement son chemin, dut répondre à nos questions unanimes.
»setz doch endlich deine brille auf«, nina ist jetzt wirklich zornig geworden.
ich bin aber nicht weitsichtig.
»setz deine brille auf!« nina wollte, dass ich meine brille aufsetze.
ich kann auch ohne brille sehr gut lesen.
»aber nicht alles!« was hat nur meine gute nina.
ich kann sehr viel ohne brille lesen
»C'est le Fédéral à semen-contra vu au cœur de Tombouctou par Ibn Batouta«, dit-il en montrant la statue – dont il nous dévoila ensuite l'origine.
Le maître avait connu intimement le célèbre voyageur Echenoz, qui lors d'une expédition africaine remontant à sa prime jeunesse était allé jusqu'à Tombouctou.
S'étant pénétré, avant le départ, de la complète bibliographie des régions qui l'attiraient, Echenoz avait lu plusieurs fois certaine relation du théologien arabe Ibn Batouta, considéré comme le plus grand explorateur du XIVe siècle après Marco Polo.
C'est à la fin de sa vie, fédonde en mémorables découvertes géographiques, alors qu'il eût pu à bon droit goûter dans le repos la plénitude de sa gloire, qu'Ibn Batouta aveit tenté une fois encore une reconnaissance lontaine et vu l'énigmatique Tombouctou.
Durant da lecture Echenoz avait remarqué entre tous l'épisode suivant.
Quand Ibn Batouta entra seul à Tombouctou, une silencieuse consternation persait sur la ville.
Le trône appartenait alors à une femme, la reine Duhl-Séroul, qui, à peine âgée de vingt ans, n'avait pas encore choisi d'époux. Duhl-Séroul souffrait parfois de teribles crises d'aménorrhée, d'où résultait une congestion qui, atteignant le cerveau, provoquait des accès de folie furieuse.
»WAS habe ich dir gesagt?« nina ist manchmal erschreckend.
ich setz die brille ja schon auf, und dann setz ich die brille auf, wirklich.

Abbildung 6: Konrad Bayer: Sämtliche Werke, *Stuttgart 1996, 612f.*

allzu konkrete Form der Problematisierung von Wahrnehmung, nämlich die Sehschwäche sichtbar zu machen und den Text in solcher Performativität vollständig aufgehen zu lassen.

Für die Frage nach dem Verhältnis von Kybernetik und Literatur sowie daran anknüpfend von menschlicher und maschineller Agency besonders interessant ist Konrad Bayer allerdings aufgrund eines anderen Witzes, den er auf Kosten der Maschinenhaftigkeit der Sprache gemacht hat. Sein Textprojekt *der vogel singt. Eine dichtungsmaschine in 571 bestandteilen* scheint sich nämlich eigentlich nahtlos in die hier vorgestellten Projekte einzureihen, welche in ihren Überblendungen von Menschen und Maschinen in der Literaturproduktion die theoretischen Phantasien der Kybernetik bedienen. Es gibt Konstruktionspläne, mathematische Formalisierungen, diagrammatischen Skizzen, welche zusammen offenkundig das Programm darstellen sollen, nach welchem der Text *der vogel singt* gebildet worden ist. Entsprechend ist der Text in den 1960er rezipiert und als kybernetisches »Rechenkunststück« gefeiert worden.[43]

43 | So Dietrich Segebrecht: »Sprachlose Wortwelt«, in: *FAZ* vom 11.10.1966.

Bayers Projekt scheint ein weiteres Beispiel für die Simulation einer automatischen Produktion von Literatur zu sein, für die Balestrinis Experimente oder die *autopoeme* Stickels stehen. Tatsächlich ist es nur die Simulation einer solchen Simulation. Der Vergleich zwischen dem Programm, wie es in Bayers verschiedenen Modellierungen vorzuliegen scheint, und dem textuellen Endprodukt offenbart nämlich, dass die von Bayer selbst aufgestellten Algorithmen schlicht nicht oder nur teilweise umgesetzt worden sind. Die entworfene Dichtungsmaschine und der von ihr angeblich produzierte Text stehen in einem allenfalls losen Zusammenhang. Eine festere Verbindung haben Text und Dichtungsmaschine nur durch die Person Konrad Bayer, der als Performance-Künstler suggeriert, es handle sich bei *ein vogel singt* um einen maschinell produzierten Text, sich als Autor aber an die Stelle der Maschine setzt und den Text dann doch lieber weitgehend autonom schreibt.[44] Auch dies eine kybernetische Überblendung von Mensch und Maschine, nur dieses Mal aus der Richtung des Humanen.

Für solche Überblendungen in beide Richtungen interessiert sich auch ein anderer Klassiker der österreichischen Avantgarde der Sechziger: Oswald Wieners *die verbesserung von mitteleuropa, roman,* in Buchform erstmals 1969 erschienen. Allerdings könnte die Auseinandersetzung mit der Kybernetik in Wieners Text im Unterschied zu den meisten der vorangehenden literarischen Beispiele expliziter kaum sein, da die Kybernetik zum einen eines der theoretischen Fundamente für die sprach- und medienkritischen Überlegungen des Romans und zum anderen das phantasmatische Fundament bereitstellt, auf dem der Text die Utopie eines ›bio-adapters‹ errichtet wird.[45] Dieser ›bio-adapter‹ präsentiert sich formal am Ende des ›Romans‹ als »essay« mit umfangreichen Anmerkungsapparat und wird im »appendix a« des Buches weiter erläutert. Seine Position im Textgebilde suggeriert also eine zentrale Stellung gegenüber den restlichen Ausführungen, was dadurch, dass die Erläuterungen zum ›bio-adapter‹ das längste, zusammenhängende Narrativ des Buches bilden, unterstützt wird. Dem entspricht auch seine inhaltliche Charakterisie-

44 | Ausführlicher erläutert dies Boatin: *Dichtungsmaschine aus Bestandteilen*, 218-232.

45 | Vgl. zur Rekonstruktion des wissenshistorischen Hintergrunds von Wieners Text und seinem Verhältnis zur Kybernetik Bernhard J. Dotzler: »Ergriffenheit – Gedankenflucht. Oswald Wieners experimentelles Schreiben und die Zäsur der Kybernetik«, in: Christoph Zeller (Hg.): *Literarische Experimente: Medien, Kunst, Texte seit 1950*, Heidelberg 2012, 73-94 sowie Thomas T. Tabbert: *Verschmolzen mit der absoluten Realitätsmaschine – Oswald Wieners »Die Verbesserung von Mitteleuropa, Roman«*, Hamburg 2005.

rung als »vollständige[] lösung aller welt-probleme, [...] chance unseres jahrhunderts: befreiung von philosophie durch technik«.[46]

Was derart isoliert ironisch klingt, ist es nicht oder zumindest nicht nur. Denn die Verschmelzung von Mensch und Maschine, welche der bio-adapter bis zum »abbau des nervensystems« und dem »aufsaugen der zellorganisation« vorantreiben soll,[47] bringt das Programm, dem sich dem voranstehenden Rest des Buches verschrieben hat, an sein konsequentes Ende. Dieses Programm lässt sich als Dekonstruktion des sprachlichen Systems, der Gutenberg-Kultur und vor allem des Bewusstseins, das von beiden produziert wird, einigermaßen treffend zusammenfassen. Allerdings findet sich eine solche wie auch jede andere mögliche Zusammenfassung von Wieners Text in Widerspruch zu seiner Form, die zugleich auf Fragmentarizität und rekursive Selbstwidersprüche wie auf kalauernde Eindeutigkeiten und die apodiktische Energie des Aphoristischen setzt.[48] Zur Illustration dieses Verfahrens sei nur einer dieser Widersprüche kurz zitiert. So heißt es auf der ersten Seite des Vorwortes, das ein Viertel des Gesamttextes ausmacht und bereits durch seine Länge seine Funktion als ›Vorwort‹ in Frage stellt, unter der Überschrift *»die sprache analysieren und anwenden,«*[49]

»die sprache aushorchen, die hoffnung dass eigenschwingungen der sprache die amplitude der information verstärken werden, mitteilen was in der sprache steckt, haben die vorfahren hineingelegt.
überall die sprache stärker als die intelligenz, man bildet sich geradezu an der sprache, vorbild, systeme entstehen und widersprechen einander und sich, spache: der stil der wirklichkeit«[50]

---

46 | Oswald Wiener: *die verbesserung von mitteleuropa, roman*, Reinbek 1985, CLXXV.

47 | Ebd., CLXXXII.

48 | Um eine treffendere und genauere Beschreibung der Ästhetik der *verbesserung* kann und soll es hier nicht gehen. Vgl. aber Martin Kubaczek: *Poetik der Auflösung. Oswald Wieners »die verbesserung von mitteleuropa, roman«*, Wien 1992 sowie Bernhard J. Dotzler: »Automaten-Studien, kalauernd, oder: Der neue Minnedienst. Aber ja doch, *schon wieder...*: Oswald Wieners *die verbesserung von mitteleuropa, roman*«, in: Klaus Schenk, Anne Hultsch, Alice Stašková (Hg.): *Experimentelle Poesie in Mitteleuropa. Texte – Kontexte – Material – Raum*, Göttingen 2016, 263-279.

49 | Dass der Fließtext des Zitats nahtlos an die Überschrift anschließt, stellt eine weitere Verunsicherung einer Ordnung, nämlich der Grenze zwischen Überschrift und Überschriebenem, zwischen verschiedenen Ebenen der Kategorisierung dar, mit welcher der Text in unterschiedlichen Formen spielt.

50 | Wiener: *verbesserung von mitteleuropa, roman*, XI.

Was sich zunächst als Formulierung eines ästhetischen Programms liest, das zwar von keinem direkten oder unproblematischen Abbildungsverhältnis zwischen Sprache und Wirklichkeit ausgeht, aber dennoch recht optimistisch postuliert, dass die ›Sprache ausgehorcht‹ werden kann und sie zumindest mit der Wirklichkeit als ihr ›Stil‹ verknüpft ist, erweist sich bald als obsolet und widerlegt. So zum Beispiel wenn es heißt: »die historische bedeutung wieners besteht darin dass er sich nicht der falschheit seiner sätze schämte, ganz im gegenteil. er schämte sich nicht der falschheit seiner sätze. zweitens mochte er die sprache nicht leiden. schon zu lebzeiten war er drauf stolz. sehr sehr stolz.«[51] Oder auch, nach Wechsel der Fokalisierung und Stilebene: »und auch die sprache werde ich mit scheisse beschicken, geradezu wortwörtlich. die liebe zur sprache muss man mit exzessen neutralisieren«[52]

Auf diese Weise stellt sich Wieners *verbesserung* als ein Anlaufen gegen die Sprachmaschine in ihrem eigenem Medium, mit ihren eigenen Mitteln dar. Der Text führt einen Biblioklasmus vor, der einerseits auf der Ebene der Aussage widersprüchliche Deskriptionen desselben Sachverhalts miteinander konfrontiert und verschiedene Formen ihrer Performativität gegeneinander ausspielt. Andererseits bringt er auf der Ebene der Medialität und Materialität des Aussagens die verschiedenen Medien, die ein Buch enthalten kann, gegeneinander in Stellung. So steht das Schreiben als Praxis, als Vollzug der fixierten Schrift gegenüber, die geschriebene wird der gesprochenen Sprache entgegengesetzt, die Ordnung des Buches, der Typographie, der Paratexte wird durch das Chaos ihrer Inhalte ins Absurde gestellt etc. Bereits der Titel *die verbesserung von mitteleuropa, roman* entwirft eine Kampfzone, innerhalb derer unklar bleibt und bleiben soll, ob der »roman« des Titels das Thema des Textes oder das Genre des Textes oder das Genre als Thema des Textes benennen soll.[53] Bezeichnet der Text sich selbst als Roman oder als Vorführung der epistemologischen Unmöglichkeit eines romantauglichen Narrativs? Man weiß es nicht und kann es nicht entscheiden.

Was man aber festhalten kann, ist, dass *die verbesserung von mitteleuropa, roman* mit all den verschiedenen aufgeführten Verfahren die Funktionsweisen der Sprache vorzuführen sucht und den Aufstand gegen die Maschinerie der Sprache erprobt. Wieners Textexperiment lässt sich somit insofern als eine radikale Verlängerung der zuvor dargestellten Dichtungsmaschinen und der kombinatorischen Beschreibungs- bzw. Produktionsversuche des Literarischen beschreiben, als es sich nicht mehr nur – wie diese – von den Fragen

51 | Ebd., XXXIX.

52 | Ebd., XXXIV.

53 | Vgl. hierzu Georg Stanitzek: »Komma: ›die verbesserung von mitteleuropa, roman‹«, in: Helga Lutz, Nils Plath, Dietmar Schmidt (Hg.): *Satzzeichen. Szenen der Schrift*, Berlin 2017, 109-114.

fasziniert zeigt, inwiefern Maschinen und Computer menschliche Kreativität und Produktivität ersetzen können und inwiefern sich Sprache formalisieren und mathematischen beschreiben lässt. Wieners Roman geht deutlich über diese Problematisierung menschlicher Handlungsmacht hinaus, indem er davon ausgeht, dass Subjektivität immer schon lediglich ein Effekt der Sprachmaschine gewesen ist.

Zum einen wäre also die Vorstellung, diese Maschine steuern und beherrschen zu können, als illusorisch zu entlarven, zum anderen aber auch die Phantasie, dass überhaupt handlungsmächtige Individuen existieren, als Effekt des sprachlichen Systems zu enttarnen, welches nicht nur solche Individuen als ihre Programme steuert und ihr Verhalten designt, sondern die Position des Subjekts allererst hervorgebracht hat. Folgt man dieser Einsicht, ist es nur konsequent, dass solcher Maschinerie in der *verbesserung von mitteleuropa, roman* nicht durch die Beschwörung authentischer Subjektivität und kreativer Einbildungskraft, sondern ausschließlich durch die kybernetische Theorie und die Installation einer anderen Maschine, eben des erwähnten ›bio-adapters‹, der sämtliche Phantasmen menschlicher Individualität aus dem Körper und seinem Gedächtnis löscht, etwas entgegengesetzt werden soll.

The Computer Never Was a Brain, or the Curious Death and Designs of John von Neumann

Benjamin Peters

And it wasn't functioning anymore.
Edward Teller on John von Neumann's brain

Even when it was most tempting, John von Neumann resisted the neuro-hubris of the computer-brain analogy he helped create. Indeed, in his deathbed lectures *The Computer & the Brain,* he grants certain aspects of the analogy "absolute implausibility".[1] The distance between neuroscience and computer science has grown more obvious since he was writing in 1956: nevertheless, the ripple effects of that troublesome analogy live on in not only the current moment of so-called "smart machines" but in modern approaches to designing not only the behavior of human cognition, but life and death itself, into machinery. This essay explores one moment in how twentieth-century information scientists and technologists came to situate designs on human behavior in computing, cognition, and communication discourse, and in the process encountered the limits of those design in the computer-brain analogy.

The literate world has endured, especially since the postwar period, a steady and ever increasing stream of articles, books, and pundits declaring the coming convergence of mind and machine in the age of artificial superintelligence.[2] Central to such futurism, of course, is the analogy between the computer and the brain collapsing into a singular reality. The details of these projected realities of such a computer-brain merger are, of course, many and diverse: Hermann von Helmholtz envisioned a nervous system in the transmission logics of telegraph networks of the late nineteenth century while commentators in the early twenty-first see democratic intelligence leavening

1 | John von Neumann: *The Computer & The Brain* [1958], Yale 2012, 72.

2 | Nick Bolstrom: *Superintelligence: Paths, Dangers, Strategies,* New York 2016.

crypto-currencies and blockchain, a distributed ledger central to many current ›smart‹ data imaginaries.[3] Throughout the annals of the twentieth-century age that connects these two examples, the dual images of the digital computer as a brain and the brain as a digital computer have proven hardy perennials for imagining a new class of superintelligent creatures—or, as the futurist Vernor Vinge wistfully put it, "the eminent creation of entities by technology of greater than human intelligence."[4]

Of course, the history of human attempts to mechanize the mind—and in particular to proffer mechanical designs for cognitive behavior—long predate the somewhat narrow history of artificial intelligence springing from von Neumann, Allen Newell, and Herbert Simon in the 1950s. To begin a potted history with a relatively late example, René Descartes held up the regularity of mechanical clocks and automata that moved and sang for the aristocratic seventeenth-century Europe as models of psychological capacity—indeed, the fact that he could reject these devices as ›mere‹ mechanism suggests, at a basic level, the emergence of the modern naturalist philosophical perception, soon championed by Thomas Hobbes *against* Descartes, that cognition and mechanical designs might share, in a prescient seeding of the Darwinian revolution to come, an irreducibly materialist nature; whereas Descartes sought to police the boundaries of humanity more closely, for Hobbes, all intelligence—animal, mechanical, social—is the product of mechanisms, and the mind is matter fit for thinking. (Perhaps the distance between the monarchy in his *Leviathan* and the Colossus computer of Bletchey Park is not so great.)

The subsequent two centuries saw the construction of mechanical automata such as chess-playing Turks, defecating ducks, and mechanical accounting systems, which in turn made for the slow interweaving of cognition, computation, and behavioral design across a range of innovations in the nineteenth century such as the programmable Jacquard looms, Charles Babbage's (never completed) Analytical Engine, (George) Boolean logic, the surgeon Alfred Smee's experiments on deducing instinct and reason from what he called "electrobiology," and the development of communication engineering and communication theory in the wake of the global spread of the electronic telegraph; these intellectual threads would converge such that, in 1887, *the American Journal of Psychology* saw no contradiction in Charles Sanders Peirce's speculations about "logical machines."[5] Suffice it to note that each of

3 | Timothy Lenoir: *"Helmholtz and the Materialities of Communication"*, in: Osiris 9 (1994), 184-207.

4 | Vernor Vinge: *"The Technological Singularity"*, *1993*, at https://www.frc.ri.cmu.edu/~hpm/book98/com.ch1/vinge.singularity.html (accessed 29.09.2017).

5 | Charles Sanders Peirce: *"Logical Machines"*, in: The American Journal of Psychology I (1887), 125-170.

these actors appears to have understood something that is all too often lost in contemporary debates about computing and the mind: namely, that artificial intelligence has long been and, even in the current moment of machine learning breakthroughs, largely remains fundamentally a *philosophy*—and a humane philosophy at that. For that reason, it is not a mistake, I argue, to welcome in the history of mind-computer analogies a broader family reunion of natural philosophers, political thinkers, and ethicists preoccupied with the question of designing human cognition. In particular, what can we learn from how humans, mortal creatures that we are, have confronted the limits of human cognition in designing the very automation set to overcome those limits?

The case of John von Neumann stands out in the mid-twentieth-century history of cybernetics, the mechanization of mind, and artificial intelligence. A Hungarian émigré and polymathic mathematician to the United States, von Neumann—whose work inspired his closest friend the mathematician Stanislaw Ulam (1958) to coin the term ›singularity‹ referring to technological change—is known for nearly continuous feats in mathematics, quantum physics, economics (co-inventing game theory), statistics, and computing, including designing the principal architecture for modern computing, especially the ENIAC.[6] No asocial outcast or isolated brain, von Neumann lived life to its earthy fullest, wearing the finest three-piece suits, recounting off-color jokes, and indulging hospitality, cordiality, and networks of power wherever he could. Such a *bon vivant* was capable of counting everything but calories, as his second spouse Klara von Neumann once quipped. He was also intimately involved in America's entrance into the nuclear and computer age, given that he served as a visiting consultant to the Manhattan Project and helped devise the implosion device for the first Trinity nuclear detonation and later the devastation wrecked upon Nagasaki.[7] It was likely in this very work designing the mechanisms of mega-death that he contracted the cancer that ended his life in 1957 at the age of 53.

Rarely more than one step removed from the legend and lore of the American superpower science, von Neumann's final published work brought together the issues of computers, minds, and (given his irradiated, failing health) mechanized death in the prestigious Silliman Lectures that he gave at Yale University in 1956, which was posthumously published in 1958 as the unfinished book *The Computer & the Brain*. This work, in turn, stimulated

6 | Stanislaw Ulam: "Tribute to John von Neumann", in: *Bulletin of the American Mathematical Society* 64/3/2 (May 1958), 5.

7 | Cf. Steve J. Heims: *John von Neumann and Norbert Wiener, from Mathematics to the Technologies of Life and Death*, Cambridge/MA 1980; Giorgio Israel, Ana Millan Gasca: *The World as a Mathematical Game: John von Neumann and Twentieth Century Science*, Basel 2009.

interest and imagination for artificial immortality in coming generations, while also drawing on the mathematical foundations laid by other scientists turning toward cognitive science, such as Warren McCullough's work on logic in neural networks, Norbert Wiener's 1948 *Cybernetics*, George Miller's contention in 1951 *Language & Communication* that language could be studied through information theory, and especially W. Ross Ashby's *Design for a Brain* as perhaps the behaviorist consolidation of adaptive behavior in the computer and the brain. Yielding slowly to the malignant bone cancer spreading from his left shoulder through his body in 1956, von Neumann extended his mental faculties in these lectures toward its own general problem: how might one extend the mind itself into the logical operations of the digital computers he designed?

Given the obvious urge to transcend death, we may encounter the temptation to repeat the line that perhaps "Johnny von Neumann, who knew so well how to live, did not know how to die".[8] The instinct to fault a human, on the brink of death, for pursuing artificial extensions to life is only part right, however—and in fact his text, despite being interpreted otherwise, complicates generations of subsequent naïve transhumanist readings and its critiques. Perhaps von Neumann did know how to die—perhaps not. What rings obvious from his lecturers is that, for him, never did the digital computer appear that much like a brain, nor the brain like a computer, despite his best attempts to analogize the two. Von Neumann, the same man often credited with sparking interest in the ›electronic brains‹ revolution, could not, in the end, bring himself to believe that the comparison between digital computers and human brains was ever much more than that—a comparison. The subsequent popularity of the analogy in the subsequent generation of artificial intelligence research as well as modern-day tech talk has not sufficiently reflected the fact that, in this deathbed text at least, the computer-brain analogy was built to be broken.

This essay, which summarizes his lecturers in context of his death, lays out historical and theoretical commentary on why the computer-brain analogy has proven as resilient as it has misleading. In particular, it is precisely the felt mismatch in von Neumann's book between, on the one hand, his impulse to couple the computer and the brain and, on the other, his faithfulness to reason and evidence that renders him incapable of actually doing so that stands as a moving witness to the intertwined character of the transhumanist instinct to transcend death through technology as well as its antithesis, a thoroughgoing grounding in his own mortal condition. In other words, von Neumann sought a species-transcending union of computer and mind at the very moment his cancerous body could no longer sustain his mind, but it was precisely the limits of his mind and body that led him to assert no more than the flimsiest bridge

8 | MacRae: *John von Neumann*, 378.

between brain and computer, and thus, in the process, to conclude his own life of the mind.

Rereading the Text: Reinserting the "&" in von Neumann's *The Computer & The Brain*

Throughout this text *The Computer & the Brain,* von Neumann seemingly *wants* but cannot bring himself to analogize the computer and the brain—and in some ways it is the former fact that proves most interesting.[9] For example, he concludes a section exploring how precise a brain must be "when looking at the nervous system as at a computing machine" (he notes that, due to the complex networks in the brain, neural computation must be far more precise than a computer—perhaps 12 decimals of precision deep) by admitting that "this conclusion was well worth working out just because of, rather than in spite of, its absolute implausibility" (76). In the phrase "just because of" he admits that his conclusion—the brain, when viewed as a computer, must be far more precise than a computer—is nonsense, yet nevertheless some kind of *worthwhile* nonsense. Why, for von Neumann, is this and other "absolutely implausible" conclusions worth entertaining?

The whole book—a short 83 pages in its third edition (plus 51 pages of combined forewords from Klara von Neumann, Paul and Patricia Churchland, and Ray Kurzweil)—is an experiment upon the grand cybernetic analogy between biological and mechanical computational information systems. Some, but not all, of his interpreters accommodate this reading. In the 1957 edition, Klara von Neumann lays out the backstory of the lecturers writing and his death without commenting on the computer-brain analogy; in the 2000 edition, Paul and Patricia Church hedge their bets and stay ambiguous about the end analogy, while in the 2012 edition of the book, Ray Kurzweil reverses courses by widely crediting the text with naming the brain a digital machine, a year before publishing his own popular and speculative book *How to Create a Mind: The Secrets of Human Thought Revealed* (2013), which advances brain-computer parallels of mental data processing and brain algorithms to its full extent. Perhaps it was a stretch too far for Kurzweil to imagine the most famous brain of the twentieth-century pontificating about the *limits* of the brain, although he at least hedges that "there are very few discussions in this book that I find to be at significant odds with what we now understand." Indeed, despite Kurzweil's claims otherwise elsewhere, the last three generations of neuroscience have revealed, as von Neumann thought, just how unlike the two are. Given how limited our understanding of the brain, we may now see more clearly what

9 | Neumann, von: *The Computer & The Brain.*

von Neumann understood—the computer-brain analogy was broken before it was built. The most significant and neglected part in his famous title, *The Computer & the Brain*, in other words, is the "&"—the other two terms are not even approximate equivalents.

Indeed, in the text, von Neumann never concludes that the brain resembles a digital computer except in the most surface ways, and much less so does he argue that a digital computer is brain-like. In fact, von Neumann spends a clear majority of the short text *distinguishing* between the brain and the computer. His list of dissimilarities runs long: the computer processes serially and with high precision, while the brain does so in parallel and with low precision; the average neuron is exponentially smaller, slower, and more complex in its connections than the average transistor; the basic operations of computer and neuronal memory share a common vocabulary (for example, both have storage capacities embodied in automatic networks of active elements, whether nerve cells or "flip-flop" vacuum-tubes pairs), but little else; and, as he concludes, the brain and the computer presume wholly separate operating languages.

His hypothesis for testing, however, is the opposite—to claim that the brain's "functioning is *prima facie* digital." This phrase *prima facie*—or that which appears true at first glance until later proven incorrect—crisply illustrates the distinction between desire to believe and the shortage of evidence for supporting the brain as anything more than, in a choice phrase, a superficially "digital organ." What was functionally digital then? Only the comparison between most elemental unit of neurons and transistors: every neuron has, von Neumann writes, "an essentially reproducible, unitary response to a rather wide variety of stimuli" (4)—and it was this unitary response, either a neuron will or will not emit a pulse, that "is clearly the description of the functioning of an organ in a digital machine" (43). This fact alone "therefore justifies the original assertion that the nervous system has a *prima facie* digital character."

His argument is structured around exploring the limits of this primary claim, which recognizes that the claim of the brain's *prima facie* digital quality involves "some idealizations and simplifications," a phrase he repeats several times throughout the text. Indeed, in light of these dissimilarities, he admits, "the digital character no longer stands out so clearly and unequivocally" (43-44). Later he notes that "neurons appear, when thus viewed, as the basic logical organs—and hence also as the basic digital organs." By this he seems to suggest that the on-off character of a neuron permits, in theory, their organization into the equivalent of "and" and "or" and "not" logic gates. However, as soon as he notes the theoretical possibility and its much-heralded consequence—that the brain could be the equivalent of a neural Turing machine (among other less idealized meetings of Claude Shannon's master's thesis with Warren McCulloch's work on neuronal networks)—he also immediately sets it aside. Instead of pursuing idealized computational theories, he describes actuallyexisting biological complications in neural networks, noting that, depending on location of the connection along the neuron, the resulting pathways in the brain may produce "even more complicated quantitative and geometrical relationships that might be relevant" (55). Subsequent research into the neuronal networks have confirmed the extraordinarily complex and, in many ways, still opaque nature of mental gray matter.

He further compares these two most elemental units behind, in his paired phrasing, these "natural and artificial organs" or "artificial and natural automatons": namely, he evaluates the neuron and the transistor according to their speed, size, and organization of their discrete actions, with the preferred medium being (in an anticipation of countless media and communication advertisements) smaller, faster, and more immediate. His calculations conclude that the neuron is about a hundred million to a billion times smaller as well as over a thousand times (he estimates a factor of to) slower than the transistor. Anticipating that the transistor would shrink in subsequent generations (as it has), even the promise of the future (and our present) enjoying a potentially compatible scale of neuron-transistor does not distract von Neumann from noting that, even then, organic neurons and mechanical transistors are likely to be organized and structured very differently: "large and efficient natural automata are likely to be highly parallel, while large and efficient artificial automata [... are likely to be] serial" (51). This conclusion reaffirms the serial design of computer processors built into von Neumann computer architecture that routes one bit of data through the bus one at a time, while also licensing almost an endless number of possible alternative structures of neural networks. The brain and the computer, he insists, are almost sure to be organized differently: "Hence the logical approach and structure in natural automata may be expected to differ widely from those in artificial automata" (52); as a result, digital computers will have "systematically more severe" memory requirements than brains.

In other words, if one embraces the tenuous and superficial digital similarity between the neuron and the transistor (which von Neumann both courts and resists), one must also adopt a much broader definition of the term: indeed, the term *digital* would seem to describe any operation that introduces into a system a binary threshold or on-off mechanism. This position, which von Neumann first established at the first Macy Conference on Cybernetics in 1946, ushers in a previously neglected mind-bindingly broad class of other superficially digital techniques and sign practices: not only is the neuron *prima facie* digital, so too, by his definition, is the push button, bureaucrat's stamp, the flip of a coin, the strike of a drum, early lithic blades, and perhaps the horizon between heaven and earth itself.[10] Each operation introduces a discrete on-off threshold; either the button is pushed, the paper stamped, the coin faces heads up, the drum struck, the material cut, the environment earthy—or it is not. To be digital, perhaps, is simply to be or not to be in a certain state. Even if one rejects this speculative vein of thinking (which I will set aside for another time), it is not clear how one could anoint the brain a holy digital organ without also naming many other systems—such as peripheral nervous systems in animals—*prima facie* digital.

In what follows I build on this disputable digitality of the brain in order to reason that von Neumann—and so many before and since—gravitated to the digital brain-computer comparison, and not so many others, not because of any native operational similarities between a brain and a digital computer. Rather he offered the analogy for the romance of the comparison that reveals *post facto* a felt human instinct animating so much of digital technological discourse—namely the deep-seated desire to transform with cutting-edge technology the seat of the self, imagined by moderns to be the brain, into a kind of throne of information immortality.

The Final Confession of von Neumann

In 1956, the same year that von Neumann was invited to give the prestigious Silliman lecturers at Yale University, personal tragedy struck: von Neumann developed a malignant and ultimately fatal cancer likely sped by his exposure to irradiated materials that he encountered in his role consulting at the Manhattan Project. According to Klara von Neumann, even as his deteriorating health forced him, in 1956, to abandon other major responsibilities—including his recent appointment on a series of councils and commissions in DC—he nevertheless insisted on working on these lectures to the end, even though his infirmities kept him from delivering them in full (xlv-li). Edward Teller, ›father of the hydrogen bomb‹ reflected on von Neumann's passing. Teller stressed that the decline of a great brain might cause it suffering greater than all others. Indeed, the statement that "I think that he suffered from this loss more than I have seen any human to suffer in any other circumstance" is made all the more incredible by the fact it comes from Teller, an outspoken political advocate for nuclear bombs, even in times of peace—presumably the very person likely to have had the most cause to consider the scale and scope of human suffering. Teller's reversion, in his most intimate moment, to the functionalist language

10 | Claus Pias (ed.): *Cybernetics: The Macy Conferences 1946-1953*, Berlin/Zürich 2003, 60-68.

of the brain as "it wasn't functioning anymore", revealingly operationalizes intimate and tragic moments of human lives.

Whatever else one may say, it is clear that von Neumann did not decline peacefully. This desperate situation—crippled by pain and agonizing as he watched his mind, perhaps for the first time, begin to slip from his control—underscores just how significant it is, again, that von Neumann turned to offer, as best he could, a final (and in some ways first) argument about the brain and computer analogy. Indeed, the computer-brain analogy may be said to stand as von Neumann's final temptation, sacrament, and confession: perhaps no other choice would be more likely to reach beyond the living limits of mental work than von Neumann's choice to write on computers and brains approaching his own death. Von Neumann both held to and pressed beyond the limits of his secular worldview in his final days, calling for a Catholic Priest, taking his last sacraments while recounting both Pascal's wager and old Latin prayers from memory.[11] That the promise of Catholicism, alongside the computer-brain afterlife imaginary (e.g., that the computer might be enough like the brain to extend the activities of one's neuronal nets) moved a man both haunted and poisoned by the tools of nuclear mega-death that he helped develop is telling; however, more moving still is that, even in his deathbed witness, he maintained that his own most tempting grand cybernetic analogy was still, on balance, more wrong than right.

We cannot be sure why the text does not more either complete or critique the analogy. It could be because his faith in the metaphor failed. It could be because the body behind his mind failed. Perhaps it is—or even their merger into the same point: the brain is not like the digital computer except in the most superficial sense. Perhaps it was his increasingly crippled condition, (one colleague noted that "we could never keep up with the speed of his speaking until sadly in the last year in the hospital, we could") then that, in a final act of unintended grace, kept him from having to spell out, in writing, his final judgment on the commensurability of the brain and the computer.[12] Mortality—his most uncomputer-like condition—saves him from having to conclude his final confession.

Conclusion

At a glance, it seems perfectly evident why a leading polymath, on the brink of collapse, might experiment upon a brighter technological future in which the mind might be freed from the mortal flesh, indeed precisely the excruciating

11 | MacRae: *John von Neumann*, 377-380.

12 | Ibid., 378.

pain and death he was suffering from the bone cancer he likely contracted while working with nuclear materials in the Manhattan Project during World War II. His deathbed lecturers—partial and short as they are—also suggest his iconic and complicated embodiment in the time and place of the early nuclear age. His death, as his life, witnesses not only humanity's instinct for intellectual transcendence but also the wretched blessedness of its embodied finitude. His death signals a stirring reminder that even the most "open minds" in the midcentury were willing to calculate mega-deaths of others without ever fully reconciling with one's own.[13] His final text at once seeks, refuses, and ultimately falls short in analogizing the superhuman union of the computer and the brain.

Let us, with von Neumann's resistance to his own analogy in mind, diagnose and treat the strain of neuro-hubris in contemporary computing thought. To be clear, I see no reason to be against the brain-computer analogy as an analogy itself. There's *ipso facto* nothing wrong with analogizing the brain with the most recent technology, provided we acknowledge it is bound to get the technology wrong. The spirit of Hebrew clay, the Roman aqueduct, the hydraulics of the humors (and its eventual Cartesian pump), the medieval catapult, Freud's steam engine, Helmholtz' telegraph, and today the holograph, among a host of other new media, have all been compared to the brain and its neural system. (New media cannot help but evoke old concerns.) Still, a simple glance at brains and computers should suggest the literal and lexical comparison to be nonsense: mammalian brains—equipped with maternal, sound, smell, sight, touch, and other reflexive instincts from birth—share little in common with the rules, lexicons, algorithms, memories, subroutines, decoders, processors, and buffers that run computers. Even on its own terms, the computer remains indisputably unlike the brain. We may even put a twist onto Vannevar Bush's famous 1945 essay, in which he envisions the potential of computing memory to do so much more than destroy: perhaps the most sustainable model of computing, both past and future, lies in abandoning models "as we may think."

Instead, we may now set aside the computer-brain analogy, and with it refresh scrutiny of its larger frames: the evolutionary analogy that humans are animals and the cybernetic analogy that humans are machines. Of course, in a strict sense, neither is wrong: humans are both animals and machines, yet none of this has clarified our ongoing search for ways to design the mechanisms of self-control—be it the psyche, the computer, or civil society: such designs for the devices for their control have variously been understood over the ages as embodied spirits and helmsmen, hydraulic and mechanical devices, electronic and optical metaphors, and—the coin of the current media environment—

13 | Jamie Cohen-Cole: *The Open Mind: Politics and the Science of Human Nature*, Chicago 2014.

cumputational mechanisms. That humans find so many analogies so fertile is itself a healthful reminder of where the computer falls far short of the human brain; perhaps the most human feature, as we see in von Neumann, is the capacity to see more than exists in the design of a machine; and *that* quality of interpretation—the very quality that appeals to the transhuman and to peek, with von Neumann, beyond the finitude of our beings—is ultimately precisely what makes us human.

Of course, none of this will keep visionary researchers and tech propagandists—from futurists like Kurzweil to physicist Stephen Hawkins to the philosopher Nicholas Bolstrom—from offering up new waves of analogous terms for understanding the design of smart machines: recent claims holds that the computer and the brain operate by shared "field-programmable gate arrays" and that neurons and computational primitives are bound to unite as the "software" of human consciousness is uploaded to superintelligent computer networks, a kind of digital deification. In so doing these claims will continue the transhumanist instinct, if not the conclusion, of von Neumann as well as one of the central tasks, and hubrises, of the information age—the convergence of computing, communication, and cognition designs.[14]

14 | My thanks to Mark Brewin, Lincoln Cannon, Joli Jensen, Tamara Kneese, and Christina Vagt for their helpful comments and criticisms.

Benutzerfreundlichkeit

Idiosynkrasie der Personal Computer-Industrie

Sophie Ehrmanntraut

Ende der 1970er stellten sich neue Fragen hinsichtlich des Designs der Mensch-Maschine-Schnittstelle. Computerforschung und -industrie schufen mit dem Personal Computer einen neuen Markt für Computertechnologie, der sich an Konsument*innen richtete. Mit dem *neuen* persönlichen Computer, so eine erste Hypothese, wurde jedoch keine neue Technologie vermarktet, sondern das Versprechen, die Menschen von körperlicher und geistigen Restriktionen und gesellschaftlichen Abhängigkeiten zu befreien. Die kleinen Computer, die auf den Küchentisch oder ins Kinderzimmer passten, wurden zum Image einer neuen Industrie. Mit ihnen wurde die Idee beworben und verkauft, Computer erleichterten und verbesserten das Leben, indem sie ihre User darin unterstützten, ein selbstbestimmtes Leben zu führen. Die Idee wiederum weckte ein allgemeines Begehren nach Computertechnologie.

Wer die Architektur kennt, auf deren Grundlage bis heute alle Computer gebaut werden, fragt sich jedoch, was an PCs neu war. Wie bei allen digitalen Computern handelte es sich auch beim Personal Computer um eine gebaute Turing-Maschine bestehend aus einer Steuereinheit, die Lese-, Schreib- und Speicherfunktionen ausführt, und einem Speicherband.[1] Mit der Einschränkung, dass nur ein Teil der berechenbaren Probleme mit der damals zur Verfügung stehenden Computerhardware praktisch handhabbar war, kann mit einer Turing-Maschine – daran hat sich bis heute nichts geändert – potentiell jedes berechenbare, d.h. formal als Algorithmus beschreibbare, Problem gelöst werden. Wenn der Computer um weitere Hardware für Input (Tastatur, Maus) und Output (Monitor) erweitert wird, die später zur Standardausstattung von PCs gehören sollten, wird er zwar etwas spezifischer, doch bleibt er eine universelle Rechenmaschine, wie Boris Müller, Professor für Interaction Design, insistiert:

1 | Alan M. Turing: »On Computable Numbers, with an Application to the Entscheidungsproblem«, in: *Proceedings of the London Mathematical Society* 42 (1937), 230-265.

»Even if we add hardware interfaces to this configuration, the computer becomes more specific but still remains a universal machine. Input devices like keyboards, mice and touch screens as well as output devices like monitors, speakers and printers form a standard setup for most computers. This configuration limits the scope of possible applications, but overall it is still a highly unspecific system.«[2]

Im Grunde fügten PCs, d.h. persönliche Einzelgeräte der Computertechnologie nichts Neues hinzu, auch wenn durch Marketing suggeriert wurde, das Individuum käme mit der Individualisierung der Geräte und der wachsenden Menge ihrer praktischen Anwendungen – also durch die Multiplizierung der zu lösenden Probleme – der Verwirklichung des Versprechens einer Universalmaschine näher. In seinem Beitrag *Design in Four Revolutions* kommt Müller zu dem Schluss, dass die Digitalisierung vor allem als Designrevolution verstanden werden könne, insofern der über Interfaces konstituierte menschliche Zugang zum Computer immer gestaltet werden müsse, und beruft sich dabei auf eine Äußerung Frieder Nakes, nach der Computer Kopfarbeit maschinisierten. Die Äußerung steht bei Nake im Kontext einer »Kritik der politischen Ökonomie der Informationsverarbeitung« sowie einer Kritik an dem für ihn irreführenden,[3] doch in der Künstlichen Intelligenz-Forschung der 1980er Jahre weit verbreiteten Begriff der Mensch-Maschine-Kommunikation. Der Informatiker Nake weist darauf hin, dass die »Anwendung von Computern und Programmen« zwar »stets eine Übertragung geistiger Arbeit auf eine Maschine« sei und betont dabei, dass nicht *der Computer*, sondern mit Computern ausgeführte Programme die eigentliche Schnittstelle zwischen Mensch und Maschine bilden:[4]

»Die Partner, die über die kommunikative Schnittstelle in Verbindung treten, sind viel weniger der Computer und sein Bediener als der Bediener und der Programmierer. Mittel ihrer Kommunikation ist der Computer mit Programm. Dieses Mittel gibt der Kommunikation den verdrehten Schein der ›Mensch-Maschine-Kommunikation‹. Der Vorgang ist einfach genug und wird auch immer häufiger so oder so ähnlich gesehen. Umso mehr muß erstaunen, daß gerade führende Vertreter der Zunft nicht müde werden, ihn in anthropomorphisierende Formen zu packen.«[5]

2 | Boris Müller: »Design in Four Revolutions«, auf: https://medium.com/@borism/design-in-four-revolutions-fb0f01a806d2 (Zugriff 27.11.2017).

3 | Frieder Nake: »Schnittstelle Mensch-Maschine«, in: *Kursbuch* 75 (1984), 109-118, 109.

4 | Ebd.

5 | Ebd. 115.

Die geistige Arbeit steckt per se nicht in den PCs, sondern in ihren Betriebssystemen und Programmen. Der Mensch bzw. sein Handeln, seine geistige Arbeit war notwendig immer Gegenstand von Hardware- und Softwaredesign. Doch mit der Vermarktung des Personal Computers als *general purpose computer* wurden die Rechner nicht als Arbeitsinstrumente oder Maschinen zur Verarbeitung geistiger Arbeit, sondern als neuer Gefährte und Freund oder Diener des Menschen verkauft. Etwas am Begriff *human-computer-interface* verschob sich und ein wesentlicher Aspekt des Verhältnisses zwischen Mensch und Computer wurde verschleiert und verkannt: PCs lieferten Computersysteme und Programme, die nach den Bedürfnissen ihrer Anwender*innen gestaltet wurden, aber nicht Computersysteme und Programme, die von ihren Anwender*innen nach ihren individuellen Bedürfnissen gestaltet wurden.

Auch wenn einzelne Programme austauschbar waren, blieben Betriebssystem und Programme zweckgebunden und führten letztlich nur aus, was Programmierer*innen vorgegeben hatten. Vor allem zog also mit PCs die automatisierte Betriebsführung nach dem Vorbild der Prozesssteuerung Frederick Winslow Taylors in die Wohnräume ein und steuert seither quasi alle Bereiche des gesellschaftlichen Lebens.

Unter der Annahme, dass die über Interfaces vom Menschen eingegebenen Daten vom Computer als Information gelesen würden, etablierte sich die Vorstellung, es handle sich bei der Bedienung von Computern um Kommunikation zwischen Mensch und Maschine. Tatsächlich, so Nake, verlieren die Daten für den Computer, »den neuen Interpreten«, ihre vom Anwender intendierte Information und werden erst »unter der Regie des Programms« zu zuordenbaren Werten:

> »Jedes Programm ist eine statische (nämlich textliche) Beschreibung einer Klasse dynamischer Prozesse (deren Besonderheit in der Verarbeitung von Informationen auf dem reduzierten Niveau von Daten liegt). Der einzelne Prozeß wird aus seiner Klasse durch Festlegung von Parametern ausgewählt. Er läuft ab, indem der Computer das Programm samt der Werte der Parameter interpretiert. Was der Programmierer in die Beschreibung dieser Klasse dynamischer Prozesse aufgenommen hat und nicht aufgenommen hat, das legt die Bedeutungen fest, die Eingaben im Rahmen des interaktiven Programm-Laufs erlangen können.«[6]

Nakes Beschreibung der Informationsverarbeitung macht unmissverständlich deutlich, dass Computer keinesfalls neutral sind, geschweige denn die Absicht oder den Sinn der von den »Bedienern« eingegebenen Information verstehen würden. Der Rechner führt aus, was ein Programm vorgibt. Mit gebrauchsfertigen PCs schlich sich unter den Kunden dieses Marktsegments – also die

6 | Ebd.

breite Masse – die Vorstellung ein, dass die geistige Arbeit von der Maschine übernommen und die Übertragung, von der Nake schreibt, auch in die andere Richtung funktionieren würde. Tatsächlich aber wurden mit PCs vorwiegend Dienstleistungen und Unterhaltung verkauft und ihre User waren vorwiegend Konsument*innen. Die Verkennung, so die Annahme dieses Beitrags, wurde mit der begrifflichen Verschiebung von *human factors* hin zu *userfriendliness*, die mit der zunehmenden Verbreitung von PCs in eins fiel, noch verstärkt.

Chaoskontrolle oder: Wovon träumen Computer?

In der frühen Geschichte der digitalen Computer, die Ende der 1940er Jahre beginnt, tauchten User – im Deutschen wird neben dem Anglizismus häufig auch Anwender*in, Bediener*in oder Nutzer*in benutzt – vorwiegend unter der Bezeichnung *human factors* auf. Überall dort, wo der Eingriff des Menschen in die Maschinen- und Rechentätigkeit des Computers nötig war oder als störend auffiel, war von *human factors* die Rede. Im Gegensatz zum Begriff User wurde mit *human factors* nicht auf die Bedürfnisse einer unbestimmten Zahl von Anwender*innen eingegangen, sondern eigentlich die von Menschen bevölkerte Umwelt des Computers beschrieben. »Der Mensch [...] erscheint dort, wo keine Routine ist, sondern Unwahrscheinlichkeit auftritt, ja er generiert sie – ›noisy‹ wie er nunmal ist – gewissermaßen selbst«, schreibt Claus Pias, der das strukturelle Verhältnis zwischen Mensch und Computer auf die Begriffe Autor und Sekretär bezieht.[7] Während Autorschaft für Computer *Rauschen* ist, das sich nicht auf den Computer überträgt und auch nicht automatisierbar ist, können »niedere« Tätigkeiten systematisch an den Computer abgetreten werden, d.h. mittels Programm automatisiert und optimiert werden:

»Dort, wo beispielsweise ein Aufsatz wie dieser geschrieben wird, waltet für die Sekretärs-Maschine Computer nicht nur vollständige Sinnlosigkeit, sondern auch gähnende Langeweile an Rechenkapazität. Umgekehrt heißt computergerechtes, also für die Maschine sinnvolles Verhalten, statt Buchstabenfolgen Funktionstasten zu drücken, Objekte zu markieren, zu verschieben, umzubenennen usw., mit anderen Worten: Sekretärstätigkeit.«[8]

Der menschliche Eingriff oder Input musste für die universelle Rechenmaschine immer als Programm prozessierbar sein, wie auch der Output der Ma-

7 | Claus Pias: »Digitale Sekretäre: 1968, 1978, 1998«, in: Bernhard Siegert, Joseph Vogl (Hg.): *Europa: Kultur der Sekretäre*, Zürich 2003, 235-251, 246.
8 | Ebd.

schine dem kognitiven Apparat der Menschen wieder zugänglich gemacht werden musste. Operationen der Computerprogramme, die immer bereits gestaltet und geschrieben waren, entzogen sich der Wahrnehmung auf Konsument*innenseite. In diesem Zusammenhang wurde die Erfahrung der Interaktion mit dem Computer als Zauber oder Magie wahrgenommen, auch wenn sie allenfalls als interaktives Feedback bezeichnet werden konnte. Denn alles, was Computer ausgaben, musste zuvor eingegeben und programmiert werden.[9] Unter der Bezeichnung *human factors* wurden jedoch nicht Programme oder ihre Programmierer*innen, sondern alle unberechenbaren und berechenbaren Probleme zusammengefasst, die die Hardware-Schwelle von der Turing-Maschine zu ihrer praktischen Umsetzung und Verarbeitung durch den Algorithmus nicht störungsfrei passierten.

Mit dem Begriff der Mensch-Maschine-Kommunikation wurde dem Computer über seinen Werkzeugcharakter hinaus die Fähigkeit zur eigenständigen Interpretation von Daten zugeschrieben, was letztlich nur auf die Erfahrung der Interaktion seiner User (Programmierer*innen wie Konsument*innen) zurückzuführen war bzw. auf die von Programmierern vorab geschriebenen Programme. Der technische Perfektionismus der Ausführung und der scheinbar unmittelbare Output vermittelten den Bedienenden den Eindruck einer eigenständigen kreativen Tätigkeit des Computers. Weil Computer in Bruchteilen von Sekunden mit Exaktheit errechneten, was Menschen, die Fehler machten, ein Vielfaches an Zeit gekostet hätte, erweckten die ausgegebenen Daten den Anschein, sie wären vom Computer selbsttätig erzeugte Informationen. Die Interaktion, die nie mehr als die Rückkopplung der Maschine nach den Vorgaben der Menschen bezeichnet hatte, wurde mit immer leistungsfähigeren und komplexeren Rechensystemen und Programmen als ästhetische Erfahrung wahrgenommen.[10] Unterstützt wurde diese Tendenz von der Rede über Künstliche Intelligenz, die nahelegte, Computer verfügten über Intellekt. Vor diesem Hintergrund war die Bezeichnung *human factors* aus der Sicht des Computers oder vielmehr in der Wahrnehmung des Computers ein dem menschlichen Unvermögen zuzurechnender Fehler oder zumindest stand sie für misslungene Kommunikation. Alle Probleme, die nicht in Algorithmen programmiert und verarbeitet werden konnten, waren aus dieser Perspektive fehlerhaft und menschengemacht und mussten der ›Welt der Menschen‹ zugeschrieben werden.

In diesem Kontext soll auf den methodischen Ansatz verwiesen werden, wie er in einem der Gründungstexte der Kybernetik *Behavior, Purpose and Teleology* aus dem Jahr 1943 von Bigelow, Rosenblueth und Wiener skizziert

9 | Theodor Holm Nelson: *The Home Computer Revolution*, South Bend 1977, 18f.

10 | Michael A. Noll: »The Computer as a Creative Medium«, in: *IEEE Spectrum*, 4/10 (1967), 89-95.

wurde. Der Exkurs in die Gründungszeit der Kybernetik dient der weiteren Kontextualisierung der Bezeichnung *human factors*. Im damals noch neuen kybernetischen Diskurs wurde Verhaltensdesign im Rahmen der Zweck- oder Zielorientierung von Systemen und Systemsteuerung problematisiert.[11] Die behavioristische Methode, so die Autoren, widme sich dem Studium der Beziehung von Objekten und ihren Umgebungen. Im Gegensatz zur funktionalen Methode erlaube die behavioristische Methode die Bestimmung von Objekten ausschließlich über die Beobachtung von räumlichen und zeitlichen Differenzen in der Beziehung zu ihren Umgebungen: »By behavior is meant any change of an entity with respect to its surroundings. [...] Accordingly, any modification of an object, detectable externally, may be denoted as behavior.«[12]

Um Veränderungen des Verhältnisses zwischen Objekt und Umgebung erfassen zu können, musste Verhalten über diese Definition hinaus weiter klassifiziert werden. Die Autoren nahmen nun eine Reihe von Unterscheidungen vor. Sie unterschieden zunächst zwischen aktivem Verhalten (Output) – dem in der Regel Veränderungen zugerechnet wurden, die vom Objekt ausgingen – und passivem Verhalten (Input) – wenn der Antrieb für die Veränderung nicht vom Objekt selbst ausging. Aktives Verhalten unterschieden die Autoren weiter in zufällig (*purposeless*) und zweckgerichtet (*purposeful*) motiviertes Verhalten. Letzteres setzte den bewussten Einsatz physiologischer Kräfte voraus und war somit nicht interpretierbar. Bei zielgerichtet aktivem Verhalten wurde wiederum zwischen feedbackgeleitetem und nicht feedbackgeleitetem Verhalten unterschieden. Feedbackgeleitetes Verhalten wurde schließlich in vorausschauendes und nicht vorausschauendes Verhalten oder Handeln unterschieden. Die Autoren gingen von der Anpassungsfähigkeit von Objekten aus, was bedeutete, dass sie vom Ziel ausgehende Signale aufnahmen und ihr Verhalten demgemäß modifizierten. Mit diesem binären Ausschlussverfahren landeten die Autoren schließlich bei vorausschauendem Verhalten erster Ordnung, zweiter Ordnung usw. Vorausschauendes aktives Verhalten, so die Autoren, gelang unter den Voraussetzungen, dass das Objekt erstens über Rezeptoren verfüge, um vorausschauende Handlungen durchzuführen, und zweitens, dass die interne Struktur des handelnden Objekts die eintreffende Information interpretieren konnte. Im Gegensatz zu Tieren und Maschinen sei der Mensch potentiell in der Lage, hochgradige Vorhersagen zu treffen, unter anderem weil er sein Verhalten an Diskontinuitäten innerhalb dieser linearen Ordnung anpassen könne und sein Verhalten Freiheitsgrade zeige. Die in diesem Text dargelegte Klassifizierung von Verhalten stärkte das zweckorientierte oder teleologische Konzept und ermöglichte die Systematisierung

11 | Julian Bigelow, Arturo Rosenblueth, Norbert Wiener: »Behavior, Purpose and Teleology«, in: *Philosophy of Science*, 10/1 (Jan 1943), 18-24.

12 | Ebd., 18.

und Komplexitätserhöhung von Testverfahren, welche auf Maschinen und lebende Organismen gleichermaßen angewendet werden konnten.[13]

In *The Human Use of Human Beings* aus dem Jahre 1959 stellte Wiener den systemischen Ansatz der Kybernetik für ein breiteres Publikum dar und ging explizit auf den Erkenntnisgewinn der kybernetischen Forschung für die Sozial- und Geisteswissenschaften und für Laien ein:

> It is my thesis that the physical functioning of the living individual and the operation of some of the newer communication machines are precisely parallel in their analogous attempts to control entropy through feedback. Both of them have sensory receptors as one stage in their cycle of operation: that is, in both of them there exists a special apparatus for collecting information from the outer world at low energy levels, and for making it available in the operation of the individual or of the machine.[14]

Die verarbeiteten Informationen wurden als Nachrichten in die äußere Welt kommuniziert und ihre Wirkung wurde als Information wieder über den sensorischen Apparat von Individuum oder Maschine registriert und verarbeitet usw. Die Kybernetik lieferte eine Theorie darüber, wie Individuum und Gesellschaft der natürlichen Neigung zu Chaos und der Irrationalität der Welt Techniken der Ordnung und Strukturierung entgegensetzten.

An die Stelle der *human factors* werden später die User treten. Dass und wie diese zu unterscheiden sind, wird im Folgenden ausgeführt.

Anpassungsschwierigkeiten: Aus dem Arbeitsalltag von Computern

Human factors design beschrieb zunächst ein Ingenieurs- und Sprachproblem. Seit Anfang der 1970er beschäftigte sich die Forschung mit *human engineering*, wie aus dem Online-Archiv der Association of Computing Machinery (ACM), eine der ersten Gesellschaften für Informatik, hervorgeht. *Human engineering* war für Computerforscher ein bekanntes Problem »in the context of operating systems command languages and error recovery, programming languages and debugging aids, terminal design, graphics manipulation etc.«[15] Doch Systemdesigner hatten sich bislang nicht explizit mit der Gestaltung der Maschinen-Umwelt beschäftigt:

13 | Vgl. ebd., 21.

14 | Norbert Wiener: *The Human Use of Human Beings* [1959], London 1989, 26ff.

15 | Charles W. Rose: »SIGDA Panel Discussion. Human Factors Engineering Issues in Design Automation Systems«, in: *ACM'75 Proceedings of the 1975 Annual Conference* (1975), 81.

»The result is statements by users such as ›You have to stand on your head to use it,‹ ›It's too restrictive,‹ ›I can't express myself with it,‹ while on the other hand, those charged with maintaining the systems charge that ›They are cast in concrete,‹ ›adding a feature is like starting over,‹ etc.«[16]

Human factors design war implizit immer schon Gegenstand der Computerforschung und notwendiges Übel der Umsetzung von Turing-Maschinen in digitale Computersysteme, die in den Anfängen der Computerindustrie stärker zweckgebunden und weniger an den Menschen ausgerichtet waren, die Computersysteme betrieben. Bis zur Einführung von Computern für Konsument*innen waren Computersysteme und Programme quasi Einzelanfertigungen und nicht austauschbar. Zwar ließen sich ab dem Ende der 1960er etwa mit sogenannten Computerfamilien Standardisierungsbestrebungen erkennen, doch wurden Computersysteme, inklusive der Software, Terminals oder Workstations, in der Regel im Hinblick auf die Ansprüche bestimmter Computerarbeitsplätze designt. Computerfamilien waren Systeme, die Erweiterungen und Austausch von Komponenten nach den Anforderungen der Kunden zuließen.

IBM reflektierte in einer Werbeanzeige aus dem Jahr 1964 für das System/360 nicht nur die eigene Unternehmensgeschichte, sondern auch Computergeschichte: Im Hintergrund der Reklame sind die Elektronenröhren eines IBM 709 aus dem Jahr 1957 zu sehen; im Mittelgrund sieht man Transistoren, wie sie im IBM 1401 aus dem Jahr 1959 eingesetzt wurden, und im Vordergrund schließlich sind integrierte Schaltkreise abgebildet, die im System/360 verbaut wurden. Das System/360 war das erste Computersystem, das alle Marktsegmente abdeckte, und in kleinem oder großem Rahmen, wissenschaftlich oder kommerziell genutzt wurde. Mit dem System/360 dominierte IBM den Computermarkt über einige Jahre hinweg. Es wurde bis zur Markteinführung des PCs vertrieben.[17] Mit der Miniaturisierung einerseits und dem Günstigerwerden der Computer andererseits, kamen immer mehr Mikrocomputer in mittelständischen Unternehmen zum Einsatz und transformierten betriebliche Infrastrukturen sowie Arbeitsplätze. Vor dem Hintergrund der boomenden Mikrocomputerindustrie, zu der die PC-Industrie zu rechnen ist, und spätestens ab Mitte der 1980er Jahre konstatierte Gordon Bell, Computeringenieur und Vizepräsident für Technologie beim Computerhersteller DEC (Digital Equipment Corporation), das Verschwinden sogenannter *workstations* (Einzelarbeitsplätze an Großcomputern). Bell ging davon aus, dass bis zum Jahr 2005 nahezu alle an *workstations* ausgeführten Anwendungen von ›individuellen Computern‹ – individuell im Sinne eines alleinstehenden Geräts, das

16 | Ebd.

17 | Vgl. Martin Campbell-Kelly: *The Computer Age*, Hove 1978, 86.

unter oder auf dem Schreibtisch Platz hatte und individuell im Sinne von nur einer Person genutzt – ausgeführt werden könnten, die wesentlich günstiger in der Herstellung und seit ihrer Einführung Ende der 1970er leistungsfähiger geworden waren.[18] Eine *personal workstation* war nach Bell in erster Linie ein Computerarbeitsplatz,

»used by a professional to carry out generic (e. g. calculation, mail, and communication) and profession-related activities such as music composition, financial modeling, or computer-aided design of integrated circuits. Personal workstations are necessarily distributed with the person and interconnected to one another forming a single, shared (work and files) but distributed computing environment – the workstation environment. A workstation's location is either with an individual on a dedicated basis or in an area shared by several members of a group. This choice is dictated by the cost and size of the workstation relative to the cost and the value of the work.«[19]

Der Begriff *personal workstation* geht auf den amerikanischen Psychologen J. C. R. Licklider zurück, der mit diesem auf das Problem der Abgrenzung einging, das Ingenieur*innen und Programmierer*innen gleichermaßen beschäftigte – und damit vor allem das Design von Mensch-Maschinen-Schnittstellen ansprach:

»One of the issues is whether we're dealing with general purpose workstations or special purpose workstations. For general purpose ones, we seem to have some restriction to generic software. It seemed not to be economic to have really widespread systems that are used for everybody's workstations that go much beyond word processing, database, graphics, communications, and a few other like functions. How the average individual is going to get the special purpose stuff that he requires, I'm not sure. At any rate, there's a lot of problems associated with delimiting our attention«.[20]

18 | Vgl. Gordon Bell: »Toward a History of (Personal) Workstations«, in: Adele Goldberg (Hg.): *A History of Personal Workstations*, New York 1988, 1-50. Zwischen den ersten digitalen Rechnern und der Einführung des PCs hatte sich die Leistungsfähigkeit und Komplexität von Computersystemen vielfach potenziert, wie Gordon Moore 1965 in dem nach ihm benannten Gesetz errechnete. Diesem zufolge verdoppelte sich die Anzahl von Transistoren in integrierten Schaltkreisen innerhalb eines Zeitraums von ein bis zwei Jahren. Vgl. Gordon E. Moore: »Cramming more components onto integrated circuits«, in: *Electronics*, 38/8 (1965), 114-117; sowie Martin Campbell-Kelly: »Not only Microsoft. The maturing of the personal computer software industry, 1982-1995«, in: *Business History Review* 75/1 (2001), 103-145.

19 | Bell: »Toward a History of (Personal) Workstations«, 7.

20 | J.C.R Licklider: »Some Reflections on Early History« in: Adele Goldberg (Hg.): *A History of Personal Workstations*, New York 1988, 115-140, 118f.

Beide Autoren, Bell und Licklider, unterschieden zwischen generischen Funktionen wie Textverarbeitung, Kalkulationen, Datenbanken, Grafik und Kommunikation und spezifischen Funktionen innerhalb eines bestimmten Kontextes, in dem Computer eingesetzt wurden. Für die Gestaltung neuer Computerarbeitsplätze oder *workstations* mussten bestimmte Fragen berücksichtigt werden: Musste ein Arbeitsplatz notwendigerweise digital sein? Sollte er personalisiert sein, oder würde er im Rahmen von Time-Sharing geteilt werden?[21] Würden daran spezifische Einzelaufgaben bearbeitet werden, oder sollten Ergebnisse in Arbeitsgruppen zusammengeführt werden? Licklider machte in seinem Vortrag kein Geheimnis daraus, dass er den universellen Gebrauch von Computern interessanter fand, als den sehr spezifischen, weil offene Computersysteme ergebnisoffene Forschung erleichterten. Nichtsdestotrotz räumte er ein, dass in das Design von Eingabegeräten »an awful lot of human factors and ergonomics« verwickelt sei, die der Computerlogik widersprachen. So hielt Licklider die an einen Stenographen angelehnte Tastatur, die Douglas Engelbart entwickelt hatte, für eine große Erfindung. Sie stand in Konkurrenz zu den standardisierten und weit verbreiteten Tastaturen von Schreibmaschinen: »In fact, very few people – maybe Doug is the only one – very few people use one-handed keyboards.«[22] Der Großteil der Angestellten war mit Schreibmaschinentastaturen vertraut und so landete Engelbarts *chord keyset* als idiosynkratisches Projekt eines Ingenieurteams in den Archiven der Computerkultur. Unter ökonomischen Gesichtspunkten waren *human factors* beim Design von Mensch-Maschine-Schnittstellen ein hinzunehmendes Übel, doch dies sollte sich, laut Werbeversprechen der ersten PCs, mit der Verfügbarkeit von kleinen allein stehenden und individuell nutzbaren und benutzerfreundlichen Rechnern ändern.

---

21 | Time-Sharing war ein technisches Verfahren, das die Computerindustrie nachhaltig beeinflusst hatte: Zwischen dem Schreiben eines Programms, dem Stanzen der Lochstreifen und dem Einlesen und Verarbeiten des Programms, um schließlich erste Ergebnisse zu erhalten, konnten Wochen vergehen. Time-Sharing oder Multi-Access nutzte Computerzeit effizienter, indem während der Wartezeiten an einem anderen Projekt gearbeitet werden konnte. Auf diese Weise konnten ganze Teams von Programmierern gleichzeitig an unterschiedlichen Programmen schreiben. Von den Forschungszentren von General Electric, Bell Labs und am MIT entwickelt, wurde Multics das erste kommerzielle Time-Sharing-OS. 1968 stellte Douglas Engelbart in der legendären Präsentation auf der Computer Conference in San Francisco einen der ersten Time-Sharing Computer vor. Mit Time-Sharing bekamen Dutzende von Benutzern kleine Zeiteinheiten (Millisekunden) der zentralen Recheneinheit, sodass die Illusion entstand, dass jeder einzelne Benutzer exklusiven Zugang zum Computer hat. (Vgl. https://archive.org/details/XD300-23_68HighlightsAResearchCntAugHumanIntellect [Zugriff 05.12.2017].)

22 | Ebd.

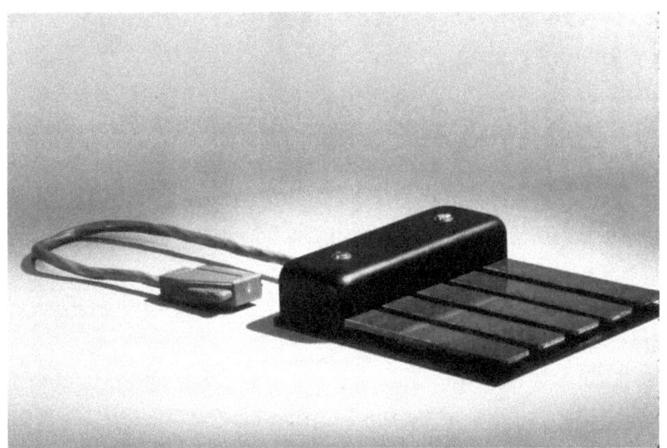

Abbildung 1: Das chord keyset *für die einhändige Zeicheneingabe in einer interaktiven Umgebung wurde 1963 von Engelbart und seinem Forschungsteam am Stanford Research Institute (SRI) entwickelt. 1968 wurde es als Teil des* oN-Line System *im Rahmen der Fall Joint Computer Conference in San Francisco einer größeren Öffentlichkeit vorgestellt. (Auf: https://99percentinvisible.org/episode/of-mice-and-men [Zugriff 30.03.2018], Courtesy of SRI International and the Doug Engelbart Institute.)*

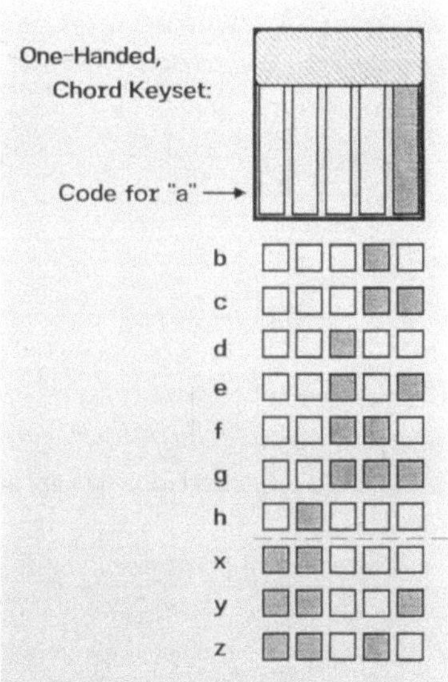

Abbildung 2: Chord keyset cue card. *(Auf: https://99percentinvisible.org/episode/of-mice-and-men [Zugriff 30.03.2018], Courtesy of SRI International and the Doug Engelbart Institute.)*

Die Idee von individuell nutzbaren Computern war nicht neu, nicht selten wird sie auf Vannevar Bushs programmatischen Essay *As We May Think* zurückgeführt.[23] An die Verwirklichung war jedoch bis in die 1960er aus ökonomischen Gründen nicht zu denken. Darüber hinaus wurden diese Konzepte bis zur Einführung von PCs ausschließlich im Rahmen professioneller Problemstellungen vorgestellt und blieben, auch wenn die Arbeit am oder mit dem Computer allgemeine anthropologische Fragen aufwarf, streng zweckgebunden. Von den Institutionen, die bislang das Monopol auf die Technologie hielten, wurde die Idee des ›Computers für Alle‹ als missbräuchliches Umfunktionieren von Heeresgerät missachtet und belächelt.[24]

Ende der 1960er wurde das Begehren derer, die fanden, Computertechnologie sei für alle da und müsste allen Mitgliedern der Gesellschaft zugänglich sein, lauter geäußert und wurde alsbald Teil einer freiheitlichen und kulturellen Gegenbewegung zum herrschenden, als autoritär wahrgenommenen System.[25] Die Ideale der neuen computeraffinen Kultur und die mit ihr verbundene Vorstellung von Selbstgenügsamkeit und wirtschaftlicher Unabhängigkeit verbrannten mit dem Aufstieg von Hardware- und Softwareunternehmen wie Apple und Microsoft, die damit den boomenden Personal Computer- und Softwaremarkt anfeuerten. Die Erzählung vom subversiven Ingenieur oder Programmierer oder vom unkonventionellen Schulabbrecher wurde später zum Gründungsmythos einer vermeintlich aus dem Geiste einer kybernetischen Demokratisierung der 1960er und 1970er hervorgegangenen Computerkultur, auch wenn sich darin eher der Traum von ökonomischem Erfolg und Macht zu spiegeln schien.[26]

---

23 | Vgl. Vannevar Bush: »As We May Think« [1945], auf: https://www.theatlantic.com/magazine/archive/1945/07/as-we-may-think/303881 (Zugriff 15.11.2017).

24 | Vgl. die Rede vom Missbrauch von Heeresgerät bei Friedrich Kittler: *Grammophon, Film, Typewriter*, Berlin 1986, 159 u.a.

25 | Vgl. Fred Turner: *From Counterculture to Cyberculture. Stewart Brand, the Whole Earth Network, and the Rise of Digital Utopianism*, Chicago 2006.

26 | Vgl. Robert J. Zimmer: »The Myth of the Successful College Dropout« (2003), auf: https://www.theatlantic.com/business/archive/2013/03/the-myth-of-the-successful-college-dropout-why-it-could-make-millions-of-young-americans-poorer/273628/ (Zugriff 15.11.2017); sowie Michael Goodwin: »The Myth of the Tech Whiz Who Quits College to Start a Company« (2015), https://hbr.org/2015/01/the-myth-of-the-tech-whiz-who-quits-college-to-start-a-company (Zugriff 15.11.2017).

Imagekontrolle: Die Geburt der Wunschmaschinen[27]

Für einen kurzen Zeitraum Ende der 1970er bis Anfang der 1980er, der mit der Einführung von PCs notwendig zusammenfällt, schien beides möglich: Wohlstand und Freiheit für alle! An dieser Stelle möchte ich auf die begriffliche Verschiebung von *human factors* hin zu *user friendliness* zurückkommen. Mit seinem Pamphlet aus dem Jahre 1974 mit dem Titel *Computer Lib. You can and must understand computers NOW* auf der Vorderseite und *Dream Machines. New freedoms through computer screens. A minority Report* auf der Rückseite rief Ted Nelson zur Nutzung von Computern auf.[28] Unter der Voraussetzung, dass es sich immer um eine Interaktionsbeziehung zwischen Computer und Mensch handelt, waren individuelle Computer als Personal Computer Embleme für den individuellen Zugang zu Computertechnologie und für die Befreiung des einzelnen Individuums und seines Bewusstseins. Der PC lud zur Neuerfindung oder Gestaltung der computerisierten Gesellschaft, zur Partizipation aller ein.

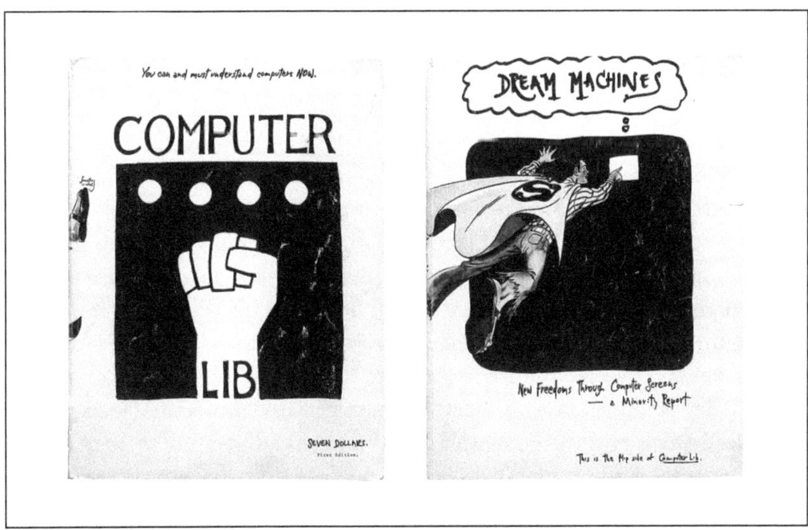

Abbildung 3: Cover des 1974 von Ted Nelson veröffentlichten Pamphlets Computer Lib *(verso)/*Dream Machines *(recto). (Auf: https://walkerart.org/magazine/counter-currents-are-na-on-ted-nelsons-computer-libdream-machines [Zugriff: 30.03.2018].)*

27 | Vgl. die deutsche Übersetzung von Sherry Turkle: *Die Wunschmaschine. Der Computer als zweites Ich*, Reinbek 1986.

28 | Vgl. Theodor H. Nelson: *Computer Liberation: Dream Machines*, Chicago 1974.

War die Computertechnologie zuvor nur elitären Gesellschaftskreisen zugänglich gewesen, versprach die Einführung von PCs einen egalitären Zugang und die Möglichkeit, die individuelle Leistungsfähigkeit zu verstärken, wie Begriffe aus der Künstlichen Intelligenz-Forschung wie *intelligence amplification* und später *augmentation* nahe legten. Doch wie der Leiter Douglas Engelbart in einem Bericht über das am Stanford Research Institute laufenden Forschungsprojekt *Augmenting Human Intellect* darstellte, war das Projekt darauf ausgerichtet, Menschen mit einem bestimmten professionellen Profil dabei zu unterstützten, ihre bislang ›intuitiven‹ Fähigkeiten der Problembearbeitung mit Hilfe des Computers bewusst zu erfassen, um zu schnelleren und besseren Lösungen zu kommen.

»And by ›complex situations‹ we include the professional problems of diplomats, executives, social scientists, life scientists, physical scientists, attorneys, designers – whether the problem situation exists for twenty minutes or twenty years. We do not speak of isolated clever tricks that help in particular situations. We refer to a way of life in an integrated domain where hunches, cut-and-try, intangibles, and the human ›feel for a situation‹ usefully co-exist with powerful concepts, streamlined terminology and notation, sophisticated methods, and high-powered electronic aids.«[29]

Die komplexer werdende Welt fordere dringend neue Konzepte und Methoden und die Arbeit mit Computern versprach unmittelbar den größten Effekt.[30]

Mit Slogans wie »Power to the people« und »Computers are coming to the people« wurde die Forderung lauter, dass alle Menschen von diesen Errungenschaften profitieren sollten. In diesem Ziel fielen die Interessen der Bildungsaktivist*innen wie Nelson mit den Interessen der PC-Industrie zusammen. Aus der Perspektive der Industrie hatte die Idee des individuellen Computers die Zahl der potentiellen Anwender*innen oder Kund*innen der Technologie potenziert. Doch zuerst musste mit dem Vorurteil aufgeräumt werden, Computer seien eine Bedrohung. Bislang bestand die Kundschaft für PCs aus Programmierern und sowie vorwiegend kaufkräftigen und technikaffinen Männern. Die neuen Adressaten für den *general purpose computer* für das Zuhause waren nun Kinder, die die zukünftige Generation von Programmierer*innen bilden würden, Frauen, die einen substantiellen Teil der Arbeitskraft in Büros ausmachten, aber auch Familienväter, die mit PCs ihren Arbeitsalltag optimieren sollten, um mehr Zeit mit der Familie verbringen zu können. Auch wenn Absatzzahlen am Arbeitsmarkt den Horizont des PC Marktes bildeten,

29 | Douglas Engelbart: »Augmenting Human Intellect. A Conceptual Framework« [1962], auf: https://web.stanford.edu/dept/SUL/library/extra4/sloan/mousesite/EngelbartPapers/B5_F18_ConceptFrameworkPt1.html (Zugriff 15.11.2017).

30 | Ebd.

wurden dem PC mit der Werbung häusliche und familiäre Züge verpasst. Der Personal Computer als anthropomorphe Maschine war eine Täuschung, die damit legitimiert wurde, dass sie Berührungsängste abbauen sollte. Während es Bildungsaktivist*innen um Zugang zur Technologie ging, profitierten Konzerne mit höheren Absätzen und rekrutierten die Programmierer *innen von morgen.[31]

Zuschreibungen reichten vom Personal Computer als Diener,[32] Spielkamerad, Lehrer, Eheberater,[33] ebenfalls sollten Computer Menschen mit Behinderungen den Alltag erleichtern.[34] Insgesamt arbeiteten die überregionalen Tageszeitungen kräftig an der Image-Kampagne mit.[35] Anthropomorphisierungen sollten die Intimität zwischen Mensch und Maschine fördern und Vertrauen bilden, die sich in der Frage »Are you another computer?« zuspitzte, die 1981 auf dem Titelblatt der Wochenendausgabe der *Washington Post* prangte.[36] In ihrer Studie zum Prozess der Domestizierung des Personal Computers, die auf Interviews mit britischen Familien in den 1990ern basiert, stellten die Autoren heraus, dass der Prozess der Aneignung und Domestizierung der Technologie in Familien höchst individuell verlaufe: »We see that what is acceptable, tolerable or desirable to one person or one family would be totally unacceptable to another«.[37] Darüber hinaus stellten sie fest, dass der häusliche Bereich für alle Familienmitglieder unabhängig von Alter und Geschlecht gleichermaßen

31 | Vgl. Liza Loop, Julie Anton, Ramon Zamora: *ComputerTown, bringing computer literacy to your community*, Reston (VA) 1983.

32 | G. G. Scarrott: »From Computing Slave to Knowledgeable Servant«, in: *Proceedings of the Royal Society of London. Series A, Mathematical and Physical Sciences* 369/1736 (13.12.1979), 1-30, 15f.; vgl. Markus Krajewski: *Der Diener*, Frankfurt a.M. 2010; sowie Andrew Pollack: »Technology: Robot's Future As a Servant«, in: *New York Times* (09.04.1981).

33 | Vgl. Marlene Lethinen, Gerald Smith: *The Personal Computer as Marriage Counselor*, London 1985.

34 | Vgl. Phil Odor: *Microcomputers and Disabled People*, London 1982.

35 | Um nur einige Schlagzeilen aus der Zeit aufzulisten: Lynn Simross: »Shake hands with your new Computer« (*Los Angeles Times* 09.12.1975); Louise Cook: »Get Ready for Friendly for Home Computers« (*The Washington Post* 27.11.1977); Steven Ditlea: »When a Computer Joins the Family« (*New York Times* 1979); Ursula Vils: »The Computer: Companion for Tomorrow« (*Los Angeles Times* 04.07.1979); Anne Anable: »Computers Made to Feel at Home« (*New York Times* 09.03.1980); Larry Finley: »Closer to Home: You and your friendly Computer« (*Los Angeles Times* 27.03.1981); Karen Gillingham: »Computers in the Kitchen: Let Your Fingers Do the Cooking« (*Los Angeles Times* 07.05.1981).

36 | Joseph McLellan: »Are You Another Computer?«, in: *The Washington Post Weekend* (03.06.1981).

37 | Laurence Habib, Tony Cornford: *Computers in the Home*, Bingley 2002, 172.

von Bedeutung war: »The domestic is a privileged physical and symbolic space of intimacy between people, where expressions of ideas, beliefs, prejudices and emotion are (relatively) unconstrained.«[38] Der Prozess der Domestizierung zeige sich in einem Netz aus vielgestaltigen Praktiken und Taktiken.[39] Als charakteristisch arbeiteten die Autoren den Wunsch nach Gewohnheit, Sicherheit, Verständnis, Komfort, Intimität und Handlungsfreiheit heraus. Im Zuge der Domestizierung etablierte sich der Begriff der Benutzerfreundlichkeit. Das gesellschaftliche Individuum mit all seinen kognitiven Eigenschaften und Wünschen wurde zu *dem* zentralen Faktor von Hardware- und Softwaredesign.

Der von Martin-Campbell Kelly behauptete Paradigmenwechsel vom Personal Computer als überall einsetzbarer Einzelplatzrechner hin zur grafischen Benutzeroberfläche (GUI) wäre vielmehr als Teil der Durchsetzung von PCs zu betrachten.[40] Neben den ersten PCs wurden seit den 1970ern zahlreiche mit Mikrochips ausgestattete Haushaltsgeräte verkauft und als ›intelligente‹ Maschinen bezeichnet. Dazu wurden Plattenspieler gerechnet, die individuelle Playlists abspielen konnten; Telefone, die die Kosten für Ferngespräche berechnen konnten und auch als Uhr und Kalender fungierten, sowie programmierbare Farbfernseher. Einen beachtlichen Absatz fanden Spielekonsolen für Videospiele. Einige Konsolen und Elektrogeräte wurden als Computer bezeichnet, doch konnten sie nicht anderweitig genutzt oder programmiert werden, bestenfalls waren auf Kassetten oder anderen Speichermedien gespeicherte Programme oder Spiele austauschbar.[41] Grundsätzlich aber wurden nur wenige Geräte, in welchen Mikrochips verbaut waren, auch als Computer betrachtet. Mit der massenhaften Produktion von Mikroprozessoren, die die Intel Corporation im Jahr 1971 einführte, bildete sich ein separater PC-Softwaremarkt aus.

Im Namen der Benutzerfreundlichkeit wurden nach und nach alle Störungsquellen eliminiert – und mit ihnen der Begriff *human factors*, der eng mit dem Interaktionsbegriff im Sinne einer Befähigung verbunden war, die sich die Gegenkulturen erträumt hatten. Mit dem Wort Benutzerfreundlichkeit wurde vielmehr Anpassung und Disziplinierung durchgesetzt statt Selbstbestimmtheit oder individuelle Freiheit befördert. Es begründete damit letztlich die Verkennung der Tätigkeit der Maschine. Der Imperativ, Computer und Programme im Sinne der ›Maschinisierung von Kopfarbeit‹ selbst zu gestalten, verschwamm mit der Vorstellung, Computer als Dienstleistung in den Dienst des Individuums zu stellen.

38 | Ebd.

39 | Ebd.

40 | Campbell-Kelly: »Not only Microsoft«.

41 | Vgl. David Bunnell: *Personal Computing. A Beginner's Guide*, New York 1978.

Die PC-Industrie verkaufte vor allem Dienstleistungen. Zwar hatten mit den PCs immer mehr Menschen Zugang zu Computern und Software, doch hatten sie kaum Zugriff auf die Technologie, die mit Patenten und unter Androhung von Strafe geschützt wurde. Mit dem Markterfolg des PCs wurden jedoch nicht nur Computerinterfaces nach den Bedürfnissen der Nutzer gestaltet. Mit der Verbreitung von individuellen Rechnern fingen die Menschen an, ihre Körper und ihre Gewohnheiten von oben bis unten zu scannen, auf ihre Optimierbarkeit, Automatisierbarkeit und Vorhersagbarkeit hin zu überprüfen, und internalisierten so das Leitprinzip der Effizienz, das den rechnenden Maschinen zugeschrieben worden war. So modellierte sich der Computer User nach seinem Ebenbild. Die User kauften sich als Konsument*innen mit dem PC keine neuen Spiel- oder Simulationsräume, in denen sie alternative, bessere Welten entwerfen und an ihrer Umsetzung mitarbeiten konnten.

Stattdessen, so kann man sagen, arbeiteten/arbeiten sie als User fleißig und freiwillig daran mit, sich neue Abhängigkeiten zu schaffen, indem sie Anwendung mit Gestaltung verwechseln. Die User werden selbst zu Dienstleister*innen eines Produktionszusammenhangs, in dem sie als Datenarbeiter oder Datenangestellte betrachtet werden.[42] In dem Maße, in dem sich die Rede von Benutzerfreundlichkeit verbreitete/verbreitet, schlossen/schließen sich die Systemstellen der Computerinterfaces, die Eingriff erlauben. Berührungsängste sind heute abgebaut, die Lebenswelt und die Lebensräume der Menschen sind mit Computerinterfaces ausgestattet und Computer sind aus der Gesellschaft nicht mehr wegzudenken. Die technologische Öffnung und die Möglichkeiten der partizipativen Gestaltung gesellschaftlicher Zukunft durch die massenhafte Verbreitung von PCs wurden von der PC- und Software-Industrie sukzessive wieder geschlossen. Sie hinterließ dabei einen Riss in der digitalen Gesellschaft wie auch im digitalen Individuum, zwischen Gestaltung und Konsum von Dienstleistungen, zwischen Steuern und Gesteuertwerden.

42 | Till A. Heilmann: »Datenarbeit im ›Capture‹-Kapitalismus. Zur Ausweitung der Verwertungszone im Zeitalter informatischer Überwachung«, in: *Zeitschrift für Medienwissenschaft* 13 (2/2013), 35-47.

Emotionsdesign

Zur Emergenz eines neuen Dispositivs der Affektregulation

Bernd Bösel

In Zeiten, in denen menschliche Probleme zunehmend als Herausforderungen an das Design von Welt- und Selbstverhältnissen aufgefasst werden, werden auch Affekte und Emotionen als Felder von Designfragen neu abgesteckt.[1] Die Zentralstellung der Empathie in den Praxeologien des *Design Thinking* ist hierfür exemplarisch. Empathie ist, folgt man Tim Browns Darstellung in *Change by Design* (2009), neben Einsicht und Beobachtung eines der Elemente, die für erfolgreiche Designprozesse unabdingbar sind.[2] Empathie verspricht emotionales Verstehen anderer Personen und damit eine bessere Grundlage für den Entwurf von Produkten und Dienstleistungen, die nicht bloß durch ihre Funktionalität zu überzeugen, sondern auf Gefühlsebene zu bestechen vermögen. »Design has the power to enrich our lives by engaging our emotions through image, form, texture, colour, sound, and smell.«[3]

Während hier die Aktivierung von Emotionen offenbar noch *neben* die Funktionalität von Waren tritt, lässt sich der Ausdruck Emotionsdesign noch wörtlicher verstehen: nämlich nicht als Design *für* die Emotionen, sondern als

---

1 | In einigen gegenwärtigen Diskursen (etwa im Poststrukturalismus, z.T. auch in der Neurophysiologie) ist die Unterscheidung körperlicher Affizierung von ihrem Registrieren im Bewusstsein als Gefühl sowie ihrer anschließenden Semantisierung und/oder Narrativierung durch Emotionsbegriffe grundlegend, siehe hierzu Bernd Bösel: »Affektive Differenzen, oder: Zwischen Insonanz und Resonanz«, in: Christian Helge Peters, Peter Schulz (Hg.): *Resonanzen und Dissonanzen. Hartmut Rosas kritische Theorie in der Diskussion*, Bielefeld 2017, 33-51. In den hier verhandelten Diskursen werden die Ausdrücke ›Affekt‹ und ›Emotion‹ dagegen meistens synonym gebraucht, weshalb auf eine terminologische Unterscheidung auch in diesem Aufsatz verzichtet wird.

2 | Tim Brown: *Change by Design*, New York 2009, 40. Zur »Empathie als Methodologie« siehe auch Tim Seitz: *Design Thinking und der neue Geist des Kapitalismus. Soziologische Betrachtungen einer Innovationskultur*, Bielefeld 2017, 50-55.

3 | Brown: *Change by Design*, 115.

Design *der* Emotionen selbst. Dass sich der Zugriff auf die Emotionalität seit einigen Jahrzehnten intensiviert, ist keine Neuigkeit. Interessanter ist es, nach qualitativen Sprüngen innerhalb dieser Intensivierung Ausschau zu halten. Die derzeitige Entwicklung affektsensibler und affektresponsiver Medien bietet besonders anschauliches Material für die Ausweitung der Affizierungszone – und zwar mit teilweise sehr direkten Rückgriffen auf den Designbegriff, etwa wenn es um den Entwurf von userInnenfreundlichen Interfaces geht. Im Folgenden wird dieser aktuelle Wandel in einer kleinen Genealogie des Emotionsdesigns verortet, die ihren Ausgang von einem Befund nimmt, den der Soziologe Sighard Neckel vor gut einem Jahrzehnt gestellt hat.

Von der Emotionsregulierung zum emotionalen Selbstmanagement

Neckel skizziert in seinem Aufsatz »Emotion by Design: Das Selbstmanagement der Gefühle als kulturelles Programm«, inwiefern mit dem Aufkommen von Konzepten wie der emotionalen Intelligenz sowie von Programmen und Anweisungen zur emotionalen Selbstoptimierung seit den 90er-Jahren etwas Neuartiges in die Kultur gekommen sei: »Ältere Konzepte der Emotionsregulierung unterstellten zumeist stets schon vorhandene Gefühle, die es vermittels geeigneter Techniken zu beherrschen galt, und versuchten sich darin, Hilfestellung bei der interaktiven Gefühlsinszenierung zu geben.«[4] Neckel nennt als Beispiel den frühen Klassiker des Selbsthilfebuchs, nämlich Dale Carnegies *How to Win Friends and Influence People* von 1937. Es ließen sich aber zahlreiche weitere Ratgeber aus den Folgejahrzehnten anführen, auch jene aus der kurzen Blütezeit der im Rückblick so rührend naiv betitelten »Psychokybernetik«.[5] Von dieser ersten Welle des Selbsthilfegenres will Neckel eine zweite Welle abgesetzt wissen, die des »emotionalen Selbstmanagement«, die in Bezug auf die Emotionen mehr und anderes beansprucht:

»Das Programm des emotionalen Selbstmanagements [...] ist an der Vortäuschung von Emotionen nur mäßig interessiert, weil es die Emotionen selbst verändern will, die in

4 | Sighard Neckel: »Emotion by design: Das Selbstmanagement der Gefühle als kulturelles Programm«, in: ders.: *Flucht nach vorn. Die Erfolgskultur der Marktgesellschaft*, Frankfurt a.M. 2008, 119-136, 132.

5 | Der Ausdruck »self-help« hat in den USA in den letzten drei Jahrzehnten des 20. Jahrhunderts eine Bedeutungsverschiebung erfahren: War zunächst die Anbindung an die gemeinschaftlich orientierten »self-help groups« charakteristisch, so hat sich der Fokus in Richtung Individualisierung verschoben, siehe Micki McGee: *Self-Help, Inc.: Makeover Culture in American Life*, Oxford 2005, 19.

den Rollenskripten der Gefühlsinszenierung als gegebene Faktizitäten vorausgesetzt sind. Zudem verfügt es über kognitive Dispositive, die zuvor unbekannt waren, und die sie [sic!] aus der Hirnforschung und der Neurobiologie bezieht. Von diesen Dispositiven in der Überzeugung bestärkt, dass jeder auf die Entstehung seiner Gefühle planvoll einwirken kann, strebt modernes Selbstmanagement nunmehr grundlegend die ›Optimierung‹ des emotionalen Erlebens an, die vom Akteur authentisch selber bewerkstelligt werden soll.«[6]

Das Neuartige bestünde also darin, Gefühle nicht mehr nur zu »beherrschen«, was ja beispielsweise hieße, dass man sie nicht zum Ausdruck kommen lässt (also unterdrückt) oder sie tatsächlich dämpft (etwa durch Körper- oder Psychotechniken); Gefühle auch nicht mehr nur strategisch einzusetzen (wie im Falle der Inszenierung, wobei nicht klar ist, ob hierbei schon vorhandene Gefühle in ein besonderes Licht gerückt werden oder ob es darum geht, sie künstlich hervorzurufen); sie auch nicht bloß vorzutäuschen (wir spielen ja alle Theater, wie Erving Goffman schrieb, und das heißt, dass wir Gefühlsausdrücke an den Tag legen, ohne das entsprechende Gefühl zu empfinden). Es geht statt all dessen darum, die Gefühle nunmehr »selbst« zu »verändern«.

Diese Formulierung bleibt zunächst etwas unscharf. Allerdings deutet Neckels explizite Einbeziehung der neuen »kognitiven Dispositive«, wie er die Hirnforschung und die Neurobiologie bezeichnet, an, dass das Spektrum der Gefühle erweitert bzw. die üblicherweise von einem Individuum empfundenen Gefühle verändert, nämlich »optimiert« werden sollen, dass also der »emotionale Habitus« Gegenstand der Einwirkung ist.[7] Entscheidend dürfte auch das Adverb »planvoll« sein, sofern es eine Verschiebung gegenüber dem bloß taktischen Einsatz inszenierter Gefühle hin zu einer in größerem Maßstab ansetzenden Strategie markiert.

Das Ziel dieser Strategie ist die »Optimierung des emotionalen Erlebens« – nur was ist damit genau gemeint? Man kann hier einen Vergleich ziehen, der die von Neckel markierte kulturelle Veränderung nochmal anders verdeutlicht. Denn die moderne Rede von einer Verbesserung des emotionalen Erlebens teilt etwas mit dem klassischen Motiv einer *Suche nach dem guten Leben*. In beiden Fällen orientiert man sich nach oben (das Gute; die Verbesserung), in beiden Fällen geht es um Lebensprozesse. Doch fallen die Unterschiede deutlich genug ins Auge: In der modernen Wendung verzichtet man wohlweislich auf den Begriff des Guten, um den sich Philosophen, Moraltheologen, Psychologen und Soziologen seit Jahrhunderten streiten, ohne zu einer Einigung zu kommen. Die Rede von einer Optimierung, also Verbesserung, braucht keinen absoluten Referenzrahmen, den ein positiver Begriff des Guten bereitstellen

6 | Neckel: »Emotion by Design«, 132.

7 | Ebd.

würde, sondern kann sich mit der Analyse des Status quo und von dort aus mit der Perspektive auf ein Steigerungspotenzial begnügen.

Eine ähnliche Konkretisierung und Fokussierung auf das Hier und Jetzt erreicht die Umstellung von Leben auf Erleben. Denn einerseits wird die prozessuale Dynamik des Lebens damit klarer anvisiert, mit einer starken Tendenz zur aktuellen Kontur dieses Prozesses. Andererseits lässt das Erleben viel deutlicher an das bewusst erlebte Leben denken als der Lebensbegriff, der selbst, wenn er auf Individuen bezogen wird (und nicht etwa auf die Gesellschaft oder gar die Gattung) sehr viel mehr umfasst als das, was ein Individuum gerade eben von seinem Leben weiß und erfährt. Diese Verschiebung der Betrachtungsweise vom Leben zum Erleben ermöglicht, von der Frage des Guten abzurücken und stattdessen über Potenziale der Optimierung nachzudenken. Eine relationierende Bestandsaufnahme scheint da fast zwangsläufig das Mittel der Wahl, etwa anhand der Frage: Wie erlebe ich mein Leben (meine Emotionen) im Vergleich mit anderen Individuen, und was kann ich tun, um es denen gleichzutun, die ich am meisten bewundere?

An qualitativen Bezugsgrößen fehlt es heute dank der Ubiquität massen- und sozialmedialer Botschaften durchaus nicht. »Erleben«, das kann und soll etwa »intensiv« sein, »achtsam«, »reichhaltig« oder auch »differenziert«. Sobald solche Bezugsgrößen etabliert sind (und sie sind es wohl immer schon, bevor man sich aktiv um eine Optimierungstaktik bemüht), liegt es nahe, die eigene Erlebensqualität zu quantifizieren. Von einem Zahlenwert ausgehend, mag es dienlich erscheinen, sich einen anderen Zahlenwert als Zielmarke auszuwählen und von nun an darauf hinzuarbeiten, ihn zu erreichen. Damit kommt ein Prozess in Gang, der von jenen technischen Verbesserungsprozeduren nicht zu unterscheiden ist, von denen der Optimierungsbegriff historisch herrührt.[8] Entsprechend der persönlichen Fragmentierung und sozialen Segmentierung lässt sich von »Zonen der Selbstoptimierung« sprechen, wie es die Heraus-

8 | Felix Klopotek bezeichnet Optimierung als einen »technisch präzise auszuführenden Vorgang« und weist auf die Paradoxie hin, dass sich ausgerechnet für die »heroische« Verbesserung der Persönlichkeit »der nachgerade technokratisch sauber klingende Begriff Selbstoptimierung eingebürgert hat«, siehe »On Time Run. Immer unterwegs, niemals ankommen, auf dem Weg durch die Zonen der Selbstoptimierung«, in: ders., Peter Scheiffele (Hg.): *Zonen der Selbstoptimierung. Berichte aus der Leistungsgesellschaft*, Berlin 2016, 9-34, 11 und 16. Eine besonders differenzierte Auseinandersetzung mit dem Optimierungsbegriff findet sich bei Jürgen Straub, Anna Sieben und Katja Sabisch-Fechtelpeter: »Menschen besser machen. Terminologische und theoretische Aspekte vielgestaltiger Optimierungen des Humanen«, in: dies. (Hg.): *Menschen machen. Die hellen und die dunklen Seiten humanwissenschaftlicher Optimierungsprogramme*, Bielefeld 2012, 27-75.

geber eines die Leistungsgesellschaft kritisch untersuchenden Sammelbandes jüngst getan haben – und eine dieser Zonen ist eben die Optimierung des emotionalen Erlebens, von der Neckel schrieb. Sofern diese Optimierung einen Plan verfolgt, geht sie über bloß relationierende Verbesserungsversuche hinaus und orientiert sich stattdessen am Entwurf eines emotional integrierten Individuums – und wohl in diesem Sinn eines Subjektentwurfs lässt sich Neckels Rede vom »Design« hier verstehen.

Die gestalterische Dimension, die der Designbegriff in sich trägt, wird schließlich noch plausibler, wenn man die Einbeziehung der Neuroplastizität in den Selbstoptimierungsdiskurs berücksichtigt. Das Gehirn unterliegt, wie die Neurowissenschaft seit der Mitte des 20. Jahrhunderts annimmt, einem über die gesamte Lebensdauer anhaltenden Umgestaltungsprozess.[9] Daniel Goleman hat dieses Postulat für seine populären Schriften zur emotionalen Intelligenz fruchtbar gemacht und damit der Vorstellung einer nahezu unbegrenzten Veränderbarkeit des emotionalen Selbst zugearbeitet.[10] Ein Musterbeispiel des neuroplastisch durchargumentierten Selbsthilfebuchs hat der Hirnforscher Richard Davidson mit *Warum wir fühlen, wie wir fühlen* vorgelegt – und an ihm lässt sich zeigen, wie kleinteilige Optimierungen mit einem großformatigen Entwurf eines neuen, anders fühlenden Selbst konvergieren können.

Davidson führt unter Verweis auf zum Teil eigene neurowissenschaftliche Forschungen den Begriff des »emotionalen Stils« ein und macht ihn anhand der Unterscheidung von sechs Dimensionen – Resilienz, Grundeinstellung, soziale Intuition, Selbstwahrnehmung, Kontextsensibilität und Aufmerksamkeit – skalierbar.[11] Veränderungswillige LeserInnen sollen dabei im Selbsttest ihren jeweiligen emotionalen Stil erfassen und etwaige Abweichungen vom idealen Selbstbild feststellen. Damit implementiert Davidson einen Referenzrahmen für zunächst minimale, in Summe aber nicht unbeträchtliche Anpassungen des emotionalen Stils und damit der Neigung, bestimmte Emotionen auszubilden und andere hintanzuhalten. Die Person wird hierbei als affektives System modelliert, dessen Regulationsmechanismen optimiert werden sollen. Die Emotionen werden zu Informationen, die man diagrammatisch in eine Persönlichkeitskarte eintragen kann, um sie zielgerichtet zu modulieren. Man wird, anders gesagt, sein eigener kybernetischer Dämon, der damit beschäf-

9 | Was die Entdeckung der Neuroplastizität für das politische Denken bedeutet, ist die Leitfrage von Catherine Malabous Essay *Was tun mit unserem Gehirn?*, Zürich/Berlin 2006.

10 | Neckel: »Emotion by Design«, 128.

11 | Richard J. Davidson, Sharon Begley: *Warum wir fühlen, wie wir fühlen. Wie die Gehirnstruktur unsere Emotionen bestimmt – und wie wir darauf Einfluss nehmen können*, München 2012.

tigt bleibt, negentropisch für die Erhaltung und Verbesserung der innerpsychischen Ordnung zu sorgen.

Diese systemische Selbstoptimierung markiert gegenüber den früheren Anweisungen zur emotionalen Selbstkontrolle sowie zum manipulativen Einsatz von Gefühlsausdrücken tatsächlich eine qualitative Verschiebung. Das Selbst wird als außerordentlich modellierbar aufgefasst, indem man es modularisiert und moduliert. Der Designbegriff eignet sich wegen seiner künstlerisch-technischen Konnotation zur Benennung dieses neuen Regulationsdispositivs, während für das ältere Programm der Emotionsregulierung eher Begriffe aus der Moral, Religion oder Lebenskunst geeignet sind. Seit dem Erscheinen von Neckels Aufsatz hat sich allerdings ein weiteres Dispositiv etabliert, das dem Selbstmanagement der Gefühle auf nochmals andere Weise zuarbeitet.

Automatisierte Emotionsmodulation

Gemeint ist ein medientechnologisches Dispositiv, das darauf abzielt, Emotionen von UserInnen in Echtzeit zu erkennen und zu regulieren. Beabsichtigt wird dabei, auf der Grundlage von Persönlichkeitsprofilen einerseits Empfehlungen für ein Verhalten zu geben, das Stimmung und Wohlbefinden der UserInnen verbessern soll, andererseits bestimmte Zielemotionen über die Vermittlung geeigneter Interfaces direkt zu induzieren. Als Vorstufe für diese mediengestützte Autokybernetisierung lassen sich Programmatik und Methodik der permanenten Selbstaufzeichnung auffassen, die unter den Neologismen Self-Tracking, Self-Surveillance und Lifelogging firmieren. Diese Verfahren zur ›Quantifizierung des Selbst‹ ermöglichen ein zumindest auf Datenebene objektives und im Extremfall permanentes Monitoring von Körperdaten wie Puls, Hauttemperatur und Hautleitfähigkeit, Schrittfrequenz, Kalorienverbrennung und Schlafperioden.

Der Begriff Quantified Self soll 2007 durch Redakteure des Magazins *Wired* eingeführt worden sein.[12] Die Online-Plattform der sich damals etablierenden, gleichnamigen Bewegung propagiert selbstbewusst den Slogan »Self-Knowledge Through Numbers« und geht von der Prämisse aus, dass nur verbessert werden kann, was vorher gemessen wurde.[13] Die Kritik an der

12 | Vgl. den englischen Wikipedia-Artikel »Quantified Self« (Zugriff 26.09.2015).

13 | Vgl. den Blog-Eintrag »What is the Quantified Self?« vom 03.03.2011 auf der Website quantifiedself.com: http://quantifiedself.com/2011/03/what-is-the-quantified-self (Zugriff 16.09.2017).

absoluten Zahlengläubigkeit ließ freilich nicht lange auf sich warten.[14] Dass diese letztlich an dystopische Szenarien totaler Überwachung erinnernden Methoden von einer globalen Kundschaft bereitwillig übernommen und bezahlt werden, liegt neben den genannten Appellen an die individuelle Optimierung wohl zu einem großen Teil an den spielerischen Elementen, die aus dem Video- und Computerspielbereich mit großem Erfolg in die Self-Tracking-Apps integriert werden. Diese ›Gamification‹ verwandelt die tägliche, im Training auf Dauer gestellte Anstrengung gegen Trägheit und Gelassenheit in ein motivierendes Spiel um die nächsthöhere Punktezahl. Gamification ist die affektive Vervollkommnung der Selbstquantifizierung.[15] Dass diese von einer ›Bewegung‹ propagiert wird, trägt einiges dazu bei, den ökonomischen Hintergrund zu verschleiern, der darin besteht, einen Absatzmarkt für die tragbaren Rechner, Geräte und zahllosen Apps zu kreieren.

Von diesen vergleichsweise simplen Anwendungen zur Selbstaufzeichnung von Körperdaten heben sich die Ansprüche, Phantasmen und teilweise bereits vollzogenen technischen Implementierungen des Affective Computing deutlich ab. Der Begriff Affective Computing (im Folgenden: AC) wurde 1997 von der am MIT forschenden Elektroingenieurin Rosalind Picard eingeführt und erlebt seit etwa 2010 eine Hochkonjunktur, deren Ende noch nicht abzusehen ist.[16] Ziel ist die Entwicklung affektiv responsiver Medien, die menschliche Affekte automatisch erkennen und durch die Simulation emotionaler Ausdrücke auch induzieren können sollen, sodass eine affektbezogene Feedbackschleife zwischen UserIn und Geräteumgebung entsteht. Diese Technologie stellt mindestens potentiell einen unvordenklichen qualitativen Sprung des von Neckel beschriebenen Selbstmanagements der Gefühle dar. Denn die Affektregulation ist hier der Tendenz nach nicht länger Aufgabe sich selbst

14 | Neben zahlreichen kritischen Zeitungsartikeln erschienen zuletzt zunehmend auch akademische Arbeiten zur Situierung dieses neuen Phänomens, siehe etwa Ariane Greiner, Christian Grasse: *Mein digitales Ich. Wie die Vermessung des Selbst unser Leben verändert und was wir darüber wissen müssen*, Köln 2013; Stefan Selke: *Lifelogging. Wie die digitale Selbstvermessung unsere Gesellschaft verändert*, Berlin 2014; Stefanie Duttweiler et al. (Hg.): *Leben nach Zahlen. Self-Tracking als Optimierungsprojekt?*, Bielefeld 2016.

15 | Eine Bestandsaufnahme sämtlicher Bereiche der Gamification-Implementierung samt gouvernementalitätstheoretischer Kritik bietet Mathias Fuchs, Sonia Fizek, Paolo Ruffino, Niklas Schrape (Hg.): *Rethinking Gamification*, Lüneburg 2014, insbesondere der Beitrag von Niklas Schrape: »Gamification and Gouvermentality«, 21-45.

16 | Siehe Rosalind Picard: *Affective Computing*, Cambridge/MA 1997. Die derzeitige Hochkonjunktur lässt sich an der Etablierung des Journals *IEEE Transactions on Affective Computing* 2010 und an der Herausgabe des *Oxford Handbook of Affective Computing* 2015 ablesen.

kontrollierender Subjekte, sondern eine durch medientechnische Umgebungen organisierte (Dienst-)Leistung. Die Kybernetisierung des Affektiven, wie sie angefangen bei Gregory Batesons Double-Bind-Konzept über John Bowlbys Bindungstheorie bis hin zu Allan Schores Affektregulationsmodell in den Psychodisziplinen schon vor Jahrzehnten Einzug gehalten hat, erreicht damit eine neue Dimension.[17]

Affektregulation wird üblicherweise ebenso intra- wie interpersonal vorgenommen, sie umfasst unbewusste Regulationsweisen ebenso wie bewusste Interventionen, und sie kann in unterschiedlichen Phasen eines Emotionen induzierenden Prozesses ansetzen.[18] Zu ihrer Unterstützung kommen ganz unterschiedliche Medien in Frage: Das Übergangsobjekt lässt sich als ein solches Medium auffassen, da es vom Kleinkind zu seiner eigener Affektregulation benutzt wird;[19] ebenso werden elektronische Medien (TV, Soundsysteme, Videospiele) dafür eingesetzt, Stimmungen zu regulieren, wie der kommunikationswissenschaftliche Begriff *Mood Management* es ausdrückt.[20] Sofern diese Medien Affekte oder vorsichtiger: Affizierungspotenziale speichern oder übertragen, kann man sie als affektive Medien bezeichnen – wenn auch noch nicht im responsiven Sinn.

Das Übergangsobjekt wird mit Affekten aufgeladen und speichert sie. Die elektronischen Medien wie zuvor auch Schrift- und Printmedien übertragen Affekte auf jene Subjekte, die sich ihrer zu bedienen wissen. In beiden Fällen braucht es allerdings ein – sei es implizites, sei es explizites – Wissen des Subjekts darum, wie es sich mit den gewünschten Affekten versorgen kann. Ungeachtet des Technisierungsgrades des Mediums (vom Stofftier bis zum Videospiel) ist damit das Subjekt in seiner kulturtechnischen Versiertheit gefordert. Es bedient sich der affektiven Medien in Kultur- und Psychotechniken der Affektregulation.

---

17 | Für einen Abriss der Kybernetisierung der Psyche bis hin zum Phantasma eines emotional voll integrierten Betriebssystems in Spike Jonze' Film *Her* (USA 2013) siehe Marie-Luise Angerer, Bernd Bösel: »Capture All, oder: Who's Afraid of a Pleasing Little Sister«, in: *Zeitschrift für Medienwissenschaften* 13 (2015), 48-56.

18 | Vgl. James J. Gross: »Emotion Regulation: Past, Present, Future«, in: *Cognition & Emotion* 13/5 (1999), 551-573.

19 | Vgl. Donald W. Winnicott: »Übergangsobjekte und Übergangsphänomene. Eine Studie über den ersten, nicht zum Selbst gehörenden Besitz«, in: *Psyche* 23/9 (1969), 666-682.

20 | Vgl. Dolf Zillmann: »Mood Management. Using Entertainment to Full Advantage«, in: L. Donohew et al. (Hg.): *Communication, Social Cognition and Affect*, Hillsdale 1988, 147-172.

In dieser alltäglichen Arbeit an den Affekten greifen wir auf dasjenige Wissen zurück, das wir von uns selbst haben. Doch dieses Wissen und vor allem unsere Verarbeitungsfähigkeit sind begrenzt. AC verspricht nun Abhilfe, denn es besteht zunächst darin, affektives Wissen über uns zu sammeln: Unsere Vorlieben, unsere Bewegungen, unsere Kontakte, unsere Entscheidungen usw. ergeben ein zunehmend hochauflösendes digitales Profil unserer selbst. Die Aufspürung menschlicher Affekte – Affect Detection oder einfach: Sensing – ist dementsprechend auch der erste große Forschungsbereich des AC, sie ist die Inputseite im affektverrechnenden System.[21] Dabei werden im Prinzip alle affektiven Expressionsmodi abgeschöpft: Gesichtsausdrücke, Körperbewegungen, Worte, Sprachprosodie, die Interaktionen mit Software sowie physische Zustände bzw. Veränderungen (Herzschlag, Hautwiderstand, Muskelspannung, Atemfrequenz und elektrische Aktivität im Gehirn).[22] Zur Messung dieser Signale braucht es Sensoren, die am Körper getragen werden müssen, wofür neuerdings mit den Wearables ein neues Marktsegment erschlossen wurde. Hierbei kommen die bereits erwähnten Self-Tracking-Anwendungen zu Hilfe, die sowohl ein passives Tracking von Körperdaten als auch ein aktives Tracking ermöglichen, womit intentionale Eingaben durch die User gemeint sind – so etwa in den Mood-Tracking-Applikationen, die auf Rückmeldungen angewiesen sind, etwa durch ein Emoticon auf die von der App gestellten Frage nach der aktuellen Stimmung.[23]

Bei all den Expressionsmodi, die durch AC-Anwendungen ausgelesen werden können, stellt sich natürlich die Frage, wie mit den gesammelten affektiven Daten weiter verfahren wird. Welche Kategorisierungen werden hierbei angewendet? Wie korreliert man diese Daten mit distinkten Emotionen?[24] Die AC-Forschung unterscheidet zwischen einem diskreten und einem kontinuier-

21 | Quelle für die folgenden Ausführungen: Rafael A. Calvo, Sidney K. D'Mello, Jonathan Gratch, Arvid Kappas (Hg.): *The Oxford Handbook of Affective Computing*, New York/NY 2015. Das *Handbook* enthält 41 Kapitel in 5 Sektionen: »Theories and Models«, »Affect Detection«, »Affect Generation«, »Methodologies and Databases«, »Applications of Affective Computing«.

22 | Vgl. Ryan S. J. D. Baker, Jaclyn Ocumpaugh: »Interaction-Based Affect Detection in Educational Software«, in: ebd., 233-245 sowie Jennifer Healey: »Physiological Sensing of Emotion«, in: ebd., 204-216.

23 | Zu diesem Konzept siehe Sarah Miriam Pritz: »Mood Tracking. Zur digitalen Selbstvermessung der Gefühle«, in: Stefan Selke (Hg.): *Lifelogging*, Wiesbaden 2016, 127-150.

24 | Die AC-Community spricht ihrem Grundbegriff gemäß zumeist von Affekten, meint damit aber praktisch durchgehend kategorielle Emotionen.

lichen Modell.[25] Das diskrete Modell schreibt bestimmte Expressionen distinkten Emotionen wie etwa Furcht, Freude oder Ekel zu. Das kontinuierliche Modell rastert die Expressionen anhand von Dimensionen wie Erregung, Valenz oder Intensität von Lust und Schmerz. Dominierend war bisher das diskrete Emotionsmodell, und dabei wiederum die Theorie der sechs Basisemotionen von Paul Ekman (Wut, Angst, Ekel, Traurigkeit, Freude, Überraschung) sowie das von Ekman in den 1970er Jahren mitentwickelte Facial Action Coding System (FACS): »Using this model, expert FACS coders analyze a facial expression frame by frame to identify groups of active muscles and then apply well defined rules to map these muscle activation patterns into discrete emotion categories.«[26] Ein vergleichbares System existiert für Körperausdrücke offenbar noch nicht, wird aber zum Desiderat erklärt.[27] Die AC-Community hat sich im Gefolge der Galionsfigur Rosalind Picard offenbar weitgehend auf das diskrete Modell und seine Grundlagen verlassen, das freilich schon in der Psychologie nicht unumstritten ist. Insbesondere der Universalitätsanspruch der sechs Basisemotionen wurde immer wieder in Frage gestellt.[28] Doch selbst innerhalb der AC-Forschung gibt es Kritik am FACS, weil menschliche Gesichtsausdrücke oft, wenn nicht gar meist sehr viel variabler seien als die genannten sechs Basisemotionen.[29]

Der Output, das heißt die Simulation und Expression von Emotionen durch digitale Geräte wird als Affect Generation oder auch Affect Synthesis bezeichnet. Dieser zweite große Forschungsbereich des AC dient dazu, Emotionen und Stimmungen von UserInnen über speziell designte Interfaces zu modulieren, wobei auch hier sehr oft Ekmans FACS angewendet wird. Eingesetzt werden hierfür simulierte, virtuelle Emotionen, verkörpert durch digitale AgentInnen, die zu realen, wenn auch künstlich induzierten, Emotionen bei den NutzerInnen führen. Die animierten Software-AgentInnen, z.B. die »embodied conversational agents«, werden definiert als »animated virtual humans capable of social interaction with people through dialogue and nonverbal behaviors, using the same modalities such as voice, facial expression, postur-

25 | Nadia Bianchi-Berthouze, Andrea Kleinsmith: »Automatic Recognition of Affective Body Expressions«, in: *Oxford Handbook*, 151-169, 156.

26 | Ebd.

27 | Ebd., 165.

28 | Kritisch hierzu Anna Tuschling: »The Age of Affective Computing«, in: Marie-Luise Angerer, Bernd Bösel, Michaela Ott (Hg.): *Timing of Affect. Epistemologies, Aesthetics, Politics*, Zürich/Berlin 2014, 179-190.

29 | Christine Lisetti, Eva Hudlicka: »Why and How to Build Emotion-Based Agent Architectures«, in: *Oxford Handbook*, 94-109, 101.

al shifts, and gestures that people use in face-to-face interaction«.[30] Zuweilen findet man auch die Begriffe »emotional agent«, »empathic agent« oder »relational agent«.[31] Letztere – man kann sie tentativ als »BeziehungsagentInnen« eindeutschen – werden vor allem bei Software-Anwendungen im Gesundheitssektor diskutiert.[32] Die bisherigen BeziehungsagentInnen greifen zumeist auf herkömmliche »conversational agent interfaces« zurück, wie man sie etwa aus Computerspielen kennt; zunehmend kommen aber real verkörperte AgentInnen ins Spiel, wie etwa elektronische Haustiere und Roboter.[33] Als Zielgruppe für diese Anwendungen werden Menschen mit geringer »computer literacy« und/oder »health literacy« genannt, die man so besser erreichen will und die auch selbst höhere Zufriedenheit äußern, als wenn man sie mit digitalen Informationen alleine lässt, die ohne simulierte Interaktion angeboten werden und damit für viele AnwenderInnen nutzlos bleiben.[34]

BeziehungsagentInnen sollen etwa dabei helfen, medizinische Anweisungen und Erklärungen zu vermitteln. Erwähnt werden hier etwa *informed-consent*-Dokumente bei klinischen Versuchen sowie Entlassungsanweisungen. Einer Studie zufolge interagiert diese Patientengruppe lieber mit BeziehungsagentInnen als mit menschlichen ExpertInnen, »because they felt she [man beachte den *gender bias* bei diesen Anwendungen, der sich durch das gesamte AC-Feld zieht, Anm. BB] provided information in a more friendly and less pressured manner«.[35] Auch das therapeutische Verhältnis soll mit BeziehungsagentInnen verbessert worden sein, jedenfalls behauptet das eine Studie, der zufolge die Teilnehmer diesen Programmen gegenüber signifikant mehr intime Informationen preisgaben als realen Personen gegenüber.[36] Digitale GesundheitsagentInnen sollen künftig in der Lage sein, affektive Informationen von den PatientInnen zu erkennen, ohne diese ständig nach ihren Befindlichkeiten befragen zu müssen. Für Menschen in depressiven Zuständen scheint

30 | Margaux Lhommet, Stacy C. Marsella: »Expressing Emotion Through Posture and Gesture«, in: *Oxford Handbook*, 273-285, 273.

31 | Georgios N. Yannakakis, Ana Paiva: »Emotions in Games«, in: *Oxford Handbook*, 459-471, 466; Daniel S. Messinger et al.: »Affective Computing, Emotional Development, and Autism«, in: *Oxford Handbook*, 516-536, 527; Timothy W. Bickmore: »Relational Agents in Health Applications«, in: *Oxford Handbook*, 537-546.

32 | Vgl. hierzu auch Lisa Schreiber: »Advanced Wellbeing: Digitale Techniken der Vermessung von Affekten in der Cyberpsychologie«, in: *Mediale Kontrolle unter Beobachtung* 5.1 (2016), www.medialekontrolle.de (Zugriff 16.09.2017).

33 | Luciano Floridi spricht diesbezüglich von »artificial companions«, siehe *The Fourth Revolution*, Oxford 2014, 152-158.

34 | Bickmore: »Relations Agents in Health Applications«, 538.

35 | Ebd., 543.

36 | Ebd., 540.

dies anhand von Signalen wie Sprachprosodie und anderen Verhaltensweisen bereits möglich zu sein.

Als zentral wird die langfristige Beziehung zur digitalen Agentin erachtet, weil es in therapeutischen Behandlungen ja zumeist darum geht, die PatientInnen zu anhaltendem Engagement zu bewegen. Als besonders vielversprechend wird dabei die Programmierung randomisierter Abweichungen von den Standardinteraktionen sowie von Hintergrundgeschichten ausgewiesen, mit denen etwa ein Trainingsagent ausgestattet wurde. Dass Menschen mit virtueller, also völlig künstlicher, digital mediatisierter Empathie tatsächlich zufrieden sind, sollen Untersuchungen zeigen, die solche EmpathieagentInnen bei Verhaltensinterventionen zur Krebsvorsorge wie auch bei Trainingsprogrammen für GeriatriepatientInnen einsetzten.[37] Die Akzeptanz gegenüber der Interaktion mit Computerartefakten, die Emotionen nur simulieren, wird durch die Aussage einer Versuchsperson belegt: »She's a computer character. I don't know if she cared about me. I don't know if she feels. She's a character and she has a role, but I don't know if she has feelings. But, it worked for me and I'm happy.«[38]

Bei Kindern auf dem Autismus-Spektrum wurde beobachtet, dass diese mit BeziehungsagentInnen ebenso viel kommunizieren wie mit menschlichen PsychologInnen, die dieselben Skripts verwenden; zudem soll sich ihre Fähigkeit verbessern, die Emotionen anderer Menschen zu erkennen.[39] Überhaupt ist Autismus ein Feld, das sich in der AC-Literatur immer wieder findet. Hierbei kommt der bislang vielleicht plausibelste therapeutische Nutzen zum Tragen: Da Menschen mit Autismus oft nicht über die Kommunikationsmittel verfügen, um ihre Affekte Mitmenschen gegenüber zu erläutern, kann eine frühzeitige automatisierte Aufspürung eines gerade einsetzenden Affekts den Bezugspersonen wichtige Informationen bereitstellen, um angemessen zu interagieren.[40]

Man sieht aber auch mit Blick auf dieses Anwendungsfeld die Gefahr heraufsteigen, die in dem vermeintlich Rettenden liegt. Wenn nämlich die Affektregulation, die man bisher den habitualisierten Kultur- oder Psychotechniken zuschreiben konnte, auf automatisierte Agentensysteme übertragen wird, deren Algorithmen für die Nutzer weder einsehbar noch verständlich sind, wird ein gehöriger Anteil der Affektverfügung den Individuen und sozialen Gruppen entzogen und einem digitalen Gefüge überantwortet. Welchen Imperativen dieses Gefüge gehorcht, ist die Frage, die angesichts dieser Auslagerung

---

37 | Ebd., 544.

38 | Ebd.

39 | Messinger et al.: »Affective Computing, Emotional Development, and Autism«, 526f.

40 | Ebd., 516.

dringend gestellt werden muss. Die Beispiele aus dem Gesundheitswesen zeigen, dass Fragen nach einer würdigen Betreuung von Menschen durch Menschen gar nicht mehr aufkommen. Vielmehr wird der unbefriedigende Status quo im Gesundheitssektor als gegeben vorausgesetzt, dem nun computergestützte Systeme Abhilfe verschaffen sollen. Schon auf dieser Ebene lässt sich von einer Normalisierung sprechen – einer Normalisierung nicht zufriedenstellender soziopolitischer Verhältnisse. Der Begriff der Normalisierung im Sinne Foucaults greift aber noch stärker, wenn man auf die mediengestützte Ansammlung affektiver Daten fokussiert, die statistisch ausgewertet werden, um eine bessere Regierbarkeit und Optimierung menschlicher Affektivität zu bewirken/ermöglichen.

Darüber hinaus muss allerdings auch gefragt werden, mit welchen starren normativen Vorstellungen die Implementierung automatisierter Affektregulationssysteme operiert. In anderen Worten: Welche Emotionen sind es, die als Zielgrößen der Modulation herangezogen werden, und inwiefern wirkt sich die Orientierung an diesen Emotionen auf das Design der Interfaces, der Beziehungsagenten und Verhaltensempfehlungen aus? Der Verdacht, dass hierbei die Dichotomisierung von ›positiven‹ und ›negativen‹ Emotionen fortgeschrieben wird, wie man sie aus der amerikanischen Tradition des Positiven Denkens sowie der Positiven Psychologie kennt,[41] stellt sich angesichts der psychologischen wie auch soziopolitischen Unbekümmertheit der Forschungsliteratur zum AC schnell ein. Erhärten lässt er sich angesichts eines Buchtitels wie *Positive Computing*, der von einem der Herausgeber des *Oxford Handbook of Affective Computing* stammt. »Positive Computing« wird darin, neben verwandten Begriffen wie »positive technologies« und »interaction design for emotional wellbeing«, explizit für jene Technologien reserviert, die das Potential zur Unterstützung der Anliegen Positiver Psychologie haben.[42]

Das Phantasma einer technologischen Herstellbarkeit – des Designs – von Glück und Wohlbefinden wird hier also mit dem Vertrauen verbunden, ein nicht mehr weiter zu hinterfragendes normatives Fundament für die Lebensführung gefunden zu haben, nämlich eine Disziplin, die alles auf die Stärkung positiver Emotionen und die Vermeidung negativer Emotionen setzt. Die Positive Psychologie wurde allerdings schon früh für die von ihr forcierte »Tyrannei der positiven Einstellung« kritisiert, insofern sie dazu tendiert, negative Erfahrungen (und damit auch Emotionen) rückwirkend als selbstverursacht

41 | Zur Kritik der letztlich auf den Calvinismus zurückweisenden Ideologie des älteren positiven Denkens und der positiven Psychologie seit den 1990er-Jahren siehe Barbara Ehrenreich: *Smile or Die. Wie die Ideologie des positiven Denkens die Welt verdummt*, München 2010.

42 | Vgl. Rafael A. Calvo, Dorian Peters: *Positive Computing. Technology for Wellbeing and Human Potential*, Boston 2014, 9.

zu betrachten, weil es der betroffenen Person am geforderten Optimismus gefehlt hätte.[43] Dass sogenannte negative Emotionen zudem einen relationalen Erkenntniswert haben, dass sie also über das Verhältnis zur Mit- und Umwelt Aufschluss geben, bleibt in einer Psychologie, die sich primär auf ein Konzept von Positivität stützt, konstitutiv unterbelichtet. Und eine weitere Beobachtung wurde in der kritischen Literatur zur Glücksindustrie gerade im Hinblick auf die neuen Affekt- und Psychotechnologien bereits mehrfach geschildert:[44] dass nämlich mit der Akzeptanz der affektresponsiven Medien schleichend eine neue Stufe des Behaviorismus erreicht wird, der auf Grundlage vermeintlich objektiver Daten und unter Zuhilfenahme ubiquitär verteilter Sensoren und Kameras das Verhalten der Nutzer weitaus wirkungsvoller zu steuern vermag, als dies in den klassischen sozialtechnologischen Entwürfen jemals umsetzbar war. Die Indienstnahme des Designwissens wird für diese Wiederkehr des Behaviorismus keine unbedeutende Rolle gespielt haben.[45]

---

43 | Barbara S. Held: »The Negative Side of Positive Psychology«, in: *Journal of Humanistic Psychology* 44/1 (2004), 9-46, 12.

44 | »The combination of big data, the narcissistic sharing of private feelings and thoughts, and more emotionally intelligent computers opens up possibilities for psychological tracking that Bentham and Watson could never have dreamed of.« (William Davies: *The Happiness Industry. How the Government and Big Business Sold Us Well-Being*, London/New York 2016, 222.) Und auch B. F. Skinner kommt angesichts der kleinen Gratifikationen, die in die Gamification-Anwendungen eingebaut werden, wieder zu Ehren: »Da die Selbsttracker der Quantified-Self-Bewegung die Techniken übernommen haben, ist Skinners Behaviorismus wieder in Mode gekommen. [...] Alle können Skinnersche Apps auf ihre Smartphones und Computer herunterladen.« (Carl Cederström, André Spicer: *Das Wellness-Syndrom. Die Glücksdoktrin und der perfekte Mensch*, Berlin 2016, 143f.)

45 | Größten Dank an Novina Göhlsdorf für inhaltliche wie formale Hinweise und Anregungen.

Futurologische Vorübungen

(Dis-)Simulation, Szenario und Misstrauen in Graciáns *Handorakel*

Jeannie Moser

> The decade of the Sixties has brought with it an important change in the intellectual climate throughout any parts of the world, evidenced by a new attitude toward the future [...] The effect has been to extend customary planning horizons into a more distant future and to replace haphazard intuitive gambles, as a basis for planning, by sober and craftsmanlike analysis of the opportunities the future has to offer.
> *Olaf Helmer: Analysis of the Future – The Delphi Method (The RAND Corporation, 1967)*

Die Analyse der Zukunft weist mitunter in Vergangenheiten. Etwa in das Jahr 1647. Gegen Ende des spanischen *Siglo de Oro*, in dem Literatur und Kunst eine fulminante Blüte erleben, in einem Spanien, das noch koloniale Weltmacht ist, dessen ökonomische und politische Vorherrschaft allerdings unwiderruflich zu zerfallen droht, in einer Sphäre, in der religiöse und soziale Ordnung in Bewegung geraten, erscheint unter Pseudonym ein Brevier höfischer Spiel- und Lebensregeln: Baltasar Graciáns *Handorakel und Kunst der Weltklugheit*, im Original *Oráculo manual y arte de prudencia.*[1] Der Jesuitenpater Gracián wird wegen seiner protoaufklärerischen Ideen und regen Publikationstätigkeit unter Decknamen als Professor für humanistische Studien abgesetzt,

1 | Balthasar Gracián: *Handorakel und Kunst der Weltklugheit. Aus dessen Werken gezogen von D. Vicencio Juan de Lastanosa und aus dem spanischen Original treu und sorgfältig übersetzt von Arthur Schopenhauer*, München 2008. Die Nachweise erfolgen unter Angabe der Aphorismus-Nummer im Fließtext. Kursivierungen sind von Gracián übernommen.

von seinem Orden unter Arrest und auf Schreibentzug gestellt. Nur teilweise rehabilitiert stirbt er 1658. Das regierungstechnische Programm aber, das meist in einem Atemzug mit Castigliones *Das Buch vom Hofmann* (1528) und Machiavellis *Der Fürst* (1513/1532) genannt wird, wird seinen Autor überleben. Das *Handorakel* macht Karriere durch die Jahrhunderte, konstituiert sich in diversen kulturhistorischen Umwelten, wo man es liest, es einander schenkt, es sich aneignet und aktualisiert. Bis in die Gegenwart hinein erfährt es große Resonanz und hat verschiedenste Konjunkturen, aktuell lebt es in Manager-Kreisen fort, Graciáns Strategeme werden vor allem in den USA als Selbsthilfe-Ratgeber verkauft.[2]

Beim *Handorakel* handelt es sich um 300 sprachlich aufwendig arrangierte kommentierte Aphorismen, die auf eine ganz und gar nicht vertrauensvolle, undurchsichtige, komplexe und auf neue Weise kontingente Welt als politisch-rhetorischer Kommunikationsraum bezogen sind. Alle Akteure stehen darin unter permanentem Verdacht und wechselseitiger Beobachtung. Ausgehend von einem Wissen um simulierte und dissimulierte Wirklichkeiten, um Technizität und Spiel entwirft das *Handorakel* diese feindselig gespannte, konkurrente Welt als eine mit Raffinesse manipulierte und manipulierbare und lässt sie wirkmächtig werden – auch wenn es vorgibt, sie nur zu beschreiben.

Das *Handorakel* ist soziales Kriegsszenario, gewissermaßen sogar Worst-Case-Szenario, scharfsinnig nüchterne Analyse der Macht und Herrschaftsmechanik, literarische und politische Anthropologie, empirische Verhaltensstudie und erzieherische Anleitung für zukünftiges Handeln zugleich. Die *arte de prudencia* nämlich, die erst Arthur Schopenhauer mit seiner Übersetzung 1832 zur Kunst der Weltklugheit macht, ist eine Regierungskunst im Sinne eines planvollen Denkens und verständigen Handlungswissens, das auf eine sich öffnende Zukunft hin ausgerichtet ist. Die barocke Verhaltenslehre lanciert kein theoretisches, sondern ein Tatwissen,[3] ein pragmatisches Wissen. Die Weltklugheit ist ein Wissen, das Macht verleiht und dazu bringt,[4] sich weitsichtig zu orientieren, entschieden zu agieren, in diesen kriegerischen Kommunikationsraum also auch dezidiert gestalterisch zu intervenieren – wobei sich Regierung der Zukunft und Regierung des Selbst verbinden.

Mit einem Blick, der auf die regierungstechnischen Aussagen und zugleich darauf gerichtet ist, wie dieses Tat- und Interventionswissen selbst ästhetisch bzw. rhetorisch formiert ist, interessiert im Folgenden, was das *Handorakel* be-

2 | Siehe dazu Helmut Lethen: »Der Gracián-Kick im 20. Jahrhundert«, in: *Zeitschrift für Ideengeschichte* VII/3 (2013), 59-76; Johanna Schumm: »Zur Wiederkehr der Verstellung. Die gegenwärtige Rezeption von Graciáns *Oráculo manual* als Ratgeber«, in: Giulia Radaelli, dies. (Hg.) *Graciáns Künste*, Berlin 2014, 205-230.

3 | Vgl. Werner Krauss: *Graciáns Lebenslehre*, Frankfurt a.M. 1947, 83.

4 | Vgl. Leander Scholz: *Das Archiv der Klugheit. Strategien des Wissens um 1700*, 176.

reits über ein Verhaltensdesign der 1960er und 1970er Jahre weiß. Es soll um funktionale und verfahrenstechnische Ähnlichkeiten und damit um mögliche langwierige Folgen des *Handorakels* für Planungs-, Strategie- und Zukunftsmanagementtheorien des späten *atomic age* gehen, die Nichtwissen, Kontingenz und Unsicherheit zu handhaben versuchen und geradewegs mit dem Entwurf von Wirklichkeiten einhergehen. Futurologische Verfahren, die im und im Umgang mit dem *Handorakel* auftauchen, weisen nämlich auf ein Denken voraus, das sich als eines des Verhaltensdesigns aufschließen lässt. Neben Simulation und Dissimulation sind dies Prognostik und Providenz, Prävention und Modellierung sowie Szenariotechniken, die mit einer Epistemologie des Misstrauens in Verbindung gebracht werden können. Im Horizont des Kalten Krieges sollen eben solche futurologischen Verfahren zu Perfektion kommen. Exemplarische Affinitäten werden die Szenarien eines Herman Kahn und die von der RAND Corporation entwickelte Delphi-Technik zeigen, die in den Szenarioprozess integriert wird.

In Frage stehen damit die genealogischen Verbindungen zwischen höfischer und einer sich digitalisierenden Kultur, zwischen dem gestaltenden, planvollen Denken des Barocks und dem des Kalten Krieges, der seinen Namen der Dominanz kommunikativer Manöver gegenüber heißen Waffen verdankt. Was hier gezeigt werden soll ist, was womöglich Graciáns »Verhaltenslehre der Kälte«, wie sie einschlägig charakterisiert wurde, weil sie konträr zu einer Authentizitäts- und Aufrichtigkeitskultur ein politisch-rhetorisches und maskiertes, ein technisches Strategiesubjekt entwirft und adressiert,[5] das Handlungs- und Affekträume formt, zu einer Vorübung des Verhaltensdesigns macht. Damit steht u.a. das Verhältnis von Lehre und Design zur Probe. Oder anders: Was weiß das barocke *Handorakel* über Prozeduren, Operationen, Logiken und Epistemologien des Verhaltensdesigns? Und wie ist dieses Wissen beschaffen, in welcher Form gibt es sich zu lesen, sodass es weniger auf eine Lehre und mehr auf die souveräne Produktion eben jenes pragmatischen Tatwissens, mehr auf ein Design des Verhaltens zielen kann?

Das Gestaltungswissen der *persona*

»Zu leben wissen, ist heutzutage das wahre Wissen« – so lautet eine der zentralen Maximen, die Gracián im *Handorakel* hinterlegt hat. (Nr. 232) Das wahre Wissen ist also ein Lebenswissen. An anderer Stelle taucht ein solches Wissen in Verbindung mit *cultura* auf, mit Bildung im Sinne von erlernten bzw. erworbenen Kenntnissen, und wird mit formalästhetischen Prinzipien zusammen-

5 | Vgl. Helmut Lethen: *Verhaltenslehren der Kälte. Lebensversuche zwischen den Kriegen*, Frankfurt a.M. 1994.

gedacht. »Zu leben verstehen« (wie es Schopenhauer übersetzt), zu wissen, wie sich den anderen und sich selbst gegenüber zu verhalten ist, mehr also ein planvolles Denken als eine Weisheit,[6] dieses Wissen ist auf eine formgerechte Gestaltgebung angewiesen, um funktional zu sein.

Es beruht auf einem Prozess, der mit einem ästhetischen Wert versehen ist. Zur Erläuterung der von Gracián gepaarten Stichworte »*Bildung und Eleganz*« heißt es: »Der Mensch wird als ein Barbar geboren, und nur Bildung befreit ihn von der Bestialität. Die Bildung macht den Mann [...] Die Unwissenheit ist sehr roh: nichts bildet mehr als Wissen. Jedoch das Wissen selbst ist ungeschlachtet, wenn es ohne Eleganz ist.« (Nr. 87) Es beansprucht kompositorische und veredelnde Verfahren für sich – in diese Richtung weist der spanische Begriff *aliño*, den Schopenhauer mit »Bildung« übersetzt hat. Schon hier erscheinen »der Mensch« bzw. »der Mann« und sein Verhalten in ihrer Gemachtheit. Zu-leben-wissen ist ein Gestaltungswissen. Und dieses hat, ganz im Sinne des Designs, seine Anwendbarkeit im Blick zu behalten. Gefordert ist ein kaufmännischer, nüchterner und handlungsbewusster, ein »solider Kopf, der nicht mehr denkt, als die Sache mit sich bringt«. (Nr. 239) Unterschieden wird zwischen abstraktem Wissen auf der einen Seite und effizientem, wenn auch nicht unbedingt wahrheitsbezogenem Handlungswissen auf der anderen. Denn: »Wozu dient das Wissen«, fragt das *Handorakel*, »wenn es nicht praktisch ist?« (Nr. 232)

Ein solches praktisches Wissen gilt es zu akkumulieren und sich dadurch zu verbessern. »Keiner kann Herr über sich sein,« heißt es, »wenn er sich nicht zuvor begriffen hat.« (Nr. 89) Die mentorischen Handlungsanweisungen wenden sich an ein diplomatisches und wendiges Selbst, das Macht erlangen, erhalten oder steigern möchte, ebenso wie es sich als singuläres und vollständiges erzeugen und sein Leben gestalten will: Das *Handorakel* verschreibt sich der höchsten Kunst, eine *persona* zu werden. (Nr. 1) In Schopenhauers Übersetzung geht die rhetorisch-theatralische Dimension der *persona* verloren, die schon im Lateinischen mit der Rolle, die der Schauspieler verkörpert, und ganz direkt mit der Maske verbunden ist. Diese wiederum steht metaphorisch für die Dissimulation in der frühneuzeitlichen Kultur, die dafür Sorge trägt, etwas, was für eine Wahrheit bzw. eine Wahrheit des Selbst steht, zu verbergen.[7] Eine solche *persona* ist weder durch (protestantisches) Gewissen oder Moral, noch durch psychologische Innerlichkeit motiviert, sie ist alles andere als au-

6 | Vgl. Friedrich Wolfzettel: »Zwischen Spätbarock und Aufklärung: Moralistik und Säkularisierung bei Baltasar Gracián«, in: Rudolf Behrens, Maria Moog-Grünewald (Hg.): *Moralistik. Explorationen und Perspektiven*, München 2010, 151-170, 156.

7 | Vgl. Jon R. Snyder: *Dissimulation and the Culture of Secrecy in Early Modern Europe*, Berkeley/Los Angeles/London 2012, 6.

thentisch.[8] Die *persona*, so Ursula Geitner, begreift sich idealerweise selbst als Artefakt, »als jemanden, der Worte, Mienen und Gesten einsetzt, um mit diesen als stilisierten Zeichen je bestimmte, antizipierte Wirkung zu erzielen.« Auch die Simulation als die »überzeugende Erzeugung des Scheins« zählt damit zum politisch wesentlichen wie technisch und künstlerisch anforderungsreichen Leistungsprofil.[9]

Die Kunst, eine *persona* zu sein, fällt mit dem Erreichen eines Gipfelpunktes der funktionalen Vollendung zusammen,[10] »wo alle Fähigkeiten vollständig, alle vorzüglichen Eigenschaften entwickelt sind«: »Man wird nicht fertig geboren; mit jedem Tag« erst, so heißt es allerdings, »vervollkommnet man sich«. (Nr. 6) Das barocke Manual animiert – u.a. durch seine ganz spezifische Form, wie noch zu sehen sein wird –, eigens praxisorientiertes Gestaltungswissen zu produzieren, um sich zu besagten vollendeten Mann auszubilden: »weise in seinen Reden, klug in seinem Tun«, der zum »Umgang der gescheiten Leute zugelassen, ja gesucht« wird. (Nr. 6) Dieser Mann kann ein Fürst, ein König sein, die Adresse des *Handorakels* geht jedoch weit über ihn hinaus. »*Jeder sei in seiner Art majestätisch*«, heißt es im Aphorismus 103:

»Wenn er auch kein König ist, müssen doch alle seine Handlungen, nach seiner Sphäre, eines Königs würdig sein und sein Tun in den Grenzen seines Standes und Berufs königlich. [... Er solle] lieber die wahrhaft königlichen Eigenschaften als ein eitles Zeremoniell sich anzueignen suchen, nicht eine leere Aufgeblasenheit affektieren, sondern das wesentlich Erhabene annehmen.«

Der historische Bezugspunkt des *Handorakels* ist der spanische Königshof, der über sich selbst hinaus für die höchste Stufe einer existenziellen Theaterspielbühne steht und auf eine neuartige, grundsätzliche Mobilität und Instabilität sozialer Interaktion verweist.[11] Es ist der spanische Hof als »zeremoniell gesteuerter Zentralraum eines Globalisierungsimperiums«,[12] dessen geographische Grenzen in kostenintensiven Territorial- und Konfessionskriegen umkämpft und verrückt werden,[13] ebenso wie dessen inneren sozialen Grenzen

---

8 | Vgl. Lethen: *Verhaltenslehren der Kälte*, 58-75.

9 | Ursula Geitner: *Die Sprache der Verstellung. Studien zum rhetorischen und anthropologischen Wissen im 17. und 18. Jahrhundert*, Tübingen 1992, 51, 68.

10 | Die Vervollkommnung ist nicht idealistisch platonisch oder religiös zu verstehen. (Vgl. Wolfzettel: »Moralistik und Säkularisierung bei Gracián«, 156.)

11 | Vgl. Snyder: *Dissimulation*, 102-14.

12 | Rudolf Behrens, Maria Moog-Grunewald: »Vorwort«, in: dies. (Hg.): *Moralistik. Explorationen und Perspektiven*, München 2010, VII-XIII, VII.

13 | Der Habsburger Felipe IV. erbt das größte, vermögendste und mächtigste Reich der Erde, zu den Ländern der spanischen Krone zählen 1621 Spanien, die spanischen

durchlässiger werden und neu auszuhandeln sind, wenn sich der raffinierten *persona* Chancen des Aufstiegs auftun, oder aber ihr fehlerhaftes Verhalten genauso wie die geglückte Intrige eines feindlichen Gegenspielers ihren abrupten Fall bedeuten können.

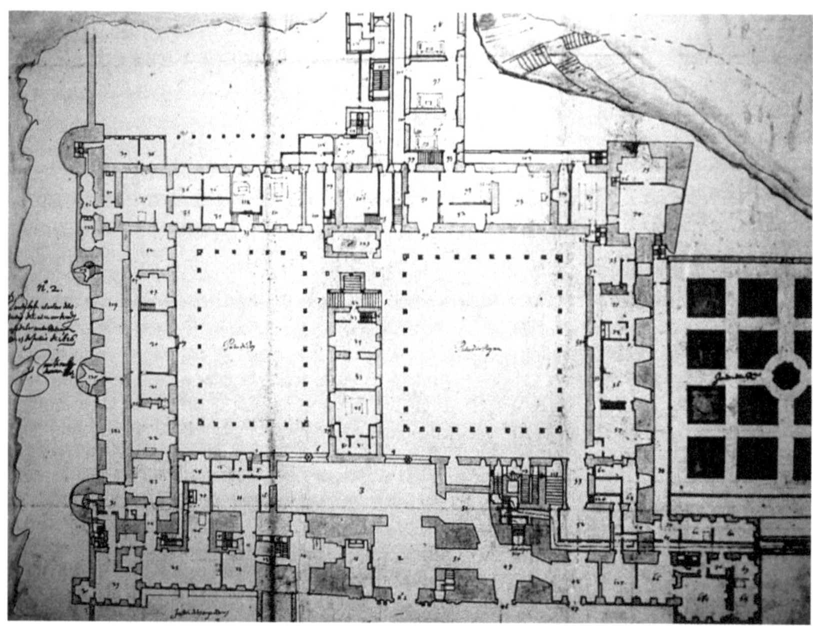

Abbildung 1: Schaltzentrale der Macht. Plan No. 2 des Real Alcázar de Madrid, angefertigt von Juan Gómez de Mora ca. 1626 (Vatikanische Apostolische Bibliothek). Der Alcázar ist einer der Regierungssitze Felipes IV. und Schauplatz Velázquez' Las Meninas *(1656), an dessen architektonischer und dekorativer (Um-)Gestaltung der Maler in den 1640er Jahren beteiligt ist.*

Niederlande, Sardinien, Neapel, Sizilien, Portugal, die spanischen und portugiesischen Kolonialeroberungen in Amerika. Die Regentschaft des *Rey Planeta* allerdings steht für permanenten Kriegszustand, für Niedergang, Verlust von Territorium, ökonomischer und politischer Macht: Im Dreißigjährigen Krieg schlägt sich Felipe IV. auf die Seite der österreichischen Habsburger, Auseinandersetzungen in Italien und mit den Niederlanden machen ihm zu schaffen, mit Frankreich und England kämpft er erbittert um die europäische Hegemonie. 1640 macht sich Portugal erneut unabhängig, mit dem Westfälischen Frieden 1648 muss er die Unabhängigkeit der Vereinigten Niederlande anerkennen, ebenso die Macht der Protestanten sowie Frankreichs. Nach Innen hin scheitern Versuche, einen Zentralstaat durchzusetzen, sie werden mit Aufständen und Unruhen beantwortet. In Summe sind die Kriege teuer und führen zu mehreren Staatsbankrotten.

Gracián schreibt es in einer Sphäre, die einhellig als eine der Krise und des Übergangs beschrieben ist: Die religiöse Ordnung verändert sich mit reformatorischen und gegenreformatorischen Interventionen, soziale Hierarchien formieren sich neu, wenn feudal-ständische Strukturen in Bewegung geraten, und lassen gewohnte Orientierungspunkte verschwinden, politische Macht wandelt sich, die Frage des Regierens wird mit einem Willen zum Wissen systematisch verbunden und Marktgesetze fangen an, alle menschlichen Beziehungen zu durchdringen.[14] Das höfische Leben, Herrschaft und Kommunikation, werden moralisch reguliert, technisiert und verrechtlicht, von Vorschriften erfasst und vorbestimmt. Verhaltensehren wie das *Handorakel* zielen nun aber auf Situationen, die zwar in hohem Maße geregelt, aber dennoch unvorhersehbar sind, und ein Tatwissen und Verhalten erfordern, dass sich diesen Vorschriften, Codes und Gesetzen entzieht.[15] Oder aber letztere erweitert. Sie reagieren auf Kontingenz und Unüberschaubarkeit, metaphysische, politische und soziale Unruhe, kontern ein Nichtwissen, das sich vehement auszubreiten beginnt. Das Zeremoniell nämlich zeigt sich da eitel, alleine führt es ins Leere.

Kunst des Vorherwissens und Epistemologie des Misstrauens

Das Handbuch der Lebensklugheit, das die Tür zu einem säkularen, protoaufklärerischen oder protomodernen Geltungsbereich aufstößt,[16] muss daher massiv mit einer unbekannten Zeit operieren, mit einer neuen Zeitlichkeit. Das in diesem Sinne ›neuzeitliche‹ Verhalten am Hof, den Gracián zum »gesamten Agitationsraum des Weltmannes« ausgedehnt hat,[17] ist vom Ende her

14 | Siehe Michel Foucault: »Die ›Gouvernementalität‹«, in: *Kritik des Regierens. Schriften zur Politik*, Berlin 2010, 91-117; Joseph Vogl: »Regierung und Regelkreis. Historisches Vorspiel«, in: Claus Pias (Hg.): *Cybernetics/Kybernetik 2. The Macy Conferences 1946-1953*, Berlin/Zürich 2004, 67-79; Anselm Jappe, Maria Teresa Ricci: »Barock für Manager. Baltasar Gracián und die Kunst, Erfolg zu haben«, in: *Jungle World* 41 (2001); »Udo Friedrich: Providenz - Kontingenz - Erfahrung. Der Fortunatus im Spannungsfeld von Episteme und Schicksal in der Frühen Neuzeit«, in: Beate Kellner u.a. (Hg.): *Erzählen und Episteme. Literatur im 16. Jahrhundert*, Berlin 2011, 125-156.

15 | Vgl. Tobias Nanz, Armin Schäfer: »Einleitung«, in: dies. (Hg.): *Kulturtechniken des Barock. Zehn Versuche*, Berlin 2012, 7-19, 12f.

16 | Vgl. Behrens, Moog-Grunewald: »Vorwort - Moralistik«, VII.

17 | Johanna Schumm: »Höfische Affektkontrolle. Graciáns *Oráculo manual*«, in: Martin von Koppenfels, Cornelia Zumbusch (Hg.): *Handbuch Literatur & Emotionen*, 415-431, 423.

zu denken. (Nr. 59) Man solle: »*Den glücklichen Ausgang im Auge behalten*«, wird geraten. (Nr. 66) Die Weltklugheit ist eine Futurologie, da sie einem neuen »Gewicht der Zukunft« und ihren Herausforderungen gerecht zu werden versucht.[18] Sie muss eine dem Imaginären verbundene und antizipierende Kunst der Um- und Vorsicht sein. Und genau so, nämlich *arte de prudencia*, lautet die Selbstbeschreibung im spanischen Originaltitel.

Die philosophiegeschichtlich schwergewichtige Prudentia als Steuerungsfigur und -instanz von Handlungs- und Tugendlehren ist zunächst schon aus dem Lateinischen schlicht als Vorherwissen zu übersetzen. »*Vorausdenken*, von heute auf morgen und noch viele Tage«, rät dahingehend das *Handorakel*: »Für den Behutsamen gibt es keine Unfälle und für den Aufmerksamen keine Gefahren. Man soll das Denken nicht aufschieben, bis man im Sumpfe bis an den Hals steckt, es muß zum voraus geschehen.« Das »ganze Leben« überhaupt müsse ein langfristiges, »fortgesetztes Denken sein«, heißt es imperativisch im Kommentar. »Wiederholte Überlegungen und Vorsicht«, eine Vorsehung und strategisch steuernde Vorsorge,[19] zusammengedacht und zusammengefasst im spanischen *providencia*, »machen es möglich, unsern Lebenslauf zum voraus zu bestimmen.« (Nr. 151)

Diese futurologische Kunst des Vorherwissens folgt, so soll hier stark gemacht werden, einer Epistemologie des Misstrauens – womit allerdings über das nur allzu oft konstatierte Misstrauen als Sujet des *Handorakels* und wesentliches Charakteristikum der Welt, wie sie Gracián modelliert, unbedingt hinauszugehen ist. Ein solches Misstrauen als Verfahrensweise, der Ungewissheit der nun offenen Zukunft zu begegnen, ist nicht bereit, ein unkalkulierbares Risiko einzugehen. Stattdessen prüft es die Gegenwart und mobilisiert Szenarien, die das Kommende examinieren lassen. Folgt man dem *Handorakel*, ist es unerlässlich, das Verhalten anderer zu prognostizieren, um das eigene darauf abstellen und Missgeschicken zuvorkommen zu können. Auf dem Feld der politischen Strategie wäre es absolut unklug, der riskanten Logik des Vertrauens zu folgen und den Abgrund zwischen Wissen und Nichtwissen gewagt zu überspringen,[20] um Kontingenz, Komplexität und Zukunftsunsicherheit zu begegnen, sie reduzieren, kompensieren und ertragen zu können. Auch wenn die vereinfachende Kraft des Vertrauens genau das ist, was nach Niklas Luh-

18 | Reinhart Koselleck: *Vergangene Zukunft. Zur Semantik geschichtlicher Zeiten*, Frankfurt a.M. 1984, 10.

19 | Vgl. Eva Horn: »Der Anfang vom Ende. Worst-Case-Szenarien und die Aporien der Voraussicht«, in: Lorenz Engell, Bernhard Siegert, Joseph Vogl (Hg.): *Gefahrensinn. Archiv für Mediengeschichte* 9 (2009), 91-100, 91.

20 | Vgl. Byung-Chul Han: *Transparenzgesellschaft*, Berlin 2013, 78f.

mann handlungsfähig macht, und daher zum privilegierten Mechanismus der Moderne avanciert.[21]

Das Brevier weist dagegen in die ganz entgegengesetzte Richtung. Das Misstrauen ist seine Verhaltensmaxime. Dem Schicksal oder gar einem anderen zu vertrauen, ohne um ihn und seine Motive zu wissen, wäre ein blindes Agieren und partout keine empfehlenswerte Haltung. Das *Handorakel* verfährt nach einer Epistemologie des Misstrauens, das wiederum exzessiv im Modus des Conditionalis operiert: einer grammatikalischen Form, die einen Sachverhalt bedingt und potentiell ausdrückt, die Hypothetisches, Wünsche, Befürchtungen, Vermutungen oder die Zukunft in Bezug auf eine Vergangenheit und unter bestimmten Umständen artikuliert;[22] eine grammatikalische Form, dessen Leitfrage lautet: Was wäre wenn? Hier gibt sich eine besondere Affinität, gar nahe Verwandtschaft zu erkennen zwischen der Kunst des Vorherwissens und der Simulation, Szenarienbildung, Als-ob-Konstruktionen, dem Gedankenexperiment, der Annahme oder Modellierung im Sinne einer *facultas fingendi* und dem Misstrauen.[23] All dies sind Techniken, die die Zukunft in ihrer Komplexität in Angriff nehmen, den Abgrund zwischen Wissen und Nichtwissen weiter ausdehnen und mit einer Unzahl an möglichen Imaginationen und Fiktionen der Zukunft anfüllen.[24] Oder anders: Die Kunst der *prudencia* denkt – wie das Misstrauen – die Welt in ihren zahlreichen Alternativen.

Durch den Schreckensszenarien durchspielenden Vorgriff scheint das Misstrauen auf den ersten Blick zu lähmen und notorisch unrentabel zu sein. Auf den zweiten Blick aber produziert es Spezifität, präzisiert es Vorstellungen. Es konfrontiert mit den potentiellen Gestalten der Zukunft. So nützt es »den üblen Ausgang der Sachen vorzubeugen« oder sich gegen ein Unglück zu wappnen, da es »den nicht überrascht, der es schon fürchtete.« (107) Es handelt nicht um jeden Preis – oder zumindest gilt es diesen gut zu kalkulieren: Die Kosten sind im Blick zu behalten und mögliche Schäden zu vermeiden

21 | Vgl. Niklas Luhmann: *Vertrauen. Ein Mechanismus der Reduktion sozialer Komplexität* [1968], Stuttgart 2009.

22 | Das Lateinische hatte für diese Bedingungssätze den Irrealis, das Französische hat für diesen Modus den Subjonctif, das Spanische den Subjuntivo sowie den Condicional oder Potencial; im Deutschen gehen die Funktionen des Conditionalis im Konjunktiv auf.

23 | Vgl. Sigrid Weigel: »Das Gedankenexperiment. Nagelprobe auf die *facultas fingendi* in Wissenschaft und Literatur«, in: Thomas Macho, Annette Wunschel (Hg.): *Sciene & Fiction. Über Gedankenexperimente in Wissenschaft, Philosophie und Literatur*, Frankfurt a.M. 2004,185ff.

24 | Vgl. Sven Opitz, Ute Tellmann: »Katastrophale Szenarien. Gegenwärtige Zukunft in Recht und Ökonomie«, in: Leon Hempel u.a. (Hg.): *Sichtbarkeitsregime. Überwachung, Sicherheit und Privatheit im 21. Jahrhundert*, Wiesbaden 2011, 27-52, 28f.

(womit ein brennendes Interesse von Organisationsökonomik oder modernem Versicherungswesen formuliert ist, das sich zeitgenössisch zunehmend professionalisiert).[25]

Szenario-*tool* und Simulator

An diesem Punkt ist die formale Verfasstheit bzw. ästhetische Gestaltung des *Handorakels* ins Spiel zu bringen, die seine inhaltlichen Ratschläge zuspitzt und ebenfalls mit jener Epistemologie des Misstrauens verbunden ist. Durch seine Form nämlich entfaltet sich sein operatives Moment. Durch seine Form macht sich das Buch, das man immer bei sich haben sollte, das stets zur Hand genommen und zu Rate gezogen werden soll, dieses Manual, das seine Leser auf eine ganz bestimmte Weise führt und regiert, selbst zu einem Instrument: zu einem Szenario-*tool* und Medium der Simulation, um sich in der Kunst der *prudencia* zu üben. Es bildet gewissermaßen eine hochartifizielle interaktive Lernumgebung, indem es mit seinen 300 Aphorismen 300 erdenkliche Schauplätze, 300 erdenkliche Handlungs- und Affekträume entwirft. Es entfaltet alternative und gleichwahrscheinliche Ereignisserien.[26] Das Buch ist eine Ansammlung möglicher Fälle, eine Akkumulation möglicher Begebenheiten, möglicher Spielzüge. Der Gracián'sche Kommunikationsraum ist systematisch in 300 diskrete Einheiten zerlegt, die jeweils einem Potentiellen Form geben.

Im Unterschied zu Machiavellis Verhaltenslehre *Der Fürst*, dessen Personal namentlich auf ganz konkrete, bekannte historische Figuren bezogen ist, ist das *Handorakel* abstrakt und scheint losgelöst von Raum und Zeit. Wenn überhaupt sind die Aphorismen nur äußerst vage historisch und kulturell spezifischen Situationen zuzuordnen, was sie universell macht und übertragbar.[27] So ließe sich die Anpassungsfähigkeit der barocken Regierungskunst über die Jahrhunderte und in diversen wissenskulturellen Umgebungen leicht erklären. Viel gewichtiger jedoch ist, dass das Manual durch seine Ausrichtung auf so seltsam blutleere Akteure, auf eher technische Instanzen oder Funktionsstellen in »immer neuen situativen Entwürfen« den strategischen Umgang mit sich sowie das Verhalten im Bezug auf eine soziale Gegenposition darstellt

25 | Siehe bspw. Burkhardt Wolf: »Riskante Partnerschaften. Shakespeares ›Merchant of Venice‹ und die Geburt der Versicherung aus dem Meer«, in: Herfried Münkler u.a. (Hg.): *Sicherheit und Risiko. Über den Umgang mit Gefahr im 21. Jahrhundert*, Bielefeld 2010, 53-72.

26 | So ein wesentliches Charakteristikum der Szenarien Herman Kahns, beschrieben bei Claus Pias: »Schöner leben. Weltraumkolonien als Wille und Vorstellung«, in: *Paragrana* 17 (2008), 15-40, 28.

27 | Vgl. Johanna Schumm: »Höfische Affektkontrolle«, 419.

und durchspielt –[28] und damit auch durchspielen lässt. Ganz im Sinne einer Szenariotechnik setzt es bewusst auf die Vorstellungs- und Einbildungskraft und ist auf selbige angewiesen,[29] wenn auch deren »tyrannische Gewalt« im Zaum gehalten werden muss. (Nr. 24)

Wie ein Programm ist das *Handorakel* als eine Folge von Anweisungen aufgebaut, um Probleme und Aufgaben zu bearbeiten und zu lösen. Seine Lektüre stimuliert die Imagination oder Erwartung ähnlicher Fälle, lässt Bekanntes mit Unbekanntem abgleichen und einschätzen, indem es mögliche Fälle konstruiert, mögliche Sollbruchstellen definiert,[30] dazu passendes Handlungswissen und Lösungsvarianten bereitstellt – die dann auch noch bis ins Unendliche kombiniert werden können. Das *Handorakel* nämlich gibt keine Lektürerichtung vor, der man folgen müsste – oder gar könnte. Die Anordnung der Aphorismen lässt unter ihnen keinen narrativen Sinn, keine Kohärenz erkennen. Sie behauptet nicht, in eine einzige denkbare Zukunft blicken zu können.

Das *Handorakel* verdoppelt bzw. verschränkt damit Techniken der Providenz auf eine Weise, wie sie im Szenariodenken der 1960er und 1970er eminent begegnen wird. Es operiert mit einer temporalen Fiktion, mit dem Vorgriff als *futurum exactum*: Zum einen verordnet das *Handorakel*, zum anderen produziert es ein Wissen, »das vorwegnimmt, was kommen wird, um von hier aus die Gegenwart lesen und in ihr Entscheidungen treffen zu können.«[31] Das *Handorakel* evoziert und organisiert Vorsorgehandlungen, indem es veranschaulicht und präzisiert. Systematisch werden zukünftige Gefahrenlagen arrangiert und mit einem Dringlichkeitswert versehen, obwohl das *Handorakel* vorgibt, sie nur zu erfassen.[32] Mithilfe des Manuals soll Verhalten prognostiziert und angepasst werden. Nicht zu tun ist es ihm um Ursachenforschung oder die Aufdeckung vermeintlich verborgener, wesentlicher Wahrheiten der Spieler, sondern um die Gestaltung von Spielräumen – aus denen allein Erfahrung erwachsen kann. An die Stelle von Wirklichkeit tritt der vervielfältigte Schein, treten – wie in der zeitgenössischen Erfindung der Infinitesimalrechnung – unzählige Annäherungen und verschiedentlich perspektivierte An-

28 | Vgl. ebd., 417; Lethen: *Verhaltenslehren der Kälte*, 68.

29 | Vgl. Susanne Krassmann: »Die Regierung der Sicherheit – Über das Mögliche und das Fiktive«, auf: www.fsw.uzh.ch/foucaultblog (Zugriff 07.08.2017).

30 | Vgl. Lorenz Engell, Bernhard Siegert, Joseph Vogl: »Editorial«, in: dies. (Hg.): *Gefahrensinn. Archiv für Mediengeschichte* 9 (2009), 5-8, 5.

31 | Horn: »Der Anfang vom Ende. Worst-Case-Szenarien«, 91.

32 | Vgl. Sabine Blum: »Worst case«, in: Benjamin Bühler, Stefan Willer (Hg.): *Futurologien. Ordnungen des Zukunftswissens*, München 2016, 339-350, 340; Engell, Siegert, Vogl: »Editorial – Gefahrensinn«, 6.

sichten.[33] »Die Dinge« nämlich »gelten nicht für das, was sie sind,« diagnostiziert das *Handorakel,* »sondern für das, was sie scheinen.« (Nr. 99)

Politik der (Dis-)Simulation

Zum zentralen Begriff effizienter Weltklugheit macht das *Handorakel,* das wie ein Simulator funktioniert, wiederum selbst die Simulation und verkoppelt sie mit der Dissimulation: Deren Spiel erhebt sie zur Politik und höchsten Kunst. Nur allzu bekannt und konsensual ist, dass es den Strategemen des *Handorakels* um die Programmierung eines politischen Verhaltens geht, das weiß, dass Macht umso effektiver ist, je unberechenbarer und verborgener sie ist. Die übergeordnete Strategie besteht darin, eine kalkulierbare Situation zu schaffen und sich umgekehrt selbst unkalkulierbar zu machen.[34] In dem von Gracián ausgerufenen und auf Dauer gestellten Krieg, den das »Leben des Menschen gegen die Bosheit des Menschen« führt, bedient sich die scharfsinnige Klugheit Kriegslisten (*estratagemas*), Tricks und Finten, die die Grenzen zwischen Simulation und Dissimulation bisweilen unkenntlich machen und im 13. Aphorismus schwindelerregend beschrieben sind:[35] »Nie tut sie das, was sie vorgibt, sondern zielt nur, um zu täuschen. Mit Geschicklichkeit macht sie Luftstreiche, dann aber führt sie in Wirklichkeit etwas Unerwartetes aus, stets darauf bedacht, ihr Spiel zu verbergen.« Ist jeder der Simulation schon verdächtig, muss sie potenziert werden.[36] Die Steigerung der Simulation besteht nun darin, »durch die Wahrheit selbst zu täuschen«. Dann lässt die Kunst der *prudencia* das nicht Künstliche künstlich erscheinen und gründet ihren Betrug auf die Aufrichtigkeit. (Nr. 13) Simulation und Dissimulation koalieren und komplettieren einander.

Die Empfehlung einer Politik der Dissimulation, des Opaken und der Polysemie auf inhaltlicher Ebene, der Appell, die eigenen Affekte und Absichten zu chiffrieren, wiederholt der Text auf formaler Ebene. Er vollzieht sie auf der Ebene seiner sprachlich opulenten Gestaltung: Metaphern, Parataxen, Ellipsen,

33 | Dies beschreibt Christian Wehr als die Paradoxie des *concepto* in »Von der platonischen zur rhetorischen Bändigung der *varietas*. Überlegungen zur Kategorie des Scharfsinns bei Castiglione und Gracián«, in: Marc Föcking, Bernhard Huss (Hg.): *Varietas und Ordo. Zur Dialektik von Vielfalt und Einheit in Renaissance und Barock*, Stuttgart 2003, 227-238, 232.

34 | Vgl. Nanz, Schäfer: »Einleitung – Kulturtechniken des Barock«, 13; Leander Scholz: »›Vier Augen sehen mehr als zwei‹. Christian Thomasius und die politische Klugheitslehre«, in: Nanz, Schäfer (Hg.): *Kulturtechniken des Barock*, 159-173, 169.

35 | Vgl. u.a. Snyder: *Dissimulation*, 103.

36 | Vgl. Hans Blumenberg: *Die Lesbarkeit der Welt*, Frankfurt a.M. 1986, 117.

Paradoxien, Antithesen, reichlich Wortspiele und Doppeldeutigkeiten führen das Projekt der Täuschungsmanöver und Luftstreiche, der Verschleierung und Verrätselung fort. Sie erzielen damit jedoch einen anderen, im Hinblick auf das Verhaltensdesign bemerkenswerten Effekt.

Das *Handorakel* gibt sich auf den ersten Blick wissensautoritär und normativ, es bedient sich einer Rhetorik der unmissverständlichen Lehre und klaren Anweisung: Als wäre schlicht dieses zu tun, jenes zu lassen. Es scheint mit Prinzipien und klassischen Kausalketten zu operieren und suggeriert, eins zu eins befolgbar zu sein. Besonders im Blick auf das Manual in seiner Gesamtheit und Form ist es jedoch eine Luzidität und Regelhaftigkeit, die es simuliert, nur vortäuscht. Durch die lose, episodische und sprunghafte Korrelation von teils kontradiktorischen Aphorismen sowie seine überbordende figurale Sprache nämlich erstellt es zum einen stetig neue, kontingente und künstliche Korrespondenzen, zum anderen produziert es permanent Lücken oder aber semantische Überschüsse.

Die scheinbar so übersichtlichen und Übersicht versprechenden, nach Nummern wohl geordneten Modellszenarien des Lebenskrieges, die in bevorstehende Welterfahrung einweisen, jene Lehrsätze, die das Vorhersehungs- und Vorstellungsvermögen des Zukünftigen schulen, wie Kant die *praevisio* erläutert hat,[37] um zu entschiedenem Verhalten im Hier und Jetzt zu verhelfen,[38] wiederholen so die Aufforderung zum Misstrauen – diesmal aber vermeintlichen Gewissheiten oder angeblich stichhaltigen Lehren gegenüber. Die Lektüre des *Handorakels* provoziert epistemologische Anstrengung, erzeugt Reibungswärme. Sie verbindet sich mit einem animativen Bildungs- und Erziehungsprogramm, das das planvolle Denken, die Gestaltung des pragmatischen Tatwissens in Bewegung hält – und in die Hände seiner lesenden ›Nutzer‹ legt.

Anregung: Orakel, Aphorismus und Experiment

Dies ist fulminant angekündigt: Mit seinem Titel macht sich das Manual offensiv zu einer Weissagungsstätte. Ein Orakel sei das Handbuch wegen des »Sentenziösen und Gedrungenen«, wird in der prologischen Ansprache *An den Leser* erklärt. Dieser Leser muss nun selbst in die Lage kommen, die mindestens 300 diffusen Sprüche des Orakels zu prozessieren. Die Instruktionen des *Handorakels* verpflichten zur Interpretation und Deutung, wofür sie ein bestimmtes Niveau von Lebenserfahrung erfordern. Dass Aufmerksamkeit und Mitwirkung des Lesers gefordert sein werde, wird ebenfalls im Prolog angemeldet, wenn mit dem Eröffnungssatz ein bereits Wissender adressiert ist:

37 | Vgl. Immanuel Kant: *Anthropologie in pragmatischer Hinsicht*, Hamburg 2000, 80.
38 | Vgl. Blum: »Worst case«, 339.

»Dem Gerechten keine Gesetze und dem Weisen keine Ratschläge.« Das barocke Manual also regiert ohne Gesetze, führt weich und ohne zu befehlen.[39] Der Rat sehe, so heißt es im 7. Aphorismus,

> »mehr aus wie die Erinnerung an das, was sie vergaßen, als wie ein ihnen aufgestecktes Licht zu dem, was sie nicht finden konnten. Eine glückliche Anleitung zu dieser Feinheit geben uns die Sterne, welche, obwohl hellglänzend und Kinder der Sonne, doch nie so verwegen sind, sich mit den Strahlen dieser zu messen.«

Sie, das sind in diesem Rat der richtigen Beratung eigentlich Fürsten und Könige, denen geholfen werden will, deren Übertreffen durch den Berater allerdings einem »Majestätsverbrechen« gleichkäme. Sollte nun jeder »in seiner Art majestätisch sein« (Nr. 103) und wird der Leser als zu beratender Weiser angesprochen, gilt für das *Handorakel*, selbst diesem strategischen Rat zweiter Ordnung und der glücklichen Anleitung der Sterne zu folgen.

So ist es dem *Handorakel* ganz grundlegend um Anregung zu tun. Seine »aktivierende Orakelhaftigkeit«, wie sie Catrin Kersten genannt hat, setzt auf die »Befähigung zur eigenen reflexiven Tätigkeit, durch die [der Leser] den stets erklärungs- und ergänzungsbedürftigen Text für sich selbst und seine individuelle Situation expliziert.«[40] Obendrein sucht sie sich die Form des Aphorismus, die das Unabgeschlossene des Gesagten betont, der Erfindungskraft und epistemologische Unsicherheit eingeschrieben sind, und die nicht voreilig den Eindruck des Abschlusses erwecken will. Es ist eine Gattung, der eine Affinität zur Wahrheitstechnologie des Experiments attestiert wird, das mantische Praktiken mit einem Mal hilflos erscheinen lässt,[41] dessen methodische Grundlegung zeitnah und ebenfalls in aphoristischer Form durch Francis Bacon im *Novum Organon* (1620) erfolgt – und das inzwischen als dynamische und dynamisierende Anordnung beschrieben wird.[42] Schon der Aphorismus alleine zielt darauf, »Wahrheit und Wirklichkeit selbst zu finden, selbst zu denken, zu forschen und zu untersuchen« und ist Artikulation eines Denkens,

---

39 | Vgl. Catrin Kersten: *Freundschaft und Beratung. Studien zu ihrer historischen Semantik und literarischen Darstellung*, Berlin 2013, 161ff.

40 | Ebd., 167.

41 | Vgl. Remigius Bunia: »Das rationale Orakel. Der Experte als Handwerker und Augur«, in: *Merkur* 66 (2012), 826-834, 828.

42 | Siehe exemplarisch Thomas Althaus: »Aphorismus und Experiment. Lichtenbergs Versuche mit Worten, in: Norbert Oellers (Hg.): *Germanistik und Deutschunterricht im Zeitalter der Technologie*, Tübingen 1988, 355-379; Michael Gamper: »Dichtung als Versuch. Literatur zwischen Essay und Experiment«, in: *Zeitschrift für Germanistik* XVII (2007), 593-611; Hans-Jörg Rheinberger: *Experiment. Differenz. Schrift. Zur Geschichte epistemischer Dinge*, Marburg/Lahn 1992.

das bequemen Gewohnheiten widerspricht. Die »festen Bestände der Welt« ignoriert er, »um sie vom eigenen Selbst her neu aufzubauen.«[43]

Das *Handorakel* gibt sich damit als sprachlich-literarisches Labor, das seinen Gegenstand umkreist und attackiert – mit dem Effekt, immer wieder aufs Neue die Kunst der *prudencia* und jenes wahre Zu-leben-wissen zu gestalten, das letztlich weniger wahr als vielmehr handlungsermöglichend für die sich ausbildende *persona* zu sein hat. Die Lehre der Verhaltenslehre besteht darin, an Designtugenden wie Produktivität, Gestaltungs- und Konstruktionswillen, an Kreativität zu appellieren: Zu-leben-wissen ist nur als episodisches und nie als fertiges Wissen zu haben.

Die sprachlich-formale Verfasstheit des Manuals, sein Design, provoziert ein bestimmtes Verhalten gegenüber dem Text und damit auch der Weltklugheit. Es provoziert ein experimentelles, prozessurales und fortgesetztes Denken, das sich mit der Imagination verbündet. Es verpflichtet zur Eigenverantwortung und zur Selbsttätigkeit. Daraus bezieht es seine individualisierende Kraft. Durch und in der Lektüre entfaltet sich Potential, wird Energie freigesetzt. Die Schreibweise des *Handorakels* fordert dazu auf, sich nicht zu begnügen und aktiv am Wissen wie auch am Selbst weiterzuarbeiten. Der »Gegenstand der Lebenskunst«, so heißt es bei Graciáns Vorbild Epiktet, ist »das Leben jedes einzelnen Menschen selber.«[44] Der Mann, der sich am Kriterium der Zweckmäßigkeit ausgerichtet majestätisch vollenden will, entwirft sich und die Welt stets aufs Neue.

Wir haben es also mit einem Verhaltensdesign im Sinne eines gouvernementalen, selbsttechnologischen Programms zu tun, das auf Realisierung und Erfüllung des Selbst angelegt ist: Es ist ein Verhaltensdesign, das Gestaltungsmacht und Verantwortung auf ein majestätisches Subjekt überträgt, das nun gegebenenfalls unabhängig von Autoritäten und theologisch-kosmologischen Prinzipien entscheidend sein Glück leitet (Nr. 36), seinen Handlungsspielraum ideenreich erweitert, sich selbst als *persona* formt, regiert und optimiert.[45] Es generiert und organisiert ein privatisiertes präventives Selbst, das mit seinem Verhalten originell auf einen auf Dauer gestellten Ausnahmezustand des Lebenskampfes reagiert, der künstlich erzeugt ist (auch wenn er sich gut und gern an

43 | Werner Kohlschmidt, Wolfgang Mohr (Hg.): *Reallexikon der deutschen Literaturgeschichte*, Bd. I, Berlin 2001, 94, 96.

44 | Epiktet: *Ausgewählte Schriften*, Zürich 1994, 313.

45 | Siehe Michel Foucault: *Sicherheit, Territorium, Bevölkerung. Geschichte der Gouvernementalität I*, Frankfurt a.M. 2015, 278-335; Ulrich Bröckling: *Das unternehmerische Selbst*, Frankfurt a.M. 2007; ders.: »Nachwort«, in: Foucault: *Kritik des Regierens*, 401-439, 417-422, 426; Nikolas Rose: *Governing the Soul. The Shaping of the Private Self*, London 1990.

Wirklichkeiten anschließen lässt). Das Handlungswissen, das Gefahrenkonzepte und Sicherheitsdispositive verschränkt,[46] wird vom *Handorakel* konstituiert.

(Barockes) Verhaltensdesign

Ab den gestaltungseuphorischen 1960er Jahren, motiviert von der Idee einer technisch zu perfektionierenden Welt,[47] werden die Operationen der Simulation und Dissimulation, der Modellierung künstlich-visionärer Wirklichkeiten unter genau definierten Bedingungen immer seltener mit einem Buch und immer öfter mit dem Computer verbunden. Er wird es dann sein, der – wie die Subjekte der Wissenschaft, Beobachtung und Analyse – systematischer Gestalter von Möglichkeitsräumen sein soll, »von etwas, das vorher nicht existiert« hat.[48] Er wird es dann sein, der etablierte Verfahren zur Erzeugung von Zukunftswissen übersteigt und radikalisiert,[49] der die Zukunft voraussehen helfen und in ihr Orientierung verschaffen soll, der ein Verhalten als Handeln und Entscheiden innerhalb komplexer Zusammenhänge dirigieren wird, die er als Szenarien zur Darstellung bringen kann.

Solche Szenarien vertrauen in den 1960er Jahren nicht in eine bestimmte, gegebenenfalls sogar verabredete Zukunft, sondern operationalisieren Nichtwissen und erzählen zukünftige Geschichten nach,[50] indem sie der Epistemologie des Misstrauens folgend mögliche Verläufe von Ereignissen beschreiben. Das heißt, sie ziehen nicht allein das Wahrscheinliche, sondern das »*prinzipiell Mögliche* ins Kalkül«.[51] Dabei haben sie ihren Wert nicht als einzelne, sondern nur in der großen Zahl ihrer Varianten,[52] so der Kalte-Kriegsstratege Herman

---

46 | Vgl. Engell, Siegert, Vogl: »Editorial - Gefahrensinn«, 5; siehe auch Ulrich Bröckling: »Vorbeugen ist besser... Zur Soziologie der Prävention«, in: *Behemoth* 1 (2008), 38-48.

47 | Vgl. Rüdiger Graf, Benjamin Herzog: »Von der Geschichte der Zukunftsvorstellungen zur Geschichte ihrer Generierung«, in: *Geschichte und Gesellschaft* 42 (2016), 497-515, 499.

48 | Wolfgang Schäffner: »The Design Turn. Eine wissenschaftliche Revolution im Geiste der Gestaltung«, in: Claudia Mareis u.a. (Hg.): *Entwerfen - Wissen - Produzieren*, Bielefeld 2010, 33-45, 33.

49 | Siehe Sebastian Vehlken, Isabell Schrickel, Claus Pias: »Computersimulation«, in: Bühler, Willer (Hg.): *Futurologien*, 181-192, 182.

50 | Vgl. Gloria Meynen: »Once Upon a Time in the Future. Geschichten, die die Zukunft schrieb«, in: *Nach Feierabend. Zürcher Jahrbuch für Wissensgeschichte* 5 (2009), 69-98, 82.

51 | Blum: »Worst case«, 340.

52 | Vgl. Claus Pias: »›One-Man Think Tank‹. Herman Kahn, oder wie man das Undenkbare denkt«, in: *Zeitschrift für Ideengeschichte* III/3 (2009), 5-16, 16.

Kahn, Denker des Undenkbaren, »Zukunftsautorität« und einer der Protagonisten der Szenario- und Simulationstechnikkultur Mitte des 20. Jahrhunderts.[53] Wie die Aphorismen, jene visionären Modellszenarien des Gracián'schen Lebenskrieges, sind diese allerdings untereinander nicht verbunden über einen narrativen Sinn. Sie funktionieren, so Claus Pias, wie narrative Experimente oder aber gleichmögliche »*particle histories*: Es sind einzelne Elemente, die in den erzählerischen Simulationsraum ausgesetzt sind, die durch den Zufall motiviert (also in Bewegung gebracht) werden und durch die Kollisionen andere Elemente anstoßen oder ins Leere laufen.«[54] Kahns Futurologie, die der Computersimulation und formalisierten Kriegsspielen epistemologisch viel verdankt, ihnen trotz allem aber misstrauisch gegenüber bleibt, beruft sich dabei wie das *Handorakel* auf die poetische Einbildungskraft,[55] begibt sich in den imaginativ verdichteten Raum des Conditionalis. Und schließlich ist seiner Beratung ebenso wenig daran gelegen, »Sachprobleme zu erörtern«, wie Kahn betont, sondern »zum Denken anzuregen.«[56]

In den Szenarioprozess wird man zur Unterstützung der zukunftsorientierten Gestaltung der Gegenwart ein Entscheidungsmedium integrieren, das namentlich auf die selbe mantische Beratungsinstitution rekurriert wie Graciáns Manual: das apollinische Orakel von Delphi. Die Delphi-Technik, von der RAND Corporation in den 1950er Jahren entwickelt und in den 1960er Jahren perfektioniert, soll Entscheidungsprozesse durch einen mehrstufig generierten Expertenkonsens optimieren.[57] Sie macht Gebrauch von »informed, intuitive judgment to analyze the future.«[58] Den singulären, opaken antiken Orakelspruch pluralisiert dieses Befragungs- und Schätzungsverfahren, das politischen, wissenschaftlichen und technologischen Entwicklungen ihre trübe Zukunft durchsichtig machen soll, indem es ihn auf eine Gruppe von Hermeneuten verteilt, die wiederum zu einer Wissensinstanz der Beratungsgemeinschaft, der *advice community* werden, die ihn alsdann wieder auf eine

53 | Stefan Willer: »Der Stratege«, in: Bühler, ders. (Hg.): *Futurologien*, 245-256, 245.

54 | Pias: »One-Man Think Tank«, 12.

55 | Vgl. ebd., 14.

56 | Ebd., 6.

57 | Vgl. Eva Schauerte: »Von Delphi zu Hyperdelphi – Mediale Praktiken des Beratens und die Entscheidung des Unentscheidbaren«, in: Rolf F. Nohr u.a. (Hg.): *Medien der Entscheidung*, Münster 2016, 67-86, 68. Auf https://www.rand.org/topics/delphi-method.html (Zugriff 18.08.2017) sind einschlägige Manuskripte, Berichte und Memos zugänglich. Siehe überblicksartig Michael Häder: *Delphi-Befragungen*, Wiesbaden 2014.

58 | Olaf Helmer: »Analysis of the Future: The Delphi Method«, RAND Corporation, P-3558, Santa Monica 1967, 4.

plausible Interpretation reduziert:[59] Die Delphi-Methode, so eine Erläuterung, »solicits the opinions of experts through a series of carefully designed questionnaires interspersed with information and opinion feedback in order to establish a convergence of opinion.«[60] In fünf Runden sollen die sieben Gruppenmitglieder getrennt voneinander, jedoch mit zusammengefassten Ergebnissen, Argumenten, Einschätzungen der anderen Experten sowie mit Zusatzinformationen und Folgefragen versorgt, Simulationsmodelle und Szenarien durchspielen. Die Delphi-Technik generiert so eine Reihe möglicher, allerdings ganz und gar nicht gleichwahrscheinlicher Zukünfte.[61] Am Ende der Befragungen nämlich steht ein Hybrid aus Meinung, Spekulation und gesichertem Wissen,[62] das seine Aussagekraft und probabilistische Einschlägigkeit dadurch erhält, dass es sich als statistisch erzeugter konsensualer Mittelwert artikuliert.

Das futurologische *Handorakel* verzichtet wie Kahns Szenarien auf die Produktion eines solchen Wahrscheinlichkeitsgrades. Auch unterscheidet es sich darin, dass es das Subjekt und nicht die Gruppe als Fluchtpunkt hat. Gleichwohl erlaubt das analoge Manual, das Bevorstehende systematisch zu erzeugen, um es examinieren und über seine Möglichkeitsbedingungen nachdenken zu können.[63] Es lässt den Einzelnen – die kalte *persona* oder den lesenden ›Nutzer‹ – durchspielen und einschätzen, enthält sich selbst jedoch der Einschätzung. Vor allem aber lässt es mehr als 300 Jahre vorher dazu wissen, dass sich Komplexität, Kontingenz und schwergewichtige Zukunft erhalten. Von heute aus gelesen und seinen formal-ästhetischen Eigenheiten besonderes Gewicht gebend, die sein Programm erst wirksam werden lassen, deutet es die Spielräume, aber auch die Aporien von Planungs-, Strategie-, Selbst- und Zukunftsmanagementtheorien an. Das *Handorakel* lässt wissen, dass das Verhaltensdesign, das auf eine vakante Zukunft hin agiert, ein unabschließbarer, dynamischer, ein energetisch geladener, zuweilen fiebriger Prozess ist, der nie zur Ruhe kommt; dass es möglicherweise etwas ganz anderes produziert, als es soll – und sich die Welt möglicherweise auch anders verhält als geplant. Davon unbeschadet demonstriert das barocke Manual eine Subjektivität der eigenverantwortlichen Transformation und effizienten Regierung als starken medialen Effekt. Und nicht zuletzt weist es voraus auf die ernstliche Verknüpfung einer ästhetischen und experimentellen Gestaltung von Handlungs- und Affekträumen mit der Sprache des Krieges.

---

59 | Norman Dalkey: »Delphi«, RAND Corporation, P-3704, Santa Monica 1967, 1.

60 | Abstract zu Olaf Helmers »Analysis of the Future«, auf: https://www.rand.org/topics/delphi-method.html (Zugriff 18.08.2017).

61 | Vgl. Helmer: »Analysis of the Future«, 2.

62 | Vgl. Schauerte: »Von Delphi zu Hyperdelphi«, 68-70.

63 | Vgl. Pias: »One-Man Think Tank«, 11, 16.

Verhaltensdesign *avant la lettre*

Kontingenz und Potentialität im »Bildungs«-Roman des 18. Jahrhunderts mit Blick auf *Wilhelm Meisters Lehrjahre*

Anja Lemke

Auf den ersten Blick scheint ein Beitrag, der sich mit Bildung im Roman des 18. Jahrhunderts befasst, in einem Band, dessen Ziel es ist, mit dem Begriff des »Verhaltensdesigns« eine Schnittstelle von computertechnischer und humaner Transformation zu untersuchen, eindeutig deplatziert. Wenn im Folgenden dennoch von einem Verhaltensdesign *avant la lettre* gesprochen wird, dann weniger weil versucht werden soll, in den ästhetischen Bildungsprogrammen vor 1800 Vorläufer gegenwärtiger pädagogischer Steuerungsprogramme auszumachen – auch wenn sich durchaus Bezüge aufzeigen lassen –, als vielmehr, weil sich im späten 18. Jahrhundert mit der »Umstellung von Providenz auf Kontingenz« der Paradigmenwechsel ereignet,[1] der die Debatten um die Organisation und Steuerung der Interaktion menschlicher und nicht-menschlicher Akteure sowie die Formung ihrer Aktionsräume bis heute maßgeblich bestimmt. Kontingenzbewältigung lässt sich als eine der zentralen Aufgaben ausmachen, auf die modernes Verhaltensdesign Antworten zu geben versucht.

Gerade weil die anthropologischen Entwürfe einer mathematisch-technisch informierten Humanwissenschaft, wie sie sich schrittweise von den

---

1 | Der Begriff des »Umschlags« ist der etwas unbefriedigende Versuch, den extrem komplexen und vielschichtigen Umstrukturierungsprozess von einem kosmologisch geschlossenen, theologisch-metaphysischen Weltbild zu modernen Modellen von Kontingenz im Zuge aufklärerischer Säkularisierung, der sich vom Mittelalter bis ins späte 18. Jahrhundert nachzeichnen lässt, schlagwortartig zu verdichten. Zur Komplexität des Paradigmenwechsels vgl. grundlegend Niklas Luhmann: *Gesellschaftsstruktur und Semantik. Studien zur Wissenssoziologie der modernen Gesellschaft*, 2. Bde., Frankfurt a.M. 1980 und 1981, mit Bezug auf den Roman, vgl. Werner Frick: *Providenz und Kontingenz. Untersuchungen zur Schicksalssemantik im deutschen und europäischen Roman des 17. und 18. Jahrhunderts*, Tübingen 1988.

Psychotechniken des späten 19. Jahrhunderts über mathematisch basierte Intelligenzmessung bis hin zur Kybernetik der 1950er und 1960er Jahre entwickelt haben und in veränderter Form gegenwärtig in neuropsychologischen Diskursen wieder aufgegriffen werden,[2] mit den anthropologischen Diskursen des 18. Jahrhunderts wenig gemein zu haben scheinen, lohnt ein Blick auf die historische Schnittstelle, an der sich Subjektivierungsformen ausgebildet haben, die auf die moderne Herausforderung von Kontingenz als Folge der Transformation von einer stratifikatorischen in eine funktional ausdifferenzierte Gesellschaft antworten. Und zwar nicht nur, weil sich das humanistische Vokabular vom autonomen, selbstbestimmten Individuum in der gegenwärtigen Bildungspolitik hartnäckig als Bezugspunkt hält, sondern weil sich beobachten lässt, dass die Umstellung von Erfahrungs- auf Erwartungs- bzw. Zukunftswissen eine Verschiebung im Selbstbild des Menschen und seinem Verständnis von Wirklichkeit einleitet,[3] die von den im Kontext des Begriffs »Verhaltensdesign« diskutierten Steuerungsprogrammen und Kontrollformen sozialer Gefüge gegenwärtig aufgegriffen wird und die hier mit dem Begriff der »Potentialität« gefasst werden soll.

Potentialität bildet den Kern eines pädagogisch-ästhetischen Verhaltensdesigns, das wesentlich auf Selbststeuerung, Steigerung und Abschöpfen von Kräften und Vermögen sowie auf intrinsische Motivation und das Entfalten von Potential in der Zukunft ausgerichtet ist. Ausgehend von der anthropologischen Grundannahme einer im Individuum angelegten Fähigkeit zur Entwicklung bzw. präziser zur Vervollkommnung im Sinne dessen, was Rousseau als *perfectibilité* beschrieben hat, konzentrieren sich die pädagogischen Bemühungen des 18. Jahrhunderts wesentlich auf die Ausbildung der dem Menschen inhärenten individuellen Seelenvermögen, wobei im Anschluss an die Wolf'sche Metaphysik die bereits seit Aristoteles gängige Aufteilung der Seelenkräfte übernommen und insbesondere die unteren Seelenvermögen der *aisthesis*, der *memoria* und der *phantasia* in den Fokus der Aufmerksamkeit geraten. Vor allem letzterer kommt für die Bewältigung der einbrechenden Kontingenz eine zentrale Rolle zu, obliegt es doch der Imagination, dem Individuum die Zukunftsentwürfe zu liefern, auf die hin es seine Entwicklung auszurichten hat.

Dort, wo Bildung sich nicht mehr länger im Kontext einer *imago dei*-Lehre am Vorbild göttlicher Vollkommenheit ausrichten kann, dem autonomen In-

---

2 | Vgl. zur Entwicklung der Kybernetik Michael Hagner, Erich Hörl (Hg.): *Die Transformation des Humanen. Beiträge zur Kulturgeschichte der Kybernetik*, Frankfurt a.M. 2008.

3 | Vgl. hierzu grundlegend Reinhart Kosellecks Beiträge zur »Sattelzeit« wie: »Das achtzehnte Jahrhundert als Beginn der Neuzeit, in: ders., Reinhart Herzog (Hg.): *Epochenschwelle und Epochenbewußtsein*, München 1987, 269-282; ders.: *Vergangene Zukunft. Zur Semantik geschichtlicher Zeiten*, Frankfurt a.M. 1989.

dividuum, dessen Erziehung unter dem Diktum der »Erziehung zur Freiheit« steht, aber auch nicht einfach Zielvorgaben von außen vorgegeben werden können, muss der Einzelne seine Ziele selbst prospektiv entwerfen, um sich in einem permanenten Selbstoptimierungsprozess immer wieder neu an diesen Zielen auszurichten.[4] Einbildungskraft wird damit zum zentralen Impulsgeber für gelingendes Selbstmanagement im Angesicht einer offenen Zukunft. Und dies ist der Grund, warum sich im ausgehenden 18. Jahrhundert eine ganze Reihe von Diskursen um dieses Seelenvermögen formiert, namentlich die Anthropologie, die Psychologie und vor allen Dingen die Pädagogik, aber auch staatliche und ökonomische Steuerungs- und Lenkungsinstanzen, für die der Einzelne nicht länger als Rechtssubjekt im Fokus des Interesses steht, sondern als ein Individuum wahrgenommen wird, das mit Kräften, Wünschen und Vermögen ausgestattet ist, die es zu stimulieren und zu disziplinieren gilt.[5]

Zum Dauerproblem wird dabei die Gleichzeitigkeit von Stimulation und Disziplinierung, die sich in allen Diskursen, die sich mit Einbildungskraft befassen, diagnostizieren lässt. Schon bei Aristoteles, der die *phantasia* in seinen erkenntnistheoretischen Überlegungen als Bindeglied zwischen *aisthesis* und Verstand situiert, tendiert dieses Vermögen dazu, sich zu verselbständigen und einen Überschuss an Bildlichkeit zu produzieren, den produktiv zu machen nicht nur die Ästhetik, sondern auch die Pädagogik bemüht ist.

Exemplarisch lässt sich dies an einem ihrer modernen Gründungstexte, Rousseaus *Emil oder Über die Erziehung* zeigen, der sich als eine Art Manifest für die Ausbildung gelenkter Einbildungskraft lesen lässt. Während sich der Mensch für Rousseau im Naturzustand durch ein »vollkommenes Gleichge-

---

4 | Zur Loslösung von der *imago dei*-Lehre: Rudolf Vierhaus: »Bildung«, in: O. Brunner, W. Conze, R. Koselleck (Hg.): *Geschichtliche Grundbegriffe. Historisches Lexikon zur politisch-sozialen Sprache in Deutschland*, Stuttgart 1971, 508-551; Käte Meyer-Drawe: »Entbildung – Einbildung – Bildung. Zur Bedeutung der *imago dei*-Lehre für moderne Bildungstheorien«, in: Rudolf Behrens (Hg.): *Ordnungen des Imaginären. Theorien der Imagination in funktionsgeschichtlicher Sicht. Zeitschrift für Ästhetik und allgemeine Kunstwissenschaft. Sonderheft 2*, Hamburg 2002, 181-194. Zum Paradox der »Erziehung zur Freiheit« vgl. Eva Geulen, Nicolas Pethes: »Einleitung«, in: dies. (Hg.): *Jenseits von Utopie und Entlarvung. Kulturwissenschaftliche Untersuchungen zum Erziehungsdiskurs der Moderne*, Freiburg 2007, 7-12; zum damit verbundenen Spannungsfeld von »Bildung« und »Erziehung« vgl. Käte Meyer-Drawe: »Zum metaphorischen Gehalt von ›Bildung‹ und ›Erziehung‹«, in: *Zeitschrift für Pädagogik* 45 (1999), 161-175 sowie Bettine Menke, Thomas Glaser: »Experimentalanordnungen der Bildung. Exteriorität – Theatralität – Literarizität. Ein Aufriss«, in: dies. (Hg.): *Experimentalanordnungen der Bildung. Exteriorität – Theatralität – Literarizität*, Paderborn 2014, 7-17.

5 | Vgl. ausführlich Joseph Vogl: *Kalkül und Leidenschaft. Poetik des ökonomischen Menschen*, Zürich/Berlin 2008[3].

wicht von Kräften und Wünschen« auszeichnet, wird diese Harmonie im Verlauf der menschlichen Entwicklung gestört, wobei es die »virtuelle Fähigkeit« der Einbildungskraft ist, die »für uns das Maß des Möglichen weitet, sei es im Guten wie im Bösen.«[6] Einbildungskraft ist für Rousseau zum einen verantwortlich für die Störung des harmonischen Gleichgewichts zwischen Wünschen und Fähigkeiten, das den menschlichen Naturzustand auszeichnet, auf der anderen Seite bliebe ohne sie der Horizont des Möglichen und damit die Orientierung auf Zukunft hin weitgehend unmöglich. Wunsch und Erfüllung kommen in diesem Modell nach Verlust des Naturzustands niemals mehr ganz zur Deckung, und so bleibt die Einbildungskraft Motor jedes Zukunftsentwurfs und gleichzeitig Quelle der Unmöglichkeit seiner stabilen Realisierung. Es wird zu zeigen sein, wie der Roman eben diese Differenz zum Entwicklungsgesetz seiner eigenen Formierung macht.

I. Kontingenz und Potentialität im Roman

Im modernen Roman des 18. Jahrhunderts verschränken sich zwei Aspekte, die für die Frage nach der Funktion und der Wirkungsweise der hier untersuchten Form des »Verhaltensdesigns« zentral sind: Die Gattung bildet das bevorzugte Medium für die zeitgenössische Reflexion über Bildung und Erziehung. Im Roman, insbesondere in der Spielart, die ab der Mitte des 19. Jahrhunderts den Namen des Bildungsromans tragen wird, werden zentrale Elemente der zeitgenössischen Pädagogik lesbar. Er stellt den fiktionalen Raum zur Verfügung, in dem sich das neue Wissen vom Menschen experimentell entwirft.[7] Übernehmen kann er diese Rolle in der Moderne, weil er anders als die traditionellen Gattungen nicht über eine in Rhetorik und Poetik festgeschriebene Form verfügt, sondern diese Form allererst im Vollzug der Darstellung gewinnt. Was den Roman über die Jahrhunderte zur inferioren Gattung gemacht und seine Diskussion in der Theorie konstant begleitet hat, ist die ihm inhärente Regellosigkeit. Diese wird in dem Moment, in dem das literarische System sich aus der Umklammerung durch heteronome Anforderungen löst, zu seinem entscheidenden Plus: Er kann zum Darstellungsraum fiktional

6 | Jean-Jacques Rousseau: *Emil oder Über die Erziehung*, übers. von Eleonore Sckommodau, Stuttgart 1963, 188.

7 | Vgl. zum experimentellen Charakter der pädagogischen Fiktion im 18. Jahrhundert ausführlich Nicolas Pethes: *Zöglinge der Natur. Der literarische Menschenversuch des 18. Jahrhunderts*, Göttingen 2007.

entworfenen, individuellen Lebens werden, um in und durch diese Darstellung seine eigene Form als Entwurf einer möglichen Welt auszubilden.[8]

Was so zum Austrag kommt, ist eine doppelte Kontingenzbewältigung. Auf der einen Seite stellt der Roman selbst als Entwurf einer möglichen Welt die wirkliche Welt als eine bloß mögliche dar, d.h. er macht die Entstehung kontingenter Welten lesbar. Auf der anderen Seite lässt sich im fiktionalen Erzähltext eben die Entwicklung bzw. Bildung von Individualität beobachten, die im 18. Jahrhundert als Antwort auf den Umgang mit der in der Moderne einbrechenden offenen Zukunft in den Blick genommen wird.

Hans Blumenberg hat den Zusammenhang von Gattungsform und Realitätserfahrung prägnant beschrieben, wenn er im Roman die künstlerische Antwort auf den Wirklichkeitsbegriff der Moderne sieht. Anders als das Wirklichkeitsverständnis, das für die Antike, das Mittelalter und die Frühe Neuzeit jeweils leitend war, kann er Wirklichkeit nicht mehr durch Vergegenwärtigung im Sinne von Evidenz oder durch den Rückgriff auf eine vergangene Einheit verbürgen, sondern hat seinen Zeitbezug in der Zukunft. Realität wird in dieser Wirklichkeitsauffassung verstanden als

> »*Resultat einer Realisierung*, als sukzessiv sich konstituierende Verläßlichkeit, als niemals endgültig und absolut zugestandene Konsistenz, die immer noch auf jede Zukunft angewiesen ist, in der Elemente auftreten können, die die bisherige Konsistenz zersprengen und das bis dahin wirklich Anerkannte in die Irrealität verweisen können.«[9]

Dieser Wirklichkeitsbegriff, der als zukunftsoffener nur noch intersubjektiv ausgehandelt werden kann und, wie Blumenberg bemerkt, an sich selbst eine »gleichsam ›epische‹ Struktur hat, daß er notwendig auf das nie vollendbare und nie in allen seinen Aspekten erschöpfte Ganze einer *Welt* bezogen ist«,[10] findet seinen ästhetischen Darstellungsraum im Roman. Der Roman ist die Antwort auf ein Wirklichkeitsverständnis, dem die Welt nicht länger ein geschlossener Kosmos ist, sondern ›eine Welt‹ – eine Welt unter möglichen anderen Welten, die es als mögliche im Roman zu realisieren gilt.

George Lukács hat in der *Theorie des Romans* diesen Wendepunkt von der geschlossenen kosmologischen Abgeschlossenheit des Kreises hin zum Ein-

---

8 | Vgl. zum Zusammenhang von Form und Leben für die Gattung Rüdiger Campe: »Form und Leben in der Theorie des Romans«, in: Armen Avanessian, Winfried Menninghaus, Jan Völker (Hg.): *Vita aesthetica. Szenarien ästhetischer Lebendigkeit*, Berlin 2009, 193-211.

9 | Hans Blumenberg: »Wirklichkeitsbegriffe und die Möglichkeit des Romans«, in: H.R. Jauß (Hg.): *Nachahmung und Illusion* (= *Poetik und Hermeneutik* I), München 1969², 9-27, 12f. Hervorhebung im Original.

10 | Ebd., 13.

bruch von Kontingenz als Erfahrung eines fundamentalen Risses zwischen Ich und Welt, Außen und Innen, Seele und Handeln beschrieben. Mit dem Einbruch der Kontingenz tritt für Lukács das Leben in seiner Dissonanz zutage und verlangt – das ist für die Romantheorie entscheidend – nach Formung. Während sich in Lukács' Theorie im griechischen Kosmos, dem die Antike im Epos Gestalt gegeben hat, das Leben im Einklang mit der Welt immer schon als geformtes zeigt, wird seine Formungsnotwendigkeit jetzt evident. Dabei tritt Kontingenz nicht nur von außen als offene Zukunft an den Menschen heran, sondern wird von ihm gleichzeitig selbst mit erzeugt:

»[D]er Kreis, dessen Geschlossenheit die transzendentale Wesensart ihres [gemeint sind die Griechen, A.L.] Lebens ausmacht, ist für uns gesprengt; wir können in einer geschlossenen Welt nicht mehr atmen. Wir haben die Produktivität des Geistes erfunden. [...] Wir haben das Gestalten erfunden. [...] Wir haben in uns die allein wahre Substanz gefunden: darum mußten wir zwischen Erkennen und Tun, zwischen Seele und Gebilde, zwischen Ich und Welt unüberbrückbare Abgründe legen«.[11]

Dass der Roman für eine solche fundamentale Umstellung von der Nachbildung der Welt oder der in ihr auffindbaren Gegenstände hin zur Realisierung einer Welt, die relevante Gattung darstellt, liegt an seiner bereits skizzierten Formlosigkeit. Weil der Roman keine feste Form hat, gewinnt er diese wesentlich erst im Vollzug seiner Entstehung, er ist also immer schon auf seinen eigenen Prozess gerichtet.

Am Roman lässt sich nicht Form beschreiben, sondern Formung, dabei geht es immer gleichzeitig um »die Formierung eines Ereignisses und das Ereignis der Formierung.«[12] Damit sind die reflexiven Momente dem Roman nicht nur als identifizierbare Teile innerhalb der Erzählung eingelagert, etwa in Form von reflexiven Passagen, die die Narration unterbrechen, sondern der Roman selbst ist als Erzählung immer auch die Frage nach seiner Formwerdung, nach der Entstehung und der Möglichkeit der Realisierung einer Welt. Möglichkeit findet sich hier also immer sowohl auf der Seite des Inhalts, der zu realisierenden Welt als auch auf der Seite der Form, die gerade nicht feste Form, sondern Formierung, d.h. Prozessualität ist.

Gleichzeitig ist die im Roman entworfene Welt immer eine individuell perspektivierte Wirklichkeit. »Wirklichkeit als sich konstituierender Kontext«, so

11 | Georg Lukács: *Theorie des Romans*, Neuwied/Berlin 1971, 25f.

12 | Die Formulierung stammt von Joseph Vogl und bezieht sich auf Schillers *Wallenstein*. Gleichwohl lässt sich Vogls Analyse insbesondere mit Blick auf seine Überlegungen zur Potenz und die Verbindung von *Walleinstein* mit Schillers *Briefen zur ästhetischen Erziehung* an die hier formulierten Gedanken anschließen. (Vgl. Joseph Vogl: *Über das Zaudern*, Zürich/Berlin 2008², 55.)

Blumenberg, »ist ein der immer *idealen Gesamtheit* der Subjekte zugeordneter *Grenzbegriff*, ein Bestätigungswert der in der *Intersubjektivität* sich vollziehenden Erfahrung und Weltbildung.«[13] Entsprechend, und dies betont auch Lukács' Romantheorie, konzentriert sich der Formwerdungsprozess des Romans in der Moderne auf die Kategorie des Lebens und zwar präziser auf die des individuellen Lebens und seiner Formwerdung. »Die äußere Form des Romans ist eine wesentlich biographische«,[14] wobei diese Biographie, an der der Roman seine Form gewinnt, indem er sie entwickelt, durch eine Suchbewegung gekennzeichnet, also ihrerseits im Bereich des Möglichen anzusiedeln ist:

»Die Epopöe gestaltet eine von sich aus geschlossene Lebenstotalität, der Roman sucht gestaltend die verborgene Totalität des Lebens aufzudecken und aufzubauen. Die gegebene Struktur des Gegenstandes – das Suchen ist nur der vom Subjekt aus gesehene Ausdruck dafür, daß sowohl das objektive Lebensganze wie seine Beziehung zu den Subjekten nichts selbstverständlich Harmonisches an sich hat – gibt die Gesinnung zur Gestaltung an: Alle Risse und Abgründe, die die geschichtliche Situation in sich trägt, müssen in die Gestaltung einbezogen und können und sollen nicht mit Mitteln der Komposition verdeckt werden So objektiviert sich die formbestimmende Grundgesinnung des Romans als Psychologie der Romanhelden: sie sind Suchende.«[15]

Damit wird deutlich, in welcher Weise im modernen Roman des 18. Jahrhunderts Gattungsfragen und Bildungsfragen in einem doppelten Möglichkeitsbegriff zusammentreffen: Kontingenz als Folge der Auflösung geschlossener Formen und dem Einbruch einer offenen Zukunft auf der einen Seite und Potentialität als individuelles Vermögen, als Annahme einer im Individuum angelegten Fähigkeit zur Entwicklung. Der Roman zielt auf das Beobachtbarmachen dieser beiden Möglichkeitsformen und zeigt ihre vielfältigen Verschränkungen.

Dies tut er, indem er, wie Blanckenburg in seinem *Versuch über den Roman* von 1774 nicht müde wird zu betonen, die innere Geschichte eines Menschen, »sein[en] innere[n] Zustand« zu schildern unternimmt.[16] Dabei ist zentral, dass dieses Erzählen der psychologischen Ursachen, die die im Roman erzählten Handlungen als kausal motiviert sichtbar machen sollen, von Blanckenburg wiederholt mit dem Begriff des »Wirklichwerdens« beschrieben werden.[17] Wir werden also mit dem Programm der psychologischen Kausalkettenbildung, die

13 | Blumenberg: *Wirklichkeitsbegriff und Möglichkeit des Romans*, 13.

14 | Lukács: *Theorie des Romans*, 66.

15 | Ebd., 51.

16 | Friedrich von Blanckenburg: *Versuch über den Roman*, Faksimiledruck der Originalausgabe von 1774, mit einem Nachwort von Eberhard Lämmert, Stuttgart 1965, 18.

17 | Vgl. etwa ebd. 303 und 312.

den modernen Roman vom finalen Erzählen im Rahmen einer providentiellen Ordnung unterscheidet,[18] exakt an die Schwelle geführt, an der der Übergang von der reinen Möglichkeit, dem Vermögen, dem Noch-nicht-in-der-Handlung-Sichtbaren und dem Handeln selbst, der Aktion, beschreibbar gemacht werden soll:

»Bey einzelnen Begebenheiten haben wir gesehen, daß der Endzweck des Dichters nicht anders erreicht werden kann, als indem wir das Wirklichwerden dieser Begebenheit, oder mit anderen Worten, indem wir eine anschauende Verbindung von Wirkung und Ursache sehen, wodurch die Begebenheit erfolgt.«[19]

Für unseren Argumentationszusammenhang ist entscheidend, dass das Kausalitätsprinzip, das mit Blanckenburg ins Zentrum des psychologischen Romans rückt, letztlich auf der durch die Vermögenspsychologie fundierten Logik eines potentiellen Seelenvermögens basiert, das in seinem Wirklichwerden, d.h. als Handlung, als Akt, beobachtbar gemacht werden soll. Indem der Roman diesen Übergang ins Zentrum der Narration stellt, legt er den Bereich offen, an dessen Stimulierung, Lenkung und Steuerung im 18. Jahrhundert alle mit Kontingenzbewältigung befassten Diskurse, wie etwa die Pädagogik und die Politische Ökonomie sowie verschiedene staatliche Institutionen, gleichermaßen interessiert sind.

Im Roman werden damit zwei, die Moderne bestimmende Möglichkeitskonzepte sichtbar: Kontingenzbewältigung im Sinne der Bewältigung von Vielfalt und Unübersichtlichkeit als Herausforderung staatlicher und ökonomischer Steuerung auf der einen Seite – die von dieser Steuerung anvisierte Stimulierung und Disziplinierung menschlicher Seelenvermögen, insbesondere der Einbildungskraft mit dem Ziel der Herstellung eines modernen, auf Eigenlenkung ausgelegten Individuums auf der anderen Seite. Beide Aspekte des Möglichkeitsdenkens greifen dabei vielfältig in einander.

Es ist nicht zuletzt gerade die Öffnung der Welt auf eine kontingente Zukunft, die den Fokus auf die dem Menschen inhärenten und von ihm auszubildenden Vermögen lenkt. Umgekehrt wird die Entwicklung der unterschiedlichen Vermögen, die menschliche Fähigkeit zur Vervollkommnung, zum Garanten, Zukunft im Entwurf denken, ordnen, steuern und sinnhaft strukturieren zu können. Der Roman bzw. die mit ihm im 18. Jahrhundert verbundene Gattungsdiskussion greift diese beiden Möglichkeitsbereiche und die mit ihnen verbundenen Problemstellungen auf und verbindet sie mit einer ästhetischen Formreflexion, indem er Darstellungsweisen entwickelt, um das

18 | Vgl. zur final motivierten Erzählform einschlägig Clemens Lugowski: *Die Form der Individualität im Roman*, Frankfurt a.M. 1976.

19 | Ebd., 311f.

Möglichkeitsdenken der Zeit konfigurieren. Der Roman wird zu der literarischen Gattung, die den Umgang mit und die Produktion des Wissens über Kontingenz und ihre Steuerung sowie die Stimulation und Disziplinierung von individueller Potentialität maßgeblich mit bestimmt.

II. Goethes *Wilhelm Meister*. Lehrjahre der Einbildungskraft

Goethes *Wilhelm Meisters Lehrjahre* soll hier nicht ein weiteres Mal als Paradebeispiel für die Gattung des Bildungsromans herangezogen werden. Vielmehr soll im Folgenden gezeigt werden, wie sich die auch im Roman selbst geführte Gattungsdiskussion mit Fragen des Beobachtbarmachens und der Steuerung des Vermögens der Einbildungskraft verbindet. Dem liegt die Annahme zugrunde, dass Steuerung und Lenkung von Einbildungskraft in den *Lehrjahren* nicht nur ein pädagogisches Problem darstellt, sondern im Sinne der oben ausgeführten gattungstheoretischen Überlegungen dem Roman selbst zu seiner Form verhilft, indem er die Einbildungskraft als Vermögen sichtbar macht – das heißt den Übergang von Potentialität in Aktualität als Antwort auf moderne Kontingenz darzustellen unternimmt.

Dass der moderne Roman anders als das Epos und die antike Tragödie als Antwort auf Kontingenz zu verstehen ist, thematisiert der Text selbst im siebten Kapitel des fünften Buches, an dessen Beginn es heißt: »Eines Abends stritt die Gesellschaft, ob der Roman oder das Drama den Vorzug verdiene.«[20] Im Verlauf der Debatte kann man sich zumindest darauf einigen, »daß man dem Zufall im Roman gar wohl sein Spiel erlauben könne; [...] daß hingegen das Schicksal, das die Menschen, ohne ihr Zutun, durch unzusammenhängende äußere Umstände zu einer unvorhergesehenen Katastrophe hindrängt, nur im Drama statt habe.«[21]

Die *Lehrjahre* entscheiden sich bekanntlich für einen »Mittelweg«, indem sie Wilhelm Meisters Bildungsgang als eine Reihe von zufälligen Begegnungen inszenieren, die sich retrospektiv als »gelenkter Zufall« durch die Turmgesellschaft und seine Emissäre zu erkennen geben.[22] Schon Schiller hat in seinem Briefwechsel mit Goethe angemerkt:

---

20 | Johann Wolfgang Goethe: *Wilhelm Meisters Lehrjahre*, in: *Sämtliche Werke. Briefe, Tagebücher und Gespräche*, 40 Bde., Bd. 9, hg. von Wilhelm Voßkamp und Herbert Jaumann, Frankfurt a.M. 1992, 675.

21 | Ebd., 676.

22 | Pethes: *Zöglinge der Natur*, 303.

»Der Roman, wie er da ist, nähert sich in mehreren Stücken der Epopee, unter anderem auch darinn, daß er Maschinen hat, die in gewißem Sinne die Götter oder das regierende Schicksal darinn vorstellen. Der Gegenstand fordert dieses. Meisters Lehrjahre sind keine bloß blinde Wirkung der Natur, sie sind eine Art Experiment. Ein verborgen wirkender höherer Verstand, die Mächte des Thurms, begleiten ihn mit ihrer Aufmerksamkeit, und ohne die Natur in ihrem freyen Gang zu stören, beobachten, leiten sie/ihn von ferne, und zu einem Zwecke, davon er selbst keine Ahnung hat, noch haben darf.«[23]

Nun verhält es sich zwar so, dass die Emissäre der Turmgesellschaft zunächst im Geheimen agieren, so dass sich Wilhelm das ganze Ausmaß der Beobachtung und Lenkung seines Lebens erst nach der Initiation im Turm enthüllt.[24] Gleichzeitig aber sind in den Text eine Reihe von selbstreferentiellen Szenen eingelassen, die das Verhältnis von Potentialität und Kontingenz, Zufall und Steuerung im Handlungsverlauf veranschaulichen, indem sie Wilhelm auf bildliche Weise mit den Entwürfen seiner Einbildungskraft konfrontieren, und auf diese Weise das, was sich im Roman narrativ vollzieht, so vor Augen stellen, dass die Wirkungsweise der Einbildungskraft selbst beobachtbar wird.[25] Exemplarisch lässt sich dies an der Begegnung Wilhelms mit dem ersten Emissär des Turms erläutern, in dessen Mittelpunkt das leitmotivisch verwendete »Bild vom kranken Königssohn« steht, das als Medium der Reflexionssteigerung den Zusammenhang von Kontingenz und dem Vermögen der Imagination zur Darstellung bringt.

Der geheimnisvolle Fremde trifft Wilhelm in dem Moment, in dem dieser sich entschlossen hat, seine bürgerliche Existenz aufzugeben und mit seiner Geliebten Marianne ein gemeinsames Leben als Schauspieler zu beginnen, bevor er durch einen Zufall erfährt, dass Marianne ihn betrügt. Wilhelm befindet sich also an dieser Stelle des Romans in einer Art Zwischenraum

---

23 | Brief von Schiller an Goethe vom 8. Juli 1796, in: *Friedrich Schiller, Johann Wolfgang Goethe. Der Briefwechsel*, historisch-kritische Ausgabe, Bd.1: Text, hg. und kommentiert von Norbert Oellers, Stuttgart 2009, 223.

24 | Vgl. zur Geheimbundtradition als Vorlage für den Turm Rosemarie Haas: *Die Turmgesellschaft in Wilhelm Meisters Lehrjahre. Zur Geschichte des Geheimbundromans und der Romantheorie im 18. Jahrhundert*, Frankfurt/Bern 1975.

25 | Die Verknüpfung zwischen Bild, Einbildungskraft und Bildung, die der Roman hier vornimmt, hat Wilhelm Voßkamp in seinen Arbeiten zu Goethes *Wilhelm Meister* herausgearbeitet. Vgl. insbesondere »Bilder der Bildung in Goethes Romanen *Wilhelm Meisters Lehrjahre* und *Wilhelm Meisters Wanderjahre*«, in: *Der Roman des Lebens. Die Aktualität der Bildung und ihre Geschichte im Bildungsroman*, Berlin 2009, 62-82. Ein Aufsatz, der neben dem Bild der schönen Amazone ebenfalls das Bild vom kranken Königssohn ins Zentrum der Überlegungen zur Rolle der Einbildungskraft für Wilhelms Bildungsgang stellt.

zwischen imaginärem Zukunftsentwurf und enttäuschter Hoffnung. In eben jenes Zwischen platziert der Fremde sein Gespräch, in dessen Zentrum die Kunstsammlung von Wilhelms Großvater steht, präziser, Wilhelms Lieblingsbild vom kranken Königssohn.

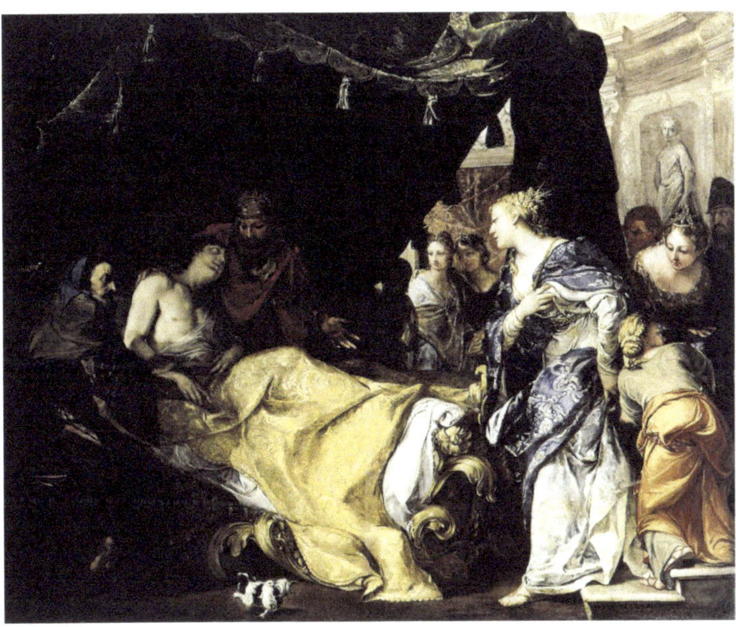

Abbildung 1: Der kranke Königssohn (Antiochos und Stratonike) *von Antonio Bellucci (um 1700, Öl auf Leinwand, Gemäldegalerie Alte Meister, Schloss Wilhelmshöhe Kassel). Die Forschung ist sich uneins, ob Goethe dieses Bild oder das von Januarius Zink (1730-1797) bzw. überhaupt eines der zwei Bilder, die er beide gekannt haben müsste, als Vorlage diente.*

Rasch wird klar, dass Wilhelm in den Augen des Fremden den ästhetischen Gehalt des Kunstwerks gerade dadurch zu verfehlen scheint, dass er die Form ignoriert und sich stattdessen ausschließlich für das im Bild entfaltete Narrativ interessiert. Während der Emissär, der sich als der Kunstsammler zu erkennen gibt, der dem Großvater bei der Veräußerung der Sammlung behilflich war und entsprechend gute Kenntnisse von den einzelnen Bildern besitzt, kritisch anmerkt, es »war eben nicht das beste Gemälde, nicht gut zusammengesetzt, von keiner sonderlichen Farbe und die Ausführungen durchaus manieriert«,[26]

26 | Goethe: *Wilhelm Meisters Lehrjahre*, 422.

macht Wilhelm klar: »der Gegenstand ist es, der mich an einem Gemälde reizt, nicht die Kunst.«[27] Und er fährt fort, das Bild habe

»einen unauslöschlichen Eindruck auf mich [gemacht], den mir selbst ihre Kritik, die ich übrigens verehre, nicht auslöschen könnte, wenn wir auch jetzt vor dem Bild stünden. Wie jammerte mich, wie jammert mich noch ein Jüngling, der die süßen Triebe, das schönste Erbteil, das uns die Natur gab, in sich verschließen, und das Feuer, das ihn und andere erwärmen und beleben sollte, in seinem Busen verbergen muß, so daß sein Innerstes unter ungeheuren Schmerzen verzehrt wird.«[28]

Wilhelm entzieht sich in dieser Szene der von seinem Gesprächspartner geforderten Reflexion und setzt ganz auf die affektive Kraft der Imagination. Der »unauslöschliche Eindruck« wird auch gegen die Kritik des Fremden von Wilhelm behauptet, selbst »wenn wir auch jetzt vor dem Bild stünden« – d.h. Wilhelm imaginiert den ›Evidenztest‹ und rückt nicht ab vom Bild, sondern entzündet seine Einbildungskraft daran, dass er sich das Bild als gegenwärtig vorstellt. Entsprechend verschiebt sich sein Affekt von der Erinnerung an den Eindruck auf den Eindruck selbst, der Text springt vom Imperfekt ins Präsens: »Wie jammerte mich, wie jammert mich noch ein Jüngling«.[29] Und was Wilhelm beklagt, ist eben das Eingeschlossensein des Gefühls im Innern der Seele, die mangelnde Möglichkeit, die »innere Geschichte«, wie es Blanckenburg vom Roman verlangt, im Handeln sichtbar zu machen. Mit dieser Eingeschlossenheit identifiziert er sich, aus ihr gilt es sich durch die Hinwendung zur Kunst zu befreien. Gleichzeitig verdichtet die auf dem Bild dargestellte Szene Wilhelms im Augenblick der imaginierten Betrachtung bereits fast aufgelöstes Liebesverhältnis zu Marianne und weist voraus auf die Begegnung mit der »schönen Amazone« Natalie.[30]

In gewisser Weise findet sich in der kleinen Szene, in der Wilhelm vom unauslöschlichen Eindruck spricht, den das Bild auf ihn gemacht hat, *in nuce* die Grundbewegung seines ganzen Bildungsgangs zusammengefasst, verläuft dieser doch über acht Bücher exakt immer wieder nach dem Prinzip eines Entwerfens von Bildern durch eine von der Kunst entzündete Einbildungskraft, die dann ihrerseits temporär zum Leitfaden für das eigene Wünschen und Streben wird. In immer neuen Anläufen entwirft sich Wilhelm sein Leben, wobei die Kunst stets als Impuls dient, das, was als Affekt, als Streben, als Wunsch in ihm ist, durch einen Entwurf der Einbildungskraft zur Anschau-

27 | Ebd.

28 | Ebd., 423.

29 | Ebd.

30 | Vgl. zu dieser sowohl erinnernden als auch vorausweisenden Verdichtungsfunktion des Bildes für die Handlung des Romans Voßkamp: *Bilder der Bildung*, 68-76.

ung zu bringen. Es ist ein, an der rhetorischen Figur der *evidentia* geschultes Wechselspiel von inneren Bildern, die Wilhelm in Bezug auf seine eigenen Lebensentwürfe entwickelt, und deren Veranschaulichung in den Bildern der Kunst – sei es, wie hier im Bild vom kranken Königssohn, oder sei es in den Rollen, die er auf dem Theater annimmt, insbesondere die Rolle des Hamlet, die ihm bis zur Entsagung im siebten Buch als zentrale Identifikationsfigur dient.[31]

Bekanntlich, und darum dreht sich dann in der Folge auch das Gespräch zwischen Wilhelm und dem Fremden, unternimmt Wilhelm einige Anstrengungen, diesen Rhythmus von Bildentwurf und -destruktion, der die Tätigkeit seiner Einbildungskraft als Leitfaden seines Bildungsgangs bestimmt, durch Einbettung in ein schicksalhaftes Gefüge zu stabilisieren und sein Leben auf diese Weise zu runden. Und es ist die Turmgesellschaft, die gegen diese Schicksalsgläubigkeit die modernen Koordinaten »Zufall und Vernunft« setzt. So betont der erste Emissär im Verlauf des Gesprächs:

»Das Gewebe dieser Welt ist aus Notwendigkeit und Zufall gebildet, die Vernunft des Menschen stellt sich zwischen beide, und weiß sie zu beherrschen, sie behandelt das Notwendige als den Grund ihres Daseins, das Zufällige weiß sie zu lenken, zu leiten und zu nutzen, und nur, indem sie fest und unerschütterlich steht, verdient der Mensch ein Gott der Erde genannt zu werden.«[32]

Doch trotz des Hohelieds auf die Vernunft lässt sich das pädagogische Programm, das die Turmgesellschaft Wilhelm angedeihen lässt, nicht auf die herkömmliche Hierarchie der Seelenvermögen reduzieren. An die Stelle der Disziplinierung der Einbildungskraft durch die Vernunft tritt vielmehr im Erziehungsprogramm des Turms gerade deren gesteuerte Stimulierung. Alle Begegnungen mit den Gesandten bis zur Initiationsszene im siebten Buch sind auf eine solche Anregung der Imagination durch Kunst ausgelegt. So lenkt in der ersten Begegnung der Fremde gleich zu Beginn des Gesprächs das Thema

31 | Die zentrale Rolle der Evidenz für die Romantheorie des 18. Jahrhundert kann hier nicht ausführlich entfaltet werden. Es sei aber ausdrücklich auf die Schnittstelle hingewiesen, die Evidenz für den Übergang einer auf Persuasion zielenden Rede hin zur psychologischen Innenschau des modernen Romans spielt. Denn es ist eben die Figur der *evidentia*, deren anschauliche Detaildarstellung über die bloße Narration von Handlung hinaus deren Motivation mit »vor Augen stellen« kann. Vgl. Gert Hübner: »evidentia. Erzählformen und ihre Funktionen«, in: Harald Haferland, Matthias Meyer (Hg.): *Historische Narratologie, mediävistische Perspektiven*, Berlin 2010, 119-147; Andreas Solbach: *Evidentia und Erzähltheorie. Die Rhetorik anschaulichen Erzählens in der Frühmoderne und ihre antiken Quellen*, München 1994; und Campe: »Form und Leben«.

32 | Goethe: *Wilhelm Meisters Lehrjahre*, 423f.

auf die Kunstsammlung und fordert Wilhelm durch geschicktes Nachfragen zur Beschreibung seines Lieblingsbildes heraus. Im zweiten Buch geschieht Ähnliches auf einer Kahnfahrt, bei der die Schauspielgesellschaft gemeinsam mit einem »fremden Geistlichen«, dem zweiten Emissär, ein Stück extemporiert. Ein Zeitvertreib, den der Geistliche als »Übung sehr nützlich« findet, denn »[e]s ist die beste Art, die Menschen aus sich heraus und durch einen Umweg wieder in sich hinein zu führen.«[33]

Eben dies ist das Ziel des Verhaltensdesigns *avant la lettre*, das der Roman in seiner Wirkungsweise zu zeigen in der Lage ist: das Sichtbarmachen des Inneren, den Menschen »aus sich herauszuführen«, um über diesen Umweg auf sein Inneres einwirken zu können. Der Abbé, das pädagogische Zentrum der Turmgesellschaft, liefert das entsprechende Bildungskonzept für diese Prozedur, wenn er, wie Aurelie und Natalie einstimmig berichten, die Überzeugung formuliert, man müsse, »wenn man an der Erziehung des Menschen etwas tun wolle, [...] sehen, wohin seine Neigungen und seine Wünsche gehen«.[34] Es gehe darum, sicherzustellen, »dass die Erziehung sich an die Neigung anschließe«, denn

»das erste und letzte am Menschen sei Tätigkeit, und man könne nichts tun, ohne die Anlagen dazu zu haben, ohne den Instinkt, der uns dazu treibe. [...] Wenn man es genau betrachtet, so wird jede auch nur die geringste Fähigkeit angeboren, und es gibt keine unbestimmte Fähigkeit. Nur unsere zweideutige, zerstreute Erziehung macht die Menschen ungewiß, sie erregt Wünsche statt Triebe zu beleben, und, anstatt den wirklichen Anlagen aufzuhelfen, richtet sie das Streben nach Gegenständen, die so oft mit der Natur, die sich nach ihnen bemüht, nicht übereinstimmt.«[35]

Das vom Abbé formulierte Erziehungsprogramm der Lenkung und Stimulierung von Fähigkeiten folgt dem Ziel, sie für die Tat, für das Tätigsein nutzbar zu machen. Ein Lenkungsprozess, der, wenn er an den »natürlichen Neigungen« ansetzt, im Idealfall ein Selbststeuerungsprozess wird, der die Individuen nach dem Prinzip der Eigenlenkung funktionieren lässt.

Das Interesse des Turms an dieser Ausbildung der Fähigkeiten und Vermögen durch das Stimulieren der Einbildungskraft ist eng gekoppelt an dessen Funktion als staatliche, pädagogische und ökonomische Steuerungsinstanz. Als solche ist er im Roman genau die Institution, die Wilhelms Einbildungskraft auszubilden trachtet, weil eine solche Subjektivierung den gesellschaftlichen und ökonomischen Umbrüchen der Zeit gemäß ist. Dort wo der Einzelne nicht länger allein als Rechtssubjekt im Rahmen repräsentativer Machtver-

33 | Ebd., 473.

34 | Ebd., 792.

35 | Ebd., 900.

hältnisse situiert ist, sondern in einer sich ausdifferenzierenden, funktional strukturierten Gesellschaft in einem Geflecht von Zufällen, unkontrollierbaren Ereignissen und Entwicklungen mit offenem Ausgang, entwickeln sich staatliche Steuerungsmechanismen, die diese kontingenten Strukturen so weit wie möglich nutzbar machen.[36] Dabei geht es zum einen schlicht um das Sammeln und Erfassen von Daten über die einzelnen Individuen, ihre Kräfte, Wünsche und Bestrebungen, um auf diese Weise das empirische Feld, auf dem der moderne Staat zu agieren genötigt ist, als kontingentes Feld dennoch möglichst umfassend zu strukturieren. Daneben spielt aber immer auch die Stimulierung, Disziplinierung und Lenkung der zu identifizierenden Affekte und Wünsche der Subjekte eine entscheidende Rolle – wobei es gerade nicht um Unterdrückung und Zurichtung von Potential geht, sondern um die Herstellung, Entfaltung und Abschöpfung dieses Potentials, das, so wie es der Abbé formuliert hat, durch die Erziehung belebt und in Handlung überführt werden muss.[37]

III. Aktive Potentialität. Schillers ästhetisches Erziehungsprogramm im Gespräch mit Goethes *Wilhelm Meister*

Wohl niemand hat die durchaus unheilvolle Übereinstimmung zwischen der Neuorganisation staatlicher und ökonomischer Lenkung angesichts des Umgangs mit erhöhter Komplexität und zunehmender Kontingenz auf der einen Seite und der Indienstnahme des Potentials des Einzelnen auf der anderen Seite, die Goethes Roman beobachtbar macht, besser verstanden als Schiller. In den *Briefen zur ästhetischen Erziehung des Menschen* unterzieht er genau diese Fragen einer theoretischen Reflexion. Entsprechend verwundert es nicht, dass er an einer entscheidenden Stelle im Briefwechsel mit Goethe über das achte Buch des Romans fast wörtlich aus seinem eigenen Erziehungsprogramm zitiert. Im Brief vom 8. Juli 1796 formuliert Schiller das »Ziel bey welchem Wilhelm nach einer langen Reyhe von Verirrungen endlich anlangt«, wie folgt:

»›er tritt von einem leeren und unbestimmten Ideal in ein bestimmtes thätiges Leben, aber ohne die idealisierende Kraft dabey einzubüßen.‹ Die zwey entgegengesetzten

36 | Vgl. Vogl: *Kalkül und Leidenschaft*.

37 | Vgl. zur entscheidenden Funktion der Stimulierung und Entfaltung menschlicher Vermögen im Rahmen der Disziplinarmacht Michel Foucault: Überwachen und Strafen. Die Geburt des Gefängnisses, aus dem Französischen übersetzt von Walter Seitter, Frankfurt a.M. 1994.

Abwege von diesem glücklichen Zustand sind in dem Roman dargestellt und zwar in allen möglichen Nüancen und Stuffen. Von jener unglücklichen Expedition an, wo er ein Schauspiel aufführen will, ohne an den Innhalt gedacht zu haben, biß auf den Augenblick, wo er – Theresen zu seiner Gattinn wählt, hat er gleichsam den ganzen Kreis der Menschheit einseitig durchlaufen; jene zwey Extreme sind die beyden höchsten Gegensätze, deren ein Charakter wie der seinige nur fähig ist, und daraus muß nun die Harmonie entspringen. Daß er nun, unter der schönen und heitern Führung der Natur (durch Felix) von dem idealischen zum reelen, von einem vagen Streben zum Handeln und zur Erkenntniß des wirklichen übergeht, ohne doch dasjenige dabey einzubüßen, was in jenem ersten strebenden Zustand reales war, *daß er Bestimmtheit erlangt, ohne die schöne Bestimmbarkeit zu verlieren*, daß er sich begrenzen lernt, aber in dieser Begrenzung selbst, *durch die Form* wieder den Durchgang zum Unendlichen findet u.s.f., dieses nenne ich die Crise seines Lebens, das Ende seiner Lehrjahre, und dazu scheinen sich mir alle Anstalten in dem Werk auf das vollkommenste zu vereinigen.«[38]

Unschwer lassen sich in diesen Ausführungen Schillers eigene Überlegungen zum ästhetischen Zustand als Ergebnis der Erfahrung mit dem Kunstwerk erkennen, wie sie der 20. Brief *Über die ästhetische Erziehung des Menschen* formuliert:

»Der Mensch kann nicht unmittelbar vom Empfinden zum Denken übergehen; er muß *einen Schritt zurück tun*, weil nur, indem eine Determination wieder aufgehoben wird, die entgegengesetzte eintreten kann. Er muss also, um Leiden mit Selbsttätigkeit, um eine passive Bestimmung mit einer aktiven zu vertauschen, augenblicklich *von aller Bestimmung frei sein* und einen Zustand der bloßen Bestimmbarkeit durchlaufen. Mithin muss er auf gewisse Weise zu jenem negativen Zustand der bloßen Bestimmungslosigkeit zurückkehren, in welchem er sich befand, ehe noch irgend etwas auf seinen Sinn einen Eindruck machte. Jener Zustand aber war an Inhalt völlig leer, und jetzt kommt es darauf an, eine gleiche Bestimmungslosigkeit und eine gleich unbegrenzte Bestimmbarkeit mit dem größtmöglichen Gehalt zu vereinbaren, weil unmittelbar aus diesem Zustand etwas Positives erfolgen soll.«[39]

Diesen Zustand realer und aktiver Bestimmbarkeit nennt Schiller den ästhetischen Zustand, ein Zustand, in dem der Mensch, wie es wenig später heißt, »Null« ist.[40] Indem Schiller Wilhelms Bildungsgang an sein eigenes ästhetisches Programm anschließt, zeigt sich, dass er im Vollzug der Formung der

38 | Brief an Goethe vom 8. Juli 1796, 226f. Hervorhebungen von mir, AL.

39 | Friedrich Schiller: »Über die ästhetische Erziehung des Menschen in einer Reihe von Briefen«, in: *Friedrich Schiller. Sämtliche Werke*, Bd. 5: Erzählungen. Theoretische Schriften, hg. von Gerhard Fricke und Herbert G. Göpfert, München 1993^{9}, 632f.

40 | Ebd., 635.

Figur die gelungene Darstellung einer paradoxal anmutenden ›aktiven Potentialität‹ erkennt: im Sinne einer Öffnung für alle möglichen Bestimmungen, die noch nicht festgelegt worden sind, gleichwohl aber nicht mehr als reine Potentialität vor aller Aktualisierung liegen.

Gleichzeitig wird im Roman auch deutlich, was die *Ästhetischen Briefe* nahelegen, jedoch nicht explizit sagen: dass ästhetische Erziehung als ein Durchgangsstadium zu verstehen ist, das letztlich den Übergang ins Handeln vorbereiten soll, ohne dass die in ihm gewonnene Potentialität dabei verloren geht oder irgend anders als in vollendeter Harmonie mit dem Übergang ins aktive Handeln korrespondiert. Dieses harmonisierende Miteinander zweier einander eigentlich ausschließender Strukturen ist dem Leser der *Ästhetischen Briefe* schon bei der Frage nach dem Verhältnis von individueller Freiheit und Gemeinwesen begegnet, also auf der Schwelle, an die Goethe seinen *Wilhelm Meister* führt. Nachdem Schiller den ästhetischen Zustand als Zustand des harmonischen Ausgleichs beschrieben hat, der sich jeglicher Bestimmung entzieht und statt dessen lediglich einen Raum des Möglichen öffnet und den Rezipienten auf diese Weise in die Lage versetzt, frei zu entscheiden, wie er sich selbst bilden möchte, fasst er zusammen:

»Durch die ästhetische Kultur bleibt also der persönliche Wert eines Menschen oder seine Würde, insofern diese nur von ihm selbst abhängen kann, noch völlig unbestimmt, und es ist weiter nichts erreicht, als dass es ihm nunmehr *von Natur wegen* möglich gemacht ist, aus sich selbst zu machen, was er will – daß ihm die Freiheit, zu sein, was er sein soll, vollkommen zurückgegeben ist.«[41]

Dieses Ineinssetzen von Wollen und Sollen, mit dem Schiller die Entfaltung des individuellen Potentials konfliktlos mit den Absichten des Gemeinwesens in Übereinstimmung bringt, verbindet sein Bildungsprojekt mit den Erziehungsstrategien des Turms und macht dabei gleichzeitig deutlich, inwieweit beide Konzepte die Engführung gesellschaftspolitischer Ordnungswünsche mit ästhetischen Formfragen zum Thema machen. Was Schiller betrifft, so hat ihn gerade diese Verbindung von sozio-ökonomischen Bemühungen der Kontingenzbewältigung mit dem Programm einer ästhetischen Erziehung nicht zu Unrecht dem Verdacht ausgesetzt, dass es sich bei letzterem um ein verkapptes Disziplinarmodell handelt. Mit Paul de Man gesprochen wäre dies die Anmut des Tanzes, die »die Gewalt verbirgt, durch die sie allererst möglich wird.«[42]

41 | Ebd., 21. Brief, 635.

42 | Paul de Man: »Ästhetische Formalisierung. Kleists Über das Marionettentheater«, in: ders.: *Allegorien des Lesens*, 205-232, 231.

Allerdings muss gleichzeitig betont werden, dass die radikale Restitution der Fülle des Möglichen, die den Menschen im ästhetischen Zustand auf »Null« setzt, die Ästhetik nicht völlig mit dem anvisierten staatlichen Ordnungsmodell übereinkommen lässt, sondern einen Überschuss an Potentialität erzeugt, der das Schiller'sche Modell von Harmonie und Stabilität auf der einen Seite ermöglicht, auf der anderen Seite aber auch beständig gefährdet.[43] Interessant und für den hier diskutierten Zusammenhang zentral ist in diesem Kontext, dass es sowohl in den *Ästhetischen Briefen* als auch im Brief an Goethe die Form ist, die das Disziplinarmodell trägt. Beide Textstellen betonen, dass Bestimmtheit zu erlangen ohne die »schöne Bestimmbarkeit« zu verlieren nur möglich ist, wenn die Begrenzung selbst als Form begriffen wird, die letztlich das Leben nicht endgültig stillstellt, sondern als unabschließbare Formierung, als Ereignis der Formwerdung ihrerseits im Fluss bleibt.

In den *Lehrjahren* fungiert der Turm als diese Instanz der Bildung im Sinne der Formung und es ist daher nur folgerichtig, dass er in gewisser Weise am Ende mit dem Roman zusammenfällt, wenn Wilhelm in der Initiationsszene umgeben von den Schriftrollen der anderen Romanfiguren sein eigenes Leben als gedrucktes in den Händen hält. Der Turm ist auf der einen Seite eine Ordnungsinstitution, die die Individuen, die die neue Ordnung benötigen, erzeugt und formt. Gleichzeitig sind die Szenen des Aufeinandertreffens von Turm und Individuum auch die Orte, an denen sich der Roman selbstreflexiv auf sich zurückbeugt und den Leser beobachten lässt, wie er als Roman seine Form gewinnt, indem er Momente des Wirklichwerdens von potentiellem Vermögen als individuelle Formung beobachtbar macht.

---

43 | Vgl. zur Diskussion um die Disziplinierung in Schillers Ästhetik Michael Gamper: *Masse lesen, Masse schreiben. Eine Diskurs- und Imaginationsgeschichte der Menschenmenge 1765-1930*, München 2007, 77-101 und Joseph Vogl: »Staatsbegehren. Zur Epoche der Policey«, *DVjs* 74/63 (2000), 600-626 sowie Anja Lemke: »Ästhetische Erziehung als Arbeit am Selbst. Schillers Bildungsprogramm aus der Perspektive postfordistischer Kontrollgesellschaften«, in: Menke, Glaser: *Experimentalanordnungen der Bildung*, 131-145.

Brainstorming

Über Ideenproduktion, Kriegswirtschaft und ›Democratic Social Engineering‹

Claudia Mareis

Als im Herbst 1961 der umstrittene *Webster's Third New International Dictionary of the English Language, Unabridged* mit über hunderttausend neuen und aktualisierten Einträgen zur englischen Sprache erschien, war dort auch ein Eintrag zum Begriff ›brainstorm‹ zu finden. Die Definition lautete: »to practice a conference technique by which a group attempts to find a solution for a specific problem by amassing all the ideas spontaneously contributed by its members«.[1] Das besagte Wörterbuch war nicht zuletzt deswegen so umstritten, da es sich im Vergleich zu seinem Vorgängerband, der *Second Edition* von 1934, von einem präskriptiven Instrument zum korrekten Gebrauch der englischen Sprache zu einer deskriptiven Bestandsaufnahme des tatsächlichen Sprachgebrauchs gewandelt hatte.[2] Der überstandene Weltkrieg, zahlreiche wissenschaftliche und technologische Neuerungen sowie veränderte Vorstellungen von Gesellschaft, Arbeit, Wissen und Kultur hinterließen ihre semantischen Spuren unter anderem auch in der Form von lexikalischen Einträgen. Der *Webster's Dictionary* spiegelte, anders gesagt, im Medium der Sprache gesellschaftlichen Wandel und Brüche wider. Zugleich wurden damit aber auch kulturelle Konzepte, Praktiken und Diskurse verstetigt, die bis anhin wortwörtlich »nicht der Rede wert« waren.

Auch der an sich genommen trivial wirkende Eintrag zu ›brainstorm‹ ist in diesem Zusammenhang zu sehen. Er bezeugt nicht nur eine Kreativitätsmethode, die um 1950 in den USA in Mode kam und sich von dort aus rasch verbreitete, sondern er verweist vielmehr auf ein radikal transformiertes, zunehmend

1 | *Webster's Third New International Dictionary of the English Language, Unabridged* (1961), Köln 1993, 266.

2 | Herbert C. Morton: The Story of Webster's Third: Philip Gove's Controversial Dictionary and its Critics, New York1994, 4.

ökonomisiertes Konzept des kreativen Prozesses.[3] Dieses entfernte sich, vereinfacht gesagt, im Verlauf des 19. und 20. Jahrhunderts zunehmend weg von der Idee eines individuellen pathologisch-wahnhaften Zustands und entwickelte sich hin zum Modell der unternehmerisch-effizienten Kreativarbeit im Team. Stand der Ausdruck ›brainstorm‹ Mitte des 19. Jahrhunderts vor dem Hintergrund telepathischer Übertragungstheorien noch für einen vorübergehenden wahnhaften Geisteszustand, so hatte er um 1900 bereits eine deutlich produktivere Konnotation als »a sudden bright idea« angenommen.[4] Ab den 1950er Jahren verbreitete sich der Ausdruck dann mittels der vom New Yorker Werbefachmann Alex F. Osborn lancierten Ideenfindungsmethode *Brainstorming* weit über den anglophonen Sprachraum hinaus. Zwar soll Osborn diese Methode bereits anfangs der 1940er Jahre im Rahmen der führenden US-amerikanischen Werbeagentur BBDO entwickelt und erprobt haben (zu deren Inhabern er selbst gehörte).[5] Doch erst nach dem Ende des Zweiten Weltkriegs, in den 1950er und 1960er Jahren, gewann sie dank Osborns Bestseller-Publikation *Applied Imagination*, die in zahlreiche Sprachen übersetzt wurde, auch bei einem breiten Publikum in den USA und darüber an Bekanntheit.

Der regelkonforme Ablauf einer Brainstorming-Sitzung, wie er bereits bei BBDO praktiziert wurde und fast wortgleich noch heute im Umlauf ist, lässt sich wie folgt wiedergeben: Während einer festgelegten Zeit (zwischen 30 bis 60 Minuten) soll eine Kleingruppe von sechs bis zwölf Personen unter Anleitung eines geschulten Moderators möglichst viele, möglichst ›wilde‹, also unkonventionelle Ideen für ein vorgegebenes Problem ersinnen. Die wichtigste Regel dabei lautet, dass in der Phase der Ideengenerierung keine Kritik geäußert werden darf. Erwünscht ist zudem, die Ideen anderer Gruppenmitglieder aufzugreifen und weiterzudenken.[6] Die während eines Brainstormings gene-

3 | Siehe zu diesem Aspekt Claudia Mareis: »Your Creative Power: Zur Ökonomie von Kreativitätsdiskursen in der Nachkriegszeit«, in: Anna Echterhölter, Dietmar Kammerer und Rebekka Ladewig (Hg.): *Ilinx. Berliner Beiträge zur Kulturwissenschaft* 3 (2012), 77-84.

4 | »It wasn't until the 1920s that brainstorm was used to mean ›a sudden bright idea,‹ and then only in American English. It seems to have begun as a variant on brain wave which was first used in the mid-1800s to mean ›a hypothetical vibration assumed to explain telepathy.‹ By 1900, it came to mean ›a flash of inspiration.‹« Online abrufbar: https://www.merriam-webster.com/words-at-play/definition-of-brainstorming (Zugriff 26.09.2017).

5 | O.V.: »Biography: Alex F. Osborn«, in: *The Journal of Creative Behavior* 38/1 (2004), 70-72, 70f.

6 | Zum idealtypischen Ablauf einer Brainstorming-Sitzung siehe: Alex F. Osborn: *Applied Imagination: Principles and Procedures of Creative Thinking. Revised Edition*, New York 1957 [1953], 80-97.

rierten Ideen gehören in diesem Sinne keinem individuellen Urheber, sondern sind Bestandteil eines zumindest vordergründig demokratisch erscheinenden Teamprozesses, bei dem sich alle Beteiligten ungeachtet ihrer fachlichen Expertise oder professionellen Hierarchiestufe vorbehaltslos austauschen sollen. Inwiefern sich diese geläufige Sichtweise auf die Methode auch mit Blick auf ihre Genealogie halten lässt, wird Gegenstand der nachfolgenden Ausführungen sein.

Mittlerweile zählt Brainstorming zu den verbreitetsten Kreativitätsmethoden überhaupt. Die Methode hat heute nicht nur Eingang in unternehmerische, sondern auch in akademische, politische oder pädagogische Arbeitszusammenhänge gefunden. Vielmehr noch: Das Bild von Menschen, die in der Gruppe an einem Tisch (oder gerne auch am Boden) sitzend gemeinsam nach der *einen* zündenden Idee suchen, ist zu einem visuellen Stereotyp für Kreativität, Innovation und Design Thinking schlechthin avanciert. In einem starken Kontrast zur Popularität der Methode steht jedoch der Umstand, dass – von einigen anekdotischen Überlieferungen abgesehen – nur wenig über deren Entstehungsgeschichte im 20. Jahrhundert bekannt ist. Auf welchen Auffassungen von Kreativität und kreativer Arbeit beruht die Methode? Durch welche Praktiken, Anwendungskontexte und Diskurse wurde sie namentlich in der ersten Hälfte des 20. Jahrhunderts geprägt? Wie kann sie schließlich mit Blick auf das im vorliegenden Band diskutierte Konzept eines Verhaltensdesigns kulturhistorisch verortet werden? Der ideologische und von Beginn an umstrittene Kern der Brainstorming-Methode bildet die Annahme, dass eine Gruppe nicht nur zahlenmäßig *mehr*, sondern auch qualitativ *bessere* Ideen hervorbringen kann, als eine Einzelperson.[7] Die Begründung dieser Annahme liegt einerseits in einem kollektivistischen, übersummativen Verständnis von Kreativität und kreativer Arbeit, andererseits spielen dabei banale statistische Überlegungen eine Rolle: Je mehr Ideen generiert werden, umso höher ist die Wahrscheinlichkeit, darunter die *eine* passende Idee zu finden: Quantität führt demnach zu Qualität.

Konstitutiv für die Brainstorming-Methode ist im weiteren eine Annahme, die sie mit den meisten Kreativitätsmethoden und -techniken eint: Die Annahme, dass kreative Prozesse kulturtechnisch erlern- und trainierbar sind

---

7 | Eine erste Studie, in der die Überlegenheit von gruppenbasierten Ideenfindungsprozesse in Frage gestellt wurde, wurde 1958 von Yale-Psychologen veröffentlicht: Donald W. Taylor, Paul C. Berry und Clifford H. Block: »Does Group Participation When Using Brainstorming Facilitate or Inhibit Creative Thinking?«, in: *Administrative Science Quarterly* 3/1 (1958), 23-47. Siehe dazu auch Bernard Benson: »Is Brainstorming Overrated?«, in: *Management Review* 46/11 (1957), 62-64.

und der kreative Output dadurch optimiert werden kann.[8] Diese Sicht auf Kreativität entspricht der Art und Weise, wie viele US-amerikanische Kreativitätspsychologen in den 1950er und -60er Jahren das Phänomen Kreativität sahen. Kreativität stellte sich für sie nicht länger als eine exklusive, angeborene Eigenschaft dar, die nur vereinzelte Genies besitzen, sondern als eine bei jeder Person bis zu einem gewissen Grad vorhandene Fähigkeit, die trainiert und erschlossen werden kann. Joy P. Guilford, einer der führenden Kreativitätspsychologen der Zeit, äußerte sich zu diesem Punkt etwa wie folgt: »Like most behavior, creativity probably represents to some extent many learned skills. There may be limitations set on these skills by heredity, but I am convinced that through learning one can extend them.«[9] Alex Osborn verglich das menschliche Imaginationsvermögen auf anschauliche Weise mit einem Muskel, den es zu trainieren gilt: »There is no genius in me, but I have learned by experience that imagination, like muscle, can be built up by exercise.«[10]

Schließlich und wesentlich liegt der Brainstorming-Methode die Überzeugung zugrunde, dass Einfälle und Ideen nicht nur einen epistemische, sondern auch einen realen ökonomischen Wert besitzen; dass sie eine spezifische Form von verkörpertem Wissen und kognitivem Kapital darstellen, das ökonomisch nutzbar gemacht werden kann. Bezeichnenderweise verglich Osborn das menschliche Gehirn mit einer »Goldmine zwischen den Ohren«[11] und stellte die Frage in den Raum: »If ideas are that valuable, […] why don't I try to turn out more of them?«[12] (Abb. 1) All die bis hierhin skizzierten Charakteristiken der Brainstorming-Methode sollen nun im Folgenden mit Blick auf historische Zusammenhänge und Einflüsse spezifiziert und diskutiert werden.

---

8 | Siehe ausführlich zu diesem Aspekt Claudia Mareis: »Kreativitätstechniken«, in: Barbara Wittmann (Hg.): *Werkzeuge des Entwerfens*, Zürich/Berlin 2017, 89-102.

9 | Joy P. Guilford zit.n. O.V.: »Practical Techniques in Creative Thinking«, in: *Management Review* 45/3 (1956), 207-209, 207.

10 | Alex F. Osborn: *How to ›Think Up‹*, New York/London 1942, 2.

11 | Alex F. Osborn: *The Gold Mine Between Your Ears*, New York 1955.

12 | Alex F. Osborn: *Your Creative Power*, New York 1961 [1948], 12.

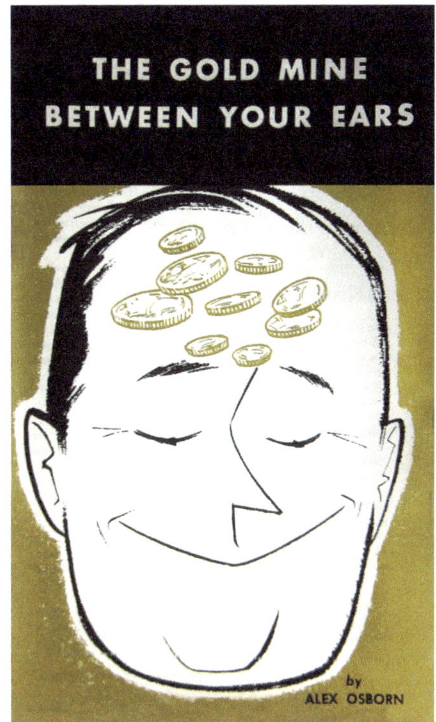

Abbildung 1: Alex F. Osborn:
The Goldmine Between Your Ears, *1955.*
(State University of New York at Buffalo, University Archives, Alexander F. Osborn Papers, Series IV, Box 13.)

Im Zeitalter der Ideen

In den 1950er und 1960er Jahren galt Brainstorming in den USA als *die* Methode, um mit überholten Denk- und Problemlösungsmustern zu brechen und nützliche Ideen quasi »am Fließband« zu generieren. Vor dem Hintergrund des Kalten Krieges, namentlich nach dem Sputnik-Schock von 1957, bezweifelten viele Zeitgenossen das Innovationsvermögen US-amerikanischer Offiziere, Ingenieure und Wissenschaftler. So konstatierte etwa Alex Osborn: »It has been rightly said that ideas made America. But, now ideas may unmake America. Not our ideas, but the ideas of our enemies [...]. The question is whether it will be too late before education becomes as creative as it should be in order to keep America strong.«[13] Im Rahmen der Erneuerung des Bildungssystems, das in den USA als Konsequenz von Sputnik in Angriff genommen wurde, gewannen nicht nur die Naturwissenschaften an größerer Bedeutung, sondern ebenso nahm die Förderung von Kreativität einen wichtigen Stellenwert ein.[14]

Die Brainstorming-Methode stellte nur eine, wenngleich die bekannteste, unter den zahlreichen Kreativitätsmethoden und -programmen dar, die in den 1950er und 1960er Jahren unter dem Stichwort *Applied Creativity Movement* florierten. Gefördert werden sollte nicht einfach Kreativität per se, sondern eine utilitaristische Form von Kreativität, die innovativ und zugleich nützlich sein sollte. Kreativität wurde nicht bloß als ein abstrakter mentaler Prozess gesehen, sondern als eine produktive soziale Eigenschaft, die sich erstens anhand spezifischer ›westlicher‹ Persönlichkeitsmerkmale offenbarte (wie Offenheit, Flexibilität, demokratische Gesinnung) und aus der zweitens konkrete Produkte resultieren sollten, egal ob es sich dabei um »poems, patents, buildings, or bombs« handelte.[15]

Nachdem sich anfangs der 1950er Jahre namhafte Intelligenzpsychologen wie Joy P. Guilford nachdrücklich für eine systematische Erforschung und Förderung des Phänomens ›Kreativität‹ eingesetzt hatten, gewann die Thematik zunehmend an nationaler Bedeutung. Interessensverbände wie die Atomenergie-Kommission (AEC) oder die Nationale Wissenschaftsförderung (NSF) unterstützten die Erforschung von Kreativität in den 1950er und 1960er Jahren mit großzügigen finanziellen Mitteln,[16] um so dem vielfach beklagten Mangel an kreativem Führungspersonal in Wirtschaft, Wissenschaft und Militär entgegenzuwirken. Namhafte Großunternehmen wie Du Pont, Eastman Kodak, General Electric, General Motors und IBM oder Institutionen wie die Harvard Business School, das Massachusetts Institute of Technology oder die Denkfabrik RAND Corporation schulten ihre Mitarbeiter in der Methode der

13 | Alex F. Osborn: *Is Education Becoming More Creative* (Based on an address given at the Seventh Annual Creative Problem-Solving Institute University of Buffalo), Buffalo 1963, o.S. Quelle: Alexander F. Osborn Papers, 1948-1966, State University of New York at Buffalo, University Archives, Series IV, Box II, F1.

14 | Siehe zu diesem Aspekt Anne Rohstock: »Antikörper zur Atombombe. Verwissenschaftlichung und Programmierung des Klassenzimmers im Kalten Krieg«, in: Patrick Bernhard, Holger Nehring, Anne Rohstock (Hg.): *Den Kalten Krieg denken: Beiträge zur sozialen Ideengeschichte seit 1945*, Essen 2014, 257-282.

15 | Jamie Cohen-Cole: »The Creative American: Cold War Salons, Social Science, and the Cure for Modern Society«, in: *Isis* 100/2 (2009), 219-262, 241.

16 | Cohen-Cole: *The Creative American*, 241.

Ideenkonferenzen.[17] (Abb. 2 und 3) Angeblich soll selbst Präsident Dwight D. Eisenhower ab 1956 konstant »über eine besondere Brainstorming-Gruppe für kriegstechnische Entwicklungsarbeiten« verfügt haben, Ähnliches wird auch von John F. Kennedy berichtet.[18]

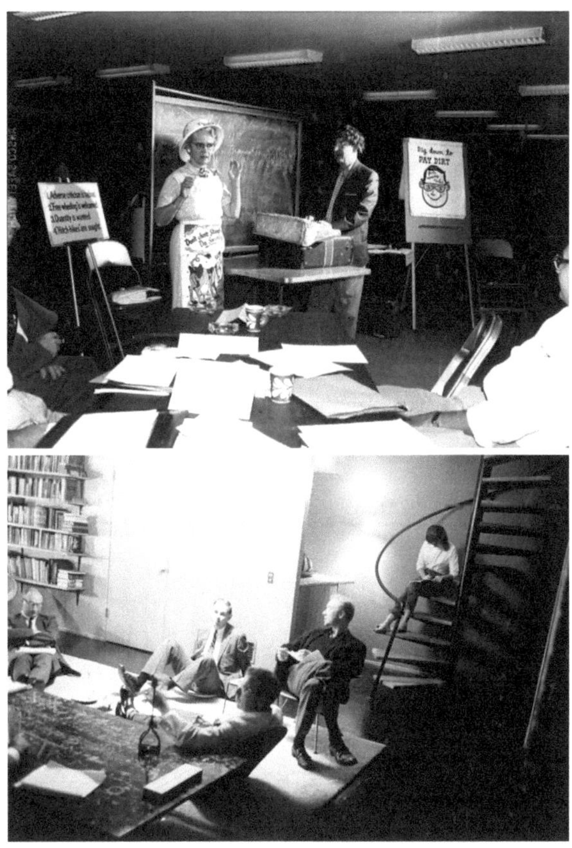

Abbildung 2: Brainstorming-Kurs der Creative Education Foundation in Buffalo, circa 1955. (© Creative Education Foundation, Scituate/MA.)
Abbildung 3: Mitarbeitende der RAND Corporation bei einem Brainstorming, 1958. (© Leonard Mccombe, Life Magazine, *1958.)*

---

17 | Eine Übersichtsliste einiger Unternehmen und Organisationen, die mit der Brainstorming-Methode gearbeitet haben, findet sich in Charles H. Clark: *Brainstorming*, Garden City 1958, 55-57.

18 | Dieter Grahammer: *Die Ideenkonferenz als modernes Schulungsmittel im Verkauf. Brainstorming – ein neuer Weg im Verkäufertraining*, Berlin 1966, 5.

Neben Interessenten aus Industrie, Forschung, Militär und Politik richtete sich die Brainstorming-Methode auch an Privatpersonen: An Hausfrauen, Familienväter oder Junggesellen, um diesen ein effizientes Mittel an die Hand zu geben, ihr Leben zu optimieren und produktiver zu gestalten. Ein Ehemann könne sich etwa überlegen, so Osborns Anregung, wie er seine Frau glücklich machen oder ein junger Angestellter, wie er seinen Boss von sich überzeugen könne.[19] ›Richtig‹ angewandte Imagination sollte jedem und jeder zu einem rundum erfolgreichen und produktiven Leben verhelfen, so lautete das mit der Methode verkaufte Versprechen.[20] Das ausgeprägte Interesse an nützlichen Ideen, Einfällen und Erfindungen, das in den 1950er und 1960er Jahren in den USA weithin zu beobachten war, verleitete den Journalismusprofessor Robert P. Crawford dazu, diese Ära als »the age of ideas« zu bezeichnen.[21] Diese Datierung lässt jedoch den Umstand außer Acht, dass das gesteigerte Interesse an Ideen keineswegs ein Phänomen der Nachkriegszeit war. Vielmehr galt die systematische Hervorbringung nützlicher Ideen bereits während des Zweiten Weltkriegs als entscheidender Faktor, um der USA im Kampf gegen den Feind zu technologischer und wirtschaftlicher Überlegenheit zu verhelfen.

Ideenproduktion in der US-amerikanischen Kriegswirtschaft

Ein historischer Schauplatz, der die Brainstorming-Methode maßgeblich prägte, war der Zweite Weltkrieg. Während dieser Zeit gab es Bestrebungen, das betriebliche Vorschlagwesen für militärische Zwecke zu nutzen.[22] Ab Beginn der 1940er Jahre wurden sowohl in der US-amerikanischen Rüstungsindustrie als auch in der Kriegsadministration zahlreiche Projekte durchgeführt, um zivile Arbeitskräfte in die Kriegsproduktion einzubinden und die werktätige Bevölkerung an der Heimatfront als eine kollektive Ideenressource zu nutzen. Ziel dieser Ideen- und Vorschlagsprogramme war es, durch den Einbezug von Verbesserungsvorschlägen und Ideen seitens der Arbeitskräfte sowohl die Quantität als auch die Qualität der Arbeitsleistung zu erhöhen, überflüssige

19 | Osborn: *How to ›Think Up‹*, 32.

20 | Alex F. Osborn: *Wake Up Your Mind*, New York 1952, 12.

21 | Robert P. Crawford: *The Techniques of Creative Thinking. How to Use Your Ideas to Achieve Success*, New York1954, 9.

22 | Der Ausdruck »betriebliches Vorschlagswesen«, auch »Verbesserungsvorschlagswesen«, bezeichnet den systematischen Einbezug von Ideen der Mitarbeitenden für die Produkt- und Prozessoptimierung eines Unternehmens.

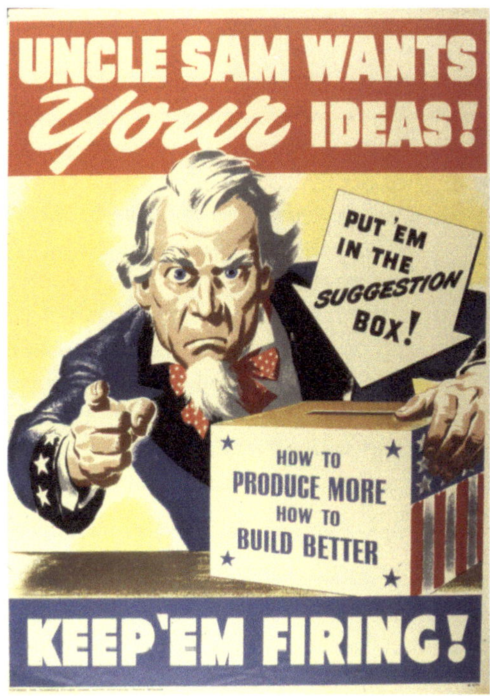

Abbildung 4: Uncle Sam Wants Your Ideas. Plakat des War Production Board, circa 1942/43. (© National Archives and Records Administration, College Park.)

Methoden im Arbeitsprozess zu eliminieren, Arbeitsabläufe zu vereinfachen und so insgesamt wertvolle Ressourcen für den Kriegshaushalt einzusparen.[23] Wie die Kulturhistorikerin Bregje van Eekelen gezeigt hat, wurden die Arbeiter in den Rüstungsfabriken mittels spezieller Plakate, Ideenbriefkästen oder finanzieller Anreize dazu angeregt, »ihre Ideen ungehindert der sich im Krieg befindlichen Nation zur Verfügung zu stellen – Onkel Sam brauchte Ideen.«[24] (Abb. 4) Das Ersinnen von Ideen erforderte keine eigenen Räumlichkeiten,

23 | War Department Civilian Awards Board: *History Suggestion & Awards Program*. June 1943-Dec.1945. Washington DC 1946, 2. Quelle: Alexander F. Osborn Papers, 1948-1966, State University of New York at Buffalo, University Archives, Series IV, Box 12, F32.

24 | Bregje F. van Eekelen: »Brainstorming und das verkörperte Wissen. Eine Ökonomie der Ideen in Amerika während des Zweiten Weltkriegs«, in: Claudia Mareis (Hg.): *Designing Thinking. Angewandte Imagination und Kreativität um 1960*, München 2016, 75-103, 90.

sondern konnte direkt vor Ort, sowohl in den Werkstätten als auch in den Büros, innerhalb der regulären Arbeitszeit erledigt werden.[25] Überdies wurden auf diese Weise die in der industriellen Produktion traditionell getrennten Bereiche von Hand- und Kopfarbeit zusammengeführt und Hierarchien zwischen Führungskräften, Experten und einfachen Mitarbeitenden unterlaufen. Der Unterschied »zwischen der Bedienung einer Maschine und der Möglichkeit, eine Idee zu haben«, habe sich dabei, so van Eekelens These, zunehmend aufgelöst. Stattdessen habe sich ein neuer Typus des »Arbeiter-Denker[s]« herausgebildet, der zu einer gesteigerten Wertschätzung von *verkörpertem* Wissen geführt habe.[26] Der Aufruf zur Ideenproduktion beschränkte sich indes nicht auf die industrielle Produktion, sondern umfasste auch bürologisch organisierte Arbeitsbereiche wie das US-amerikanische Kriegsministerium. Unter dem Motto »Ideas for Victory« wurde auch dort von 1943 bis 1945 mit großem Aufwand ein *Suggestion & Awards Program* betrieben, bei dem die Mitarbeitenden mittels symbolischer und finanzieller Anreize (wie spezielle Orden oder Gutscheine) zu Verbesserungsvorschlägen angespornt werden sollten.[27]

Die Bestrebungen, die betriebliche Ideenproduktion während des Krieges systematisch anzuregen, beeinflusste auch die Genese und das Design der Brainstorming-Methode unmittelbar. In Osborns Buch *How to ›Think Up‹* von 1942, in dem er die Methode erstmals namentlich erwähnte, finden sich zahlreiche Bezüge zum militärisch-betrieblichen Vorschlagswesen. So berichtete er beispielsweise davon, wie der Automobilhersteller General Motors (ein Kunde von Osborns Werbeagentur BBDO) seine Angestellten mittels finanzieller Anreize zu Verbesserungsvorschlägen für die betriebliche Produktion anregen wollte.[28] Über den Reifenhersteller B. F. Goodrich, der zu jener Zeit angeblich rund 40.000 Angestellte beschäftigte, kolportierte Osborn, dass dort während der Kriegsjahre durchschnittlich 4000 Ideen pro Jahr von Angestellten eingereicht worden seien, von denen rund ein Drittel aufgrund ihrer guten Qualität mit Geldpreisen honoriert worden sei.[29] Ungeachtet der Frage, ob man diesen Zahlen Glauben schenken mag, so wird daran deutlich, dass Ideen während der Kriegsjahre als ein entscheidendes kognitives Kapital erachtet wurden, um den Krieg zu gewinnen und den Fortschritt für den Frieden zu sichern. Bezeichnend in diesem Kontext ist eine von John Collyer, dem Präsidenten von B. F. Goodrich, überlieferte Aussage:

---

25 | Siehe ebd., 85f.

26 | Ebd., 79. Siehe weiterführend zu diesem Aspekt Bregje van Eekelen: »Knowledge for the West, Production for the Rest? Narratives of Progress and Decline in Knowledge Economies«, in: *Journal of Cultural Economy* 8/4 (2015), 479-500.

27 | War Department Civilian Awards Board: *History Suggestion & Awards Program*, 2.

28 | Osborn: *How to ›Think Up‹*, 14f.

29 | Ebd., 15.

»For victory's sake, let us put our imagination on overtime! Let us try to double our volume of suggestions. [...]. And the bigger our production of helpful ideas, the more products and materials we can produce and thus help speed the day of victorious peace.«[30]

Der Einfluss der Kriegsjahre auf die Brainstorming-Methode spiegelt sich nicht zuletzt auch in der kämpferisch-militärischen Rhetorik wider, die mit der Methode zu jener Zeit einherging. Bereits der Ausdruck ›brainstorm‹ konnte einer solchen Rhetorik zufolge als militärisch koordinierter Gehirn- oder Gedankensturm verstanden werden, wie Osborn erläuterte: »›brainstorm‹ means using the *brain* to *storm* a creative problem – and to do so in *commando* fashion, with each stormer audaciously attacking the same problem«.[31] Auch den Ablauf der Methode beschrieb Osborn so, als ob es sich dabei um eine militärische Operation handeln würde: »Aim: Pick out a single target«, »Fire: Shoot freely with your imagination«, »Reload: If you still fail to hit your mark, retrace your previous shots, reload your imagination, and fire, fire again«.[32] Nicht nur die Rhetorik, sondern auch die Operationslogik des Krieges wurde mittels Kreativitätsmethoden wie Brainstorming folglich auf den Bereich der kreativen Arbeit übertragen und führte dazu, diese Bereiche untrennbar miteinander zu verzahnen. Bregje van Eekelen formuliert mit Blick auf diesen Zusammenhang die überzeugende These, dass das »bemerkenswerte Interesse an Ideen im amerikanischen Kriegstheater zur Zeit des Zweiten Weltkriegs« entscheidend gewesen sei für das spätere »Aufkommen, die Verbreitung und schließlich die Normalisierung des Brainstormings und anderer Formen kreativen Denkens in militärischen und industriellen Zusammenhängen« in der Nachkriegszeit.[33]

Kleingruppenforschung unter unternehmerischen Vorzeichen

Mit dem militärischen Interesse an einer konzertierten Ideenproduktion ist allerdings nur ein historischer Einflussbereich unter mehreren identifiziert, der die Genese und das Design der Brainstorming-Methode in der Mitte des 20. Jahrhundert prägte. Weitere Impulse kamen aus der Betriebspsychologie und Kleingruppenforschung, die beide in der ersten Hälfte des 20. Jahrhunderts aufkamen und deren gemeinsames Interesse der Erforschung der Produktivität von Gruppen galt. Mit den Annahmen, dass 1) Gruppenarbeit produktiver sei als die Arbeitsleistung von Einzelpersonen und dass 2) ein demokratisch-

30 | Ebd.

31 | Osborn: *Applied Imagination*, 80.

32 | Osborn: *How to ›Think Up‹*, 34f.

33 | Eekelen: »Brainstorming und das verkörperte Wissen«, 76.

partizipativer Führungsstil die Produktivität von Arbeitsgruppen steigern könne, nahm Osborns Brainstorming-Methode unmittelbar Bezug auf Erkenntnisse aus diesen beiden Bereichen.[34]

Die sogenannte *Small Group Research*, deren Anfänge in den 1930er Jahren liegen und die nach dem Krieg unter dem Stichwort der Gruppendynamik in therapeutischen und unternehmerischen Arbeitszusammenhängen in den USA an großer Bedeutung gewann, interessierte sich dafür, wie Mitglieder von Gruppen interagierten, welche Dynamiken in Gruppen erzeugt wurden und welche Maßnahmen und Führungsstile die Produktivität von Gruppen erhöhen konnten. Der letzte Punkt verband sie mit der Betriebspsychologie, die namentlich im Kontext der industriellen Produktion nach Möglichkeiten der Produktivitätssteigerung von Arbeitenden suchte. Die Kleingruppe – wie sie Familien, Schulklassen, Arbeitsteams oder militärische Truppen idealtypisch darstellten – erschien den Forschern nicht nur als ein besonders repräsentativer, gut zu beobachtender Ausschnitt der Gesellschaft, sondern sie wurde auch als beeinflussbares Gefüge gesehen, das gezielt verändert und manipuliert werden konnte. Mit Blick auf die Erfahrungen des Zweiten Weltkrieges schien es für viele Gruppenforscher auf der Hand zu liegen, dass gruppendynamische Prozesse, wie sozialer Druck oder Führungsverhalten unter Stress, eine Gesellschaft stärker beeinflussen konnten, als dies bei individuellem Verhalten von Einzelpersonen der Fall war.

Die Gruppe wurde als ein »dynamisches System von Kräften« gesehen, bei welchem »Umstellungen in irgendeinem Teil der Gruppe [...] Umstellungen in der Gruppe als Ganzem« zu bewirken vermochten.[35] Anstatt zu versuchen, das Verhalten eines einzelnen Individuums zu beeinflussen, schien es demnach angebracht, individuelles Verhalten indirekt als Bestandteil einer Gruppe zu adressieren und das Gruppenverhalten so zu steuern. Der bekannte Gruppenforscher und Gestaltpsychologe Kurt Lewin vertrat die These, dass die Gruppe in der Summe nicht einfach nur *mehr* als ihre Einzelteile sei, sondern dass sie auch ganz *andere* Eigenschaften hervorbringe.[36]

Basierend auf Ideen, die er aus der Gestalttheorie und Feldtheorie bezog, verstand Lewin die Gruppe als ein Feld, auf das unterschiedliche soziale und

34 | So bezieht Osborn sich in *Applied Imagination* beispielsweise auf einen Bericht des *National Training Laboratory in Group Development*. Siehe zu weiteren einschlägigen Referenzen Osborn: *Applied Imagination*, 96f.

35 | Heinz K. Grössle: *Der Mensch in der industriellen Fertigung. Ergebnisse der betrieblichen Sozialforschung in den USA*, Wiesbaden 1957, 33. Die Aussage stammt im Original aus: Carl Rogers: *Client-Centered Therapy: Its Current Practice, Implications, and Theory*, Boston 1951.

36 | Kurt Lewin: »Feldtheorie und Experiment in der Sozialpsychologie [1939]«, in: ders.: *Feldtheorie in den Sozialwissenschaften: Ausgewählte theoretische Schriften*, Bern 2012 [1963], 168-192, 182f.

psychologische Kräfte einwirkten. Er stellte sich damit explizit gegen die zu jener Zeit in der Psychologie verbreitete Ansicht, Individuen als von der Umwelt isolierte, vornehmlich von der Vergangenheit geprägte Elemente zu betrachten.[37] Stattdessen nahm er systemische Zusammenhänge und aktuelle psychosoziale Kräftefelder in den Blick, wie sie in familiären, arbeitsorganisatorischen, therapeutischen oder militärischen Gruppenkonstellationen zu finden waren. Der Wunsch, sich zu einer Gruppe zugehörig zu fühlen und mit dieser zu interagieren, stellte für Lewin ein grundlegendes anthropologisches Bedürfnis dar, entsprechend konnte auch individuelles Handeln nicht losgelöst vom sozialen Umfeld verstanden werden.[38]

Die Thesen, die die *Small Group Research* in der Nachkriegszeit zur Gruppendynamik formulierten, bauten indes nicht allein auf gestaltpsychologischen oder systemtheoretischen Ideen auf, wie man vielleicht annehmen könnte. Vielmehr fußten sie ganz wesentlich auf Untersuchungen der US-amerikanischen Betriebspsychologie aus den 1920er und 1930er Jahren, in denen es um die Produktivität von Fabrikarbeitern ging. Hervorzuheben ist in diesem Zusammenhang die bekannte, von Elton Mayo und Fritz Roethlisberger geleitete, Arbeitsplatzstudie in den Hawthorne-Werken der *Western Electric Company* in Chicago, die den Grundstein für den Human-Relations-Ansatz in der Betriebspsychologie legte.[39] Ziel dieser vom US-amerikanischen National Research Council und der Elektrizitätsindustrie geförderten Studie war es, die Produktionsleistung der in den Hawthorne-Werken tätigen Arbeiterinnen und Arbeiter zu untersuchen, mit dem Ziel deren Arbeitsleistung zu optimieren.

Zunächst wurden, noch ganz in tayloristischer Manier,[40] isolier- und kontrollierbare physische Elemente in der Arbeitsumgebung, wie die Lichtverhältnisse, in ihrem Einfluss auf die Produktionsleistung untersucht. Da sich dieser

---

37 | Zur Theorie und Geschichte der Small Group Research siehe bspw. Paul A. Hare: *Handbook of Small Group Research*, New York 1962; Joseph E. McGrath: »Small Group Research. That Once and Future Field: An Interpretation of the Past with an Eye to the Future«, in: *Group Dynamics: Theory, Research, and Practice* 1 (1997), 7-27; Joseph E. McGrath, Holly Arrow und Jennifer L. Berdahl: »The Study of Groups: Past, Present, and Future«, in: *Personality and Social Psychology Review* 4/1 (2000), 95-105.

38 | Alfred J. Marrow: *Kurt Lewin: Leben und Werk*, Weinheim 2002, 257.

39 | Aus dieser Studie resultierten zahlreiche Artikel und die folgenden drei Monographien: Elton Mayo: *The Human Problems of an Industrial Civilization*, New York 1933; T. N. Whitehead, Helen Mitchell: *The Industrial Worker: A Statistical Study of Human Relations in a Group of Manual Workers*, Cambridge/MA 1938; Fritz Jules Roethlisberger, William John Dickson: *Management and the Worker: An Account of a Research Program Conducted by the Western Electric Company, Hawthorne Works, Chicago*, Cambridge/MA 1939.

40 | Frederick W. Taylor: *The Principles of Scientific Management*, New York/London 1911.

Ansatz jedoch bald schon als zu wenig zielführend erwies, begannen sich die Forscher für die informelle Interaktion der Arbeitenden untereinander sowie für ihre persönliche Arbeitsmotivation zu interessieren.[41] Eines der Hawthorne-Experimente beinhaltete, dass eine Gruppe von fünf Arbeiterinnen während mehrerer Wochen in einem separaten Testraum unter variierenden Bedingungen eine Arbeitsaufgabe (die Montage von Telefonrelais) erledigen musste.[42] (Abb. 5) Die Größe der Gruppe hatte experimentelle Gründe. Sie wurde Mayo zufolge gewählt, um Veränderungen im Arbeitsverhalten der beobachteten Testpersonen besser erkennen zu können. Variiert wurden im Verlauf des Experiments Faktoren wie Produktionsanforderung, Arbeitszeiten und Ruhepausen, Zwischenverpflegung oder Lohnanreize. Dabei zeigte sich, dass die Produktionsleistung zwar durchaus gesteigert werden konnte, dass letztlich aber keiner der untersuchten Faktoren allein zu einer nachhaltigen signifikant besseren Produktionsleistung führte. Vielmehr glaubten die Forscher erkannt zu haben, dass die Testgruppe im Verlauf des Experiments »a remarkable change of mental attitude« durchlaufen hatte, der für die bessere Arbeitsleistung verantwortlich war.[43] Das Experimentalsystem, in das die Testpersonen eingebettet waren, schien demnach eine Verbesserung der Arbeitsleistung hervorzubringen

Konkret führte Mayo dies auf den Umstand zurück, dass die Arbeiterinnen nicht wie sonst von einem autoritären Vorgesetzten geführt wurden, sondern von einem interessierten, einfühlsamen Studienleiter, der ihre Tätigkeit wertschätzte und sie unterstützte, eigene Vorschläge und Bedingungen für produktives Arbeiten zu formulieren. Die größere Selbstbestimmung und Zufriedenheit der Arbeiterinnen spiegelte sich demnach in der Einstellung der Arbeiterinnen gegenüber ihrer Arbeit wider: »Important factors in the production of a better mental attitude and greater enjoyment of work have been the greater freedom, less strict supervision and the opportunity to vary from a fixed pace without reprimand from a gang boss«, so formulierte Mayo diese Erkenntnis.[44]

Die Ergebnisse der Hawthorne-Experimente legten nahe, dass Unternehmer sich stärker um das Wohlbefinden ihrer Mitarbeiter und nicht nur um die technisch-formalen Bedingungen der rationellen industriellen Arbeitsführung kümmern sollten: »Die eigentliche Botschaft des Human-Relations-

---

41 | Mayo: The Human Problems of an Industrial Civilization, 55f. Siehe dazu auch Richard Gillespie: *Manufacturing Knowledge: A History of the Hawthorne Experiments*, Cambridge 1993, 1-4.

42 | Zum Ablauf und der Auswertung dieses Experiments siehe Mayo: *The Human Problems of an Industrial Civilization*, 56-76 sowie Gillespie: *Manufacturing Knowledge*, 37-68.

43 | Mayo: *The Human Problems of an Industrial Civilization*, 71.

44 | Ebd., 69.

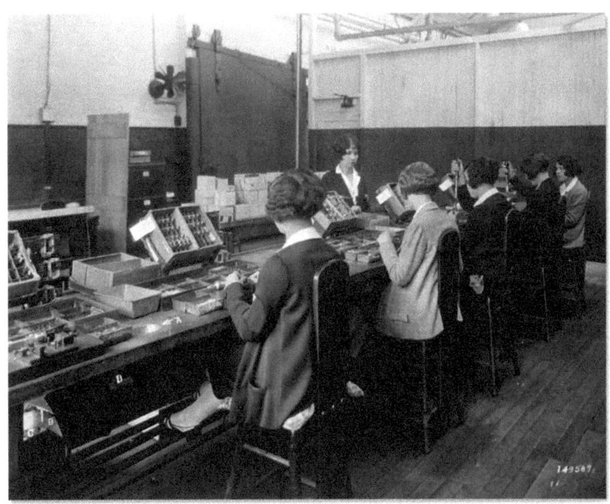

Abbildung 5: Arbeiterinnen der Hawthorne-Werke im »Relay Assembly Test Room«, ca. 1930. (Western Electric Company Hawthorne Studies Collection, © President and Fellows of Harvard College 2007.)

Ansatzes lautete«, so fasst es der Organisationssoziologe Peter Preisendörfer zusammen, »dass ›gute zwischenmenschliche Beziehungen‹ ein zentraler Faktor für die Produktivität und Arbeitsleistung in einer Gruppe sind«.[45] Der kontrollierte Einbezug der Mitarbeitenden in Entscheidungsprozesse hatte für die Unternehmen darüber hinaus einen durchaus erwünschten Nebeneffekt: Mitarbeitende, die innerhalb eines begrenzten Rahmens selbst Entscheidungen treffen konnten, fühlten sich den unternehmerischen Zielsetzungen des Betriebs stärker verpflichtet und verzichteten dafür im Gegenzug eher auf ihr Recht zu streiken. Die (vermeintliche) Teilhabe an betrieblichen Entscheidungsprozessen fungierte damit indirekt als ein unternehmerisches Mittel zur Einhegung von Protestpotential und Kritik, wie dies Nikolas Rose kritisiert hat: »The apparent discovery of a fortunate coincidence between personal contentment of the worker and maximum efficiency and profitability for the boss is merely yet another dissimulation of the fundamental conflict between capital and labour.«[46]

Nichtsdestoweniger verbreitete sich mit dem von Elton Mayo propagierten Human Relations-Ansatz in der Nachkriegszeit in unterschiedlichen Organi-

45 | Peter Preisendörfer: *Organisationssoziologie. Grundlagen, Theorien, Problemstellungen*, Wiesbaden 2011^{3}, 120.

46 | Nikolas S. Rose: *Governing the Soul: The Shaping of the Private Self*, London 1990, 58.

sationszusammenhängen die Idee, dass eine durchgreifende Kontrolle seitens des Managements mit den Prinzipien einer demokratisch-liberalen Gesinnung zu vereinbaren seien:

»Experts and managers reassured themselves, that the best administrator, whether a factory manager, army officer, government official, or school principal, was one that could fashion a cohesive group of subordinates who identified with the organization's goal and would spontaneously accept their superior's authority.«[47]

Auch der bereits genannte Gruppenforscher Kurt Lewin leitete wichtige Prämissen zum Verhalten von Kleingruppen aus Betriebsstudien ab, die er Ende der 1930er Jahre in den USA durchführte.[48] So schlug er für die Textilfabrik *Harwood Manufacturing* in Virginia eine Reihe von Maßnahmen vor, die zur Verbesserung der Produktionsleistung führen sollten.[49] Dazu gehörte auch hier die Empfehlung, dass Mitarbeitende von ihren Vorgesetzten weniger stark unter Druck gesetzt werden sollten. Zudem sollten die Mitarbeitenden nicht als einzelne Individuen, sondern als Mitglieder einer Kleingruppe adressiert werden, um auf diese Weise eine soziale Verbindlichkeit zu schaffen. Zweifellos hatte Lewin eine Verbesserung der Situation der Arbeitenden vor Augen, dennoch reihte er sich mit seiner Studie und den daraus resultierenden Empfehlungen doch auch in eine betriebspsychologische Tradition ein, in der die Zufriedenheit der Mitarbeitenden vorrangig den Zielen der Unternehmensführung diente.

Eine weitreichende Konsequenz, die aus Lewins Studie resultierte, war die Konzeption eines speziellen Führungstrainings für Vorarbeiter und Aufsichtskräfte, das in der Nachkriegszeit in den USA unter dem Namen *Sensitivity Training* rege Verbreitung fand, aber aufgrund seines bisweilen dogmatischen Charakters auch auf Kritik stieß. Lewins Biograph Alfred Marrow beschrieb dieses *Sensitivity Training* wie folgt: »Das Training [beruht] auf Verfahren wie Selbstprüfung, Feedback, Offenheit, dem Bemühen um eine Vertrauensbasis, der Problemlösung in Gruppen – alles Neuheiten für die Industriewelt.«[50] Die Schattenseite dieser Form der Gruppeninteraktion war, dass die Teilnehmenden solcher Trainings sich nicht selten einem starken Gruppendruck und so-

47 | Gillespie: *Manufacturing Knowledge*, 268.

48 | Siehe Mel van Elteren: »Sozialpolitische Konzeptionen in Lewins Arbeitspsychologie«, in: Wolfgang Schönpflug (Hg.): *Kurt Lewin: Person, Werk, Umfeld: Historische Rekonstruktionen und aktuelle Wertungen*, Frankfurt a.M. 2007 [1992], 205-218, 226ff. Siehe dazu auch Marrow: *Kurt Lewin*, 221-234.

49 | Marrow: *Kurt Lewin*, 222.

50 | Ebd., 227.

zialen Sanktionen ausgesetzt sahen, sofern sie dem ›freiwilligen‹ Konsens der Gruppe nicht folgten.[51]

All die bis hierhin beschriebenen Aspekte einer Gruppendynamik, die den Werten von unternehmerischer Produktion, Teamarbeit und vermeintlicher Arbeitsplatzdemokratisierung gleichermaßen zuarbeiten sollte, finden sich auch in den Grundannahmen und im Design der Brainstorming-Methode wider. Sichtbar wird daran nicht nur, wie sehr diese Methode von den Erkenntnissen der Kleingruppenforschung geprägt war, sondern auch, wie stark sie auf einer Verschränkung von unternehmerischer und sozialer Logik gründete.

Die Gruppe als soziales Experimentierfeld

Wie der Historiker William Graebner gezeigt hat, so hat der Versuch, Kleingruppen zum Experimentierfeld sozialtechnischer Interventionen zu machen, in den USA über die *Small Group Research* und die Betriebspsychologie hinaus eine lange Tradition. Demnach gab es bereits seit dem ausgehenden 19. Jahrhundert im Rahmen von christlichen Vereinen, Sozialarbeit oder Vorarbeiterclubs immer wieder koordinierte Bestrebungen, die Kleingruppe und ihre sozialen Mechanismen zu nutzen, um unternehmerische Grundwerte auf eine demokratische, zugleich aber auch kontrollierte Weise in der Gesellschaft zu verankern. Diese spezifische Form der manipulativen Gruppenorganisation bezeichnet Graebner als »democratic social engineering«: »Democratic social engineering was a method of social control utilizing the small group, discussion, leadership, and participation of the objects of control.«[52] Bezeichnend dafür sei, dass Überzeugungsarbeit nicht auf autoritäre Weise geleistet werden, sondern auf eine nicht-direktive, partizipatorische, persuasive, also auf demokratische Weise innerhalb der Gruppe stattfinde soll.[53] Folgt man Graebners These, so bildet das Format der demokratisch moderierten Gruppe nicht nur eine emanzipatorische Dimension aus, sondern ebenso, oder vielleicht sogar überwiegend eine disziplinierende. Unterstützt wird dieser Prozess durch Methoden wie Gruppendiskussionen, kollektive Ideenfindungs- und Problemlö-

---

51 | Edith Zundei: »Kampf um Liebe und Anerkennung. Ein neuer Weg der Sozialpsychologie: Die Gruppendynamik – Hoffnung oder Humbug? », in: *Die Zeit* 06/1972, www.zeit.de/1972/06/kampf-um-liebe-und-anerkennung (Zugriff 01.10.2017).

52 | William Graebner: »The Small Group and Democratic Social Engineering«, in: *Journal of Social Issues* 42/1 (1986) 137-154, 137. Siehe weiterführend James Farr: »Democratic Social Engineering: Karl Popper, Political Theory and Policy Analysis«, in: Douglas E. Ashford (Hg.): *History and Context in Comparative Public Policy*, Pittsburgh 1992, 167-188.

53 | Graebner: »The Small Group and Democratic Social Engineering«, 140.

sungsansätze sowie durch einen demokratisch-partizipativen *Führungsstil*, der dazu dient, bestimmte Themen und Ideale in der Gruppe zu verankern.[54]

Stellt man die Brainstorming-Methode in die von Graebner rekonstruierte Genealogie und Logik eines »democratic social engineering«, so erscheint das Format der moderierten Ideenkonferenz in der Gruppe denn auch weniger als Akt der freien Meinungsbildung und Ideenäußerung, sondern als gezielte Optimierung von verkörpertem Wissen und kognitivem Kapital unter unternehmerischen Bedingungen. Mit der Brainstorming-Methode wurden offenbar bereits um 1940 Tendenzen vorweggenommen, die erst Jahrzehnte später mit Stichworten wie Wissensgesellschaf, Wissensökonomie oder kognitiver Kapitalismus problematisiert wurden. Mit diesen Begriffen werden, ungeachtet ihrer unterschiedlichen Nuancen, ökonomische Akkumulationssysteme bezeichnet, die vornehmlich auf kognitiven Ressourcen, auf immaterieller Arbeit und verkörpertem Wissen beruhen[55] – also auf Wissen, Kreativität, Kommunikation oder Affekte.[56]

Die im vorliegenden Text dargestellten Einflüsse, die Kriegswirtschaft und industrielle Betriebspsychologie auf die Brainstorming-Methode in der ersten Hälfte des 20. Jahrhunderts ausübten, stützen die Annahme, dass Kreativitätsmethoden wie Brainstorming auch in der Nachkriegszeit einer Synchronisation von individueller Kreativität und gesellschaftlicher Produktivität zuarbeiten sollten: »Was die Gesellschaft als Ganze benötigte, sollte zugleich das sein, worin die Einzelnen sich selbst finden«.[57] Kreativitätsmethoden wie Brainstorming scheinen demnach sowohl dafür designt zu sein, produktive Ideen für Wirtschaft und Gesellschaft hervorzubringen, als dass sie auch den Einzelnen als Teil einer sozialen Gruppe auf dessen gesellschaftlichen Produktionspflichten einzuschwören versuchen. Hervorgebracht werden mit der Methode nicht nur nützliche Ideen, sondern auch erwünschtes Verhalten.

---

54 | Ebd.

55 | Wobei die Dimension der ›immateriellen‹ Arbeit stets auch materielle und körperliche Komponenten umfasst.

56 | Isabelle Lorey, Klaus Neundlinger: »Kognitiver Kapitalismus. Von der Ökonomie zur Ökonomik von Wissen«, in: dies. (Hg.): *Kognitiver Kapitalismus*, Wien 2012, 7-55, 23.

57 | Ulrich Bröckling: »Über Kreativität. Ein Brainstorming«, in: Christoph Menke, Juliane Rebentisch (Hg.): *Kreation und Depression. Freiheit im gegenwärtigen Kapitalismus*, Berlin 2011, 89-97, 15.

Konferenzdesign, Liebe und Selbstbeobachtung um 1968

Ulrike Bergermann

Die Chiffre »1968« erinnert zuerst an einen Ausbruch aus Regeln. Aber neben der Ablehnung alter Verhaltenslehren wurden 1968 auch neue Regeln gesucht – etwa für die stark reglementierten Formate akademischer Forschung. Wissenschaftliche Konferenzen sind durch Programme und ungeschriebene Programmatiken gekennzeichnet, um den Austausch und mögliche Innovationen operabel zu machen, und gerade dort, wo Interdisziplinarität und Anwendungsbezug gefordert waren, suchten Anthropolog_innen und andere nach neuen Formen. Diese umfassten Optimierungen und Selbstoptimierungsideen von und für Gruppen, die mit unterschiedlichen Techniken und Politiken ein Set von Kommunikations- und Lernprozessen entwerfen. Im Folgenden geht es um zwei exemplarische Publikationen, die die visuelle Kultur und das Selbstdesign in Konferenzen auf den Punkt bringen: *The Small Conference* erscheint 1968,[1] und im gleichen Jahr findet eine Konferenz statt, zu der ein außergewöhnlicher Tagungsband erscheinen wird: *Our Own Metaphor.*[2]

Die »kleine Konferenz« wird zur spezifischen Technik des 20. Jahrhunderts, die in den USA in einer bestimmten Weise entwickelt und eingesetzt wird, auch wenn sie – anders als die Kybernetik, mit der sie ein Stück ihrer Geschichte teilt – keinen eigenen Namen bekommt. *The small conference* zielte auf die schnelle, effektive und möglichst innovative Produktion von Wissen, wobei man sich gerade von einer Offenheit der Form eine besonders schnelle Problemlösungskompetenz versprach. Konferenzen sollten die Antwort auf drängende Probleme bringen, für die die üblichen akademischen Forschungs- und Publikationszeiten zu langsam waren; das galt seit den 1930er Jahren ins-

1 | Margaret Mead, Paul Byers: *The Small Conference. An Innovation in Communication*, Paris/The Hague 1968.

2 | Mary Catherine Bateson: *Our Own Metaphor. A Personal Account of a Conference on the Effects of Conscious Purpose on Human Adaptation*, Washington/London 1991 [1. Aufl. 1972].

besondere für die Medizin/Medizintechnik und den Krieg/die Kriegstechnik. Techniken im apparativen Sinne kamen in den Konferenzen weniger stark zur Geltung als die Technologien dessen, was man die Bewirtschaftung eines Wissenschaftlers (oder, seltener, einer Wissenschaftlerin) nennen könnte. Spezifische Kommunikationstechniken sollten die Wissenschaftler verschiedener Disziplinen dazu bringen, ihre Differenzen, auch ihre Aggressionen zu disziplinieren und anwendungsorientiert zu forschen.[3] Es handelt sich dabei gleichermaßen um eine Fremd- und Selbstbewirtschaftung, um eine Verhaltensanalyse und ein Verhaltensdesign.

Zur Geschichte ihrer Überkreuzung an den Beispielen *The Small Conference* (1968) und *Our Own Metaphor* (1972) gehört der Einsatz der Fotografie in Margaret Meads und Gregory Batesons ethnografischer Arbeit auf Bali (1942),[4] Meads Erfahrungen mit dem Medieneinsatz bei den Macy-Konferenzen (1946-1953)[5] und Mary Capes' Konferenz über Konferenzen der UNO (1960)[6] als Teile

3 | Macy-Organisator Frank Fremont-Smith setzte bereits 1965 ein »frei fließendes Sicherheitsgefühl« gegen Egoismus und Rivalitäten (in einem Leserbrief betitelt »Small Conferences«, in: *Science* 148 [1965], 1669f., 1670): »The problems of pride, egotism, tension, and rivalries referred to in the editorial are usually reduced to manageable proportions when one can establish for the group an atmosphere of ›free-floating security‹.«

4 | Vgl. für Meads Erfahrungen mit der fotografischen Erfassung von Kommunikationssituationen die 1936 gemeinsam mit dem damaligen dritten Ehemann Gregory Bateson unternommene Studie auf Bali, zu der aus 25.000 Fotos im Jahr 1952 ein Fotoband mit 100 Fototafeln entstand, *The Balinese Character. A Photographic Analysis,* New York 1942.

5 | Vgl. Frank Fremont-Smith: »Introductory discussion«, in: Heinz von Foerster, Josiah Macy, Jr. Foundation (Hg.): *Cybernetics. Circular Causal and Feedback Mechanisms in Biological and Social Systems, Transactions of the Sixth Conference 1949*, New York 1950; Heinz von Foerster et al.: »A Note by the Editors«, in: dies. (Hg.): *Cybernetics. Circular Causal and Feedback Mechanisms in Biological and Social Systems, Transactions of the Eighth Conference 1951*, New York/Caldwell, NJ 1952, xi-xx; ders.: »Erinnerungen an die Macy-Konferenzen und die Gründung des Biological Computer Laboratory« [2002], in: Claus Pias (Hg.): *Cybernetics | Kybernetik. Die Macy-Konferenzen 1946-1953*, Bd. 2, Berlin/Zürich 2003, 7-28; Warren S. McCulloch: »The Beginnings of Cybernetics« [1974], in: Claus Pias (Hg.): *Cybernetics. Die Macy-Konferenzen 1946-1953*, Bd. 1, Berlin/Zürich 2003, 315-330; u.a.

6 | Mary Capes: »Why Study International Conferences?«, in: dies. (Hg.): *Communication or Conflict. Conferences: Their Nature, Dynamics and Planing*, Copyright: The World Federation for Mental Health, London 1960, Reprint: London 2001, 1-5, sowie dies.: »The Organization of a Conference«, ebd., 52-70. Im Jahr 1853 gab es drei internationale Konferenzen, schreibt Capes, im Jahr 1900 über einhundert und 1953 min-

einer wissenschaftlichen Erforschung von Gruppenprozessen.[7] Im Folgenden geht es allerdings speziell um das Forschungsdesign der beiden exemplarischen Bände.

1. Informelles einfangen. *The Small Conference*

Ende 1966 schrieb Mead gemeinsam mit dem Anthropologen und Fotografen Paul Byers *The Small Conference. An Innovation in Communication.* Diese sei eine »new and powerful communication form [...,] a new social invention.«[8] Es seien jahrhundertealte Praktiken des sich Versammelns in bewussten und disziplinierten Weisen, die den Bedürfnissen des zwanzigsten Jahrhunderts nach schneller Kommunikation zwischen Individuen von ganz verschiedenen akademischen, sozialen, nationalen, kulturellen und ideologischen Orientierungen zugrunde lägen. Die kleine Konferenz sei nicht in erster Linie auf ein publiziertes Dokument aus, sondern auf Bedingungen, innerhalb derer sich Ideen entwickeln können, die sonst nicht denkbar wären.[9]

Nach der Trennung von ihrem dritten Ehemann Bateson und als Teil eines weiten Netzwerks von Kollegen, Kolleginnen, Liebhabern und Liebhaberinnen ging Mead auf ihre eigene Weise mit dem Medium der Fotografie zur Konfe-

destens zweitausend. 1948 gab es mehr als viertausend Einzelsitzungen (*sittings*) der UN, in Paris und Genf, am Lake Success, »ranging from small informal committees to full-dress conferences of several hundred delegates.« (1.) Außerhalb des »UN-Systems« fanden hunderte zwischenstaatlicher und privater internationaler »Gruppenkonferenzen« (*group conferences* – es gibt noch keinen einheitlichen Namen) für eine fast unendliche Anzahl von Zwecken statt. Mead nennt Capes' Band als Vorläufer von *The Small Conference*.

7 | Dies betrifft vor allem die Arbeit von Ray Birdwhistell zu Kommunikationstheorien in den 1950er Jahren, letztlich die sozialpsychologischen, psychiatrischen, kybernetischen Studien zur Gruppenarbeit des 20. Jahrhunderts von Alex Bavelas, Kurt Lewin, T.A. Radcliffe, Brock Chrisholm u.v.a. Eine »Naturgeschichte des Interviews« untersuchte 1955-1956 das Stanford University's Center for Advanced Study in the Behavioral Sciences (CASES); im Sommer 1956 wählten eine Reihe von Anthropologen, Psychiatern und Linguisten eine Filmsequenz von Bateson aus, um eine Notation des Gefilmten zu entwickeln, die Synchronisationsfragen, verbales und nichtverbales Verhalten gleichermaßen umfasste. Das Manuskript (G. Bateson, H.W. Brosin, R. Birdwhistell, N. McQuown: *The Natural History of an Interview*, New York 1953) wurde nie gedruckt.

8 | Margaret Mead: »Preface«, in: *Small Conference*, v-vii, v.

9 | Ebd., vi.

renzaufzeichnung um.[10] 1951 lernte sie Byers in Australien kennen. Er hatte ein Jahr über die Australienisierung europäischer Migranten geforscht; zurück in den USA entwickelte er einen speziellen fotografischen Stil und setzte Fotografie in der Lehre und als anthropologisches Forschungswerkzeug an der Columbia University zur Beobachtung nonverbalen Verhaltens ein.

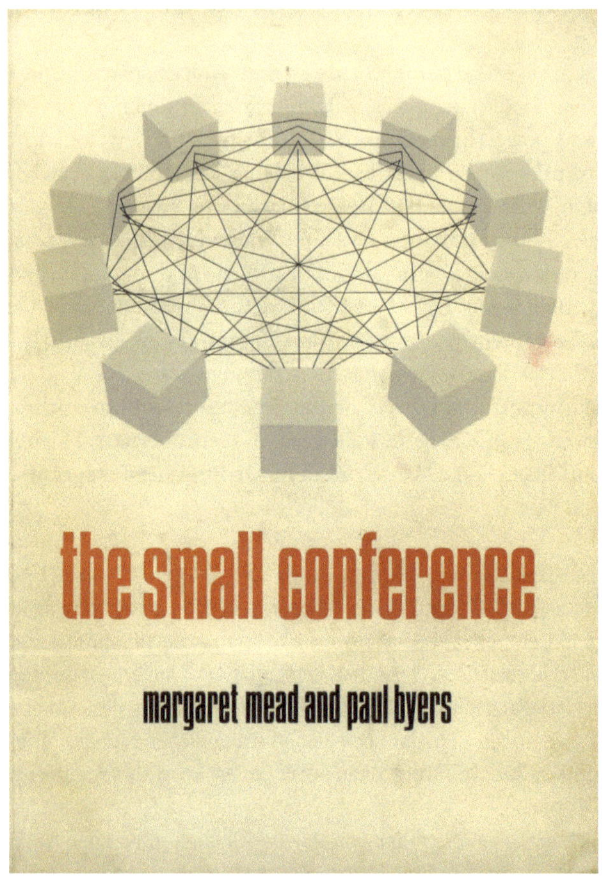

Abbildung 1: Cover von Margaret Mead, Paul Byers: The Small Conference. An Innovation in Communication, *Paris/The Hague 1968.*

10 | Mead verbrachte viele Wochen auf Konferenzen, im Nachwort zählt sie 28 Jahre teilnehmender Beobachtung, durchschnittlich 40 Tage im Jahr seit 1934; medial versiert und gewohnt, fotografiert zu werden, war sie als *public intellectual* mit ständiger Präsenz in Print, Radio, Fernsehen und Tele-Lectures und experimentierte seit 1944 mit allen damals bekannten Gruppentechniken u.a. mit Ruth Benedict und Rhoda Metraux.

Mead beginnt die Geschichte der (kleinen) Konferenz mit der Gemeinschaftsorganisation ›der Menschen‹ – nicht mit den Wissenschaften, nicht mit der UNESCO und auch nicht, wie später ihre Tochter, mit politischen Bewegungen und Selbstbeobachtung. In zweiter Linie kommt sie auf die Notwendigkeit des wissenschaftlichen Austauschs zu sprechen, auf die Bildung intellektueller Traditionen, das Herausbilden spezieller Begriffe und Vokabeln, welche die selbstkorrigierenden Prozesse des wissenschaftlichen Experimentierens vorantreiben. Im Mittelalter seien es der reisende Gelehrte, seine Korrespondenz und die Zusammenschlüsse in Klöstern sowie die entstehenden Universitäten gewesen, aber mit der Erfindung des Buchdrucks vervielfachten sich die Veröffentlichungen. Zirkulation und Kritik neuer Entdeckungen wurden zur neuen Form wissenschaftlichen Arbeitens.

Die neue *conference method* sei nun als Alternative zu den hierarchisierten, formalisierten Lehr- und Lernformen in Europa entwickelt worden, so Mead. Alle drei ihrer historischen Vorläufer teilten die *face-to-face*-Kommunikation zwischen Gruppenmitgliedern; alle versuchten, Methoden der temporären Gleichheit (*parity*) wie in parlamentarischen Prozeduren zu entwickeln.[11] Obwohl durch die Livesituation charakterisiert, seien die Konferenzformen doch stark beeinflusst durch den Buchdruck und die Erwartung, dass die Reden, Vorträge und Papers veröffentlicht würden. Die Gestaltung der Architektur, der Räume und Rednerbühnen gebe ein bestimmtes Verhältnis von Sprechenden und Hörenden vor. Alle müssten um einen Tisch sitzen, sich sehen und hören können, denn die Kommunikationsmethode sei multisensorisch und sprachbasiert;[12] auch Gesten, Körperhaltungen und physische Ausdrucksformen, die nicht im Druck repräsentiert werden könnten, spielen eine große Rolle. Die Teilnehmer_innen sollen nicht als Vertreter einer Nation, Disziplin o.ä., sondern frei von Loyalitäten kommen und nur ihrer individuellen Wissensbiografie verpflichtet sein. Ziel sei das Zusammenkommen, nicht eine Publikation. Der ideale Teilnehmer sei ein Liebhaber der Live-Situation, der Kommunikationsebenen reflektieren könne, Unterbrechungen und Fragmente akzeptiere, ein bescheidener Übersetzer.[13] Jeder müsse seine spezielle Reaktion mitteilen können, sei es verbal oder durch eine Veränderung der Körperhaltung, Stirn-

11 | Margaret Mead: »The Conference Process«, in: *Small Conference*, 1-52, 4.

12 | Ebd. Mead lässt Transkription gelten, bleibt aber skeptisch gegenüber technischen Medien. Sie entfremdeten, verzerrten Inhalte, verzögerten, setzten zu wenig Sinne ein. Die kleine Konferenz sei geradezu eine Gegenbewegung zu den Massenmedien. Der Chairman habe dafür zu sorgen, dass Ereignisse statt Schriftkultur-Derivaten die Konferenz prägten, Unterbrechungen und »cross-referencing« möglich würden, Unmittelbarkeit und Offenheit statt Linearität herrschten, da vielleicht Gedankenverbindungen entstehen könnten, die »arbitrary and unique« seien. (Ebd., 6f.)

13 | Ebd., 19.

runzeln, Lächeln, Schulterzucken. Erfolgreiche Kommunikation involviere alle Beteiligten in eine systematische »awareness of behavior«, auch wenn diese unterhalb der Schwelle des Bewusstseins liege.[14] Wer alle Sinne gebrauche, öffne die Verbindungen zu allem vorher Gelernten – in einer Art multimodaler Suchmaschine, die man nicht computerisieren könnte.[15]

Zur Erfindung der neuen Form trugen nach dem Zweiten Weltkrieg vor allem die Forschung an neuen sozialen Formen bei, an Gruppenprozessen, Interaktion und Kommunikation, Interdisziplinarität sowie die ›Informationsexplosion‹ und ihre neuen Methoden des Informationszugangs, die zu schnell waren für die konventionellen Methoden der Dissemination durch Publikationen, sowie die Entwicklung neuer Aufnahme- und Analysetechnologien für Konferenzen. Mead spricht viel über Medien, allerdings kaum über den Computer (das digitale Denken bezeichnet sie als ›das Andere des Denkens in Analogien‹),[16] selten über akustische Aufzeichnungsgeräte, hauptsächlich über den Einfluss des Buchdrucks auf das wissenschaftliche Arbeiten, genauer: wie dieser zu vermeiden sei. Denn ihre neue Konferenzmethode könne viele verschiedene Arten von Information gleichzeitig transportieren;[17] die linearisierten Formen von Preprints, exakten Schriftformaten in Vorträgen und Folgepapieren unterstützten nur die sprachlich zu fassenden Verhaltensformen, verzeichneten keine Unterbrechungen wie Applaus oder Gelächter und langweilten das Publikum. Spontanes Zeichnen von Diagrammen auf Tafeln statt vorgefertigter Dias sei besser – Film oder Tonband gefallen Mead am besten, denn bei der gemeinsamen Rezeption wiederhole sich etwas live.[18]

Auf der letzten Seite des Buchs, im letzten Absatz des Textes bezeichnet Mead die gesamte Konferenzforschung als »sensitive to the development of new technology«.[19] Wie Rhoda Metraux, Ronald Loppett und Herbert Thalen war auch Mead eine Beraterin der Firma Xicom, die neue Technologien für Konferenzen entwickelten u.a. für die Telefonkonferenz, Videoüberwachung, Wiederaufführungen (*reenactments*) voriger Konferenzen via Film und Ton-

---

14 | Ebd., 7.

15 | Ebd., 13.

16 | »To use a computer analogy, a man with a digital type of mind will be much less happy in the conference setting than a man who thinks in analogies.« (Ebd., 21.) Das Digitalisieren von Information werde die Durchsuchbarkeit der Forschungen erleichtern, aber nur entlang einengender Kategorisierungen und allzu spezialisierten Publikationen; Ziel müsse dagegen sein: »[to] use the substantive multi-disciplinary and transnational conference as a form of rapid access to the enormous accumulation of knowledge.« (Ebd., 12)

17 | Ebd., 24.

18 | Ebd., 26.

19 | Mead: »Background of this study«, in: *Small Conference*, 109-116, 116.

band sowie die Entwicklung audiovisuellen Materials als Ausgangspunkt zukünftiger Konferenzen. Die technische Implementierung des Konferenzprozesses, so der letzte Satz des Buches, werde möglich durch Technologien, etwa »telephone conference, closed circuit television, re-enactments of previous conferences through film and tape, and the development of audio-visual materials.« Mead ist auf dem aktuellen Stand der Aufnahmetechnologien, hat selbst ethnografische Aufzeichnungsmethoden entwickelt und verwendet sie für Konferenz-Aufzeichnungen, ohne ihre eigene Methode zu einer allgemeinen zu machen. Sie problematisiert die teilnehmende Beobachtung und perfektioniert sie gleichzeitig.

Hätte der Einsatz von Bildern nicht Vorteile gegenüber den sprach- und schriftbasierten alten Techniken? Die Präsentation eines Konferenzprozesses für ein internationales Publikum sei sehr schwierig, so Mead, da eine Konferenz die verbale Kommunikation mit nichtverbalen Elementen ausstatte; keine wortgetreue Aufzeichnung komme dem nach, und auch die Akten der Macy-Konferenzen seien so verzerrt, dass weder die am Prozess noch die an den Ergebnissen Interessierten mit dem Ergebnis zufrieden waren.[20] Fotografische Aufzeichnungen dagegen fielen in das andere Extrem, insofern sie nur die sichtbaren (nichtverbalen) Elemente wiedergäben; zudem hingen sie stark von kulturellen Codierungen ab, von disziplinaren Standpunkten und den idiosynkratischen Visionen des jeweiligen Fotografen-Analysten.

In seiner Einleitung erläutert Byers, man müsse den »behavior stream« verlangsamen oder anhalten und die Details vergrößern (also ein fotografisches Verfahren anwenden), um eine Interaktion zu analysieren. »Still photographs« schnitten den abgebildeten Prozess in Scheiben, aber jeder Betrachter werde versuchen, aus den Scheiben einen fließenden Prozess zu rekonstruieren und darin eine individuelle Interpretation des Abgebildeten vornehmen: Wie bei einer Analyse von Musik sehe man nicht die ganze Melodie der Konferenz, sondern einen Moment, eine Szene, und diese demonstriere die Harmonien bzw. Beziehungen, die einem »Ethos der Konferenz« unterlägen.[21]

20 | Mead: »Preface«, vf.

21 | Paul Byers: »Still Photography as a Method of Conference Analysis«, in: *Small Conference*, 55-108, 57.

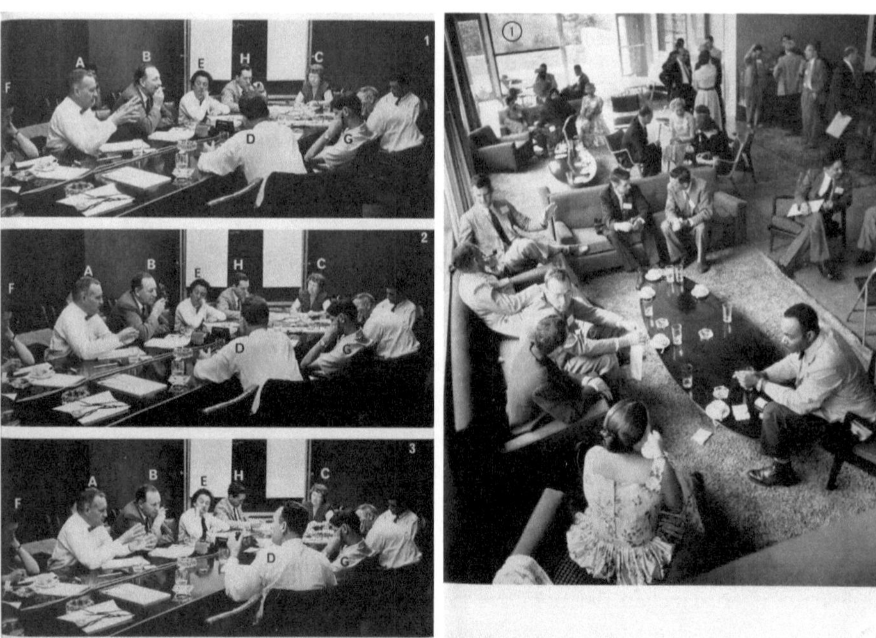

Abbildung 2: (3 Teile einer Serie) Aufnahme einer Konferenzsituation mit Markierung der beteiligten Personen, Ziele: Interpretation von Mimik (mit der Lupe), Gestik, Körperhaltung, Kleidung; Bedeutung von Möblierung und Tafel, Sitzordnung, Blickrichtungen, Aufmerksamkeitsverteilung. – Die von Byers vorgeschlagene Analyse des Nonverbalen kommt nicht ohne Kontextwissen und Tonaufnahme bzw. Gesprächsprotokoll aus.
Abbildung 3: Aufnahme einer Konferenzpause mit Small Talk, Ziel: Interpretation der Verteilung im Raum, der Körperhaltungen, der Bedeutung des Raums für die Kommunikation, interpretiert nach kulturellen Zugehörigkeiten, Geschlecht, Status und typischem Raumverhalten. Quelle: Paul Byers: »Still Photography as a Method of Conference Analysis«, in: Margaret Mead, Paul Byers: The Small Conference. An Innovation in Communication, *Paris/The Hague 1968, 56-106, 71 und 91.*

Die Fotografien von Paul Byers dienen nicht wirklich dazu, Konferenzen aufzuzeichnen. Sie speichern winzige Ausschnitte aus Prozessen, bei denen man sich darauf verlassen muss, dass sie aussagekräftig und typisch für den Konferenzverlauf sind. Was sie aufzeichnen, sind Szenen, das Aussehen der Wissenschaftler, das räumliche Setting, eine an der Sitzordnung, den Kaffeetassen, der Kleidung ablesbare Atmosphäre. Byers legt an drei Beispielen jeweils Analysen der Konferenzsituationen vor, und das gelingt ihm nur mit massiver Bezugnahme auf die Tonbandaufzeichnung, auf Skripte, auf das Vorwissen über Personen und letztlich auch auf spekulative Elemente wie das Ethos einer Tagung. Die fotografische Konferenzaufzeichnung, die gleichzeitig eine Überfülle an Informationen und ein Zuwenig an Bedeutung überträgt und immer durch Texte erläutert werden muss, hat sich nicht durchgesetzt. Unter den weiterhin schriftbasierten Verfahren wird Meads Tochter eine eigene Variante entwickeln.

Das Aufzeichnen der eigenen Kultur hatte Mead, aus der Südsee zurück,[22] zunehmend interessiert, und sie nahm ihr eigenes Leben nicht aus. Nach mehreren Fehlgeburten bekam Mead unerwartet im Alter von 38 Jahren für die damalige Zeit spät ein Kind und machte daraus ein anthropologisches Projekt.[23] In ihrer Autobiografie bemerkte die Tochter später, mit der Beobachtung des eigenen Kindes sollte die Singularität des Einzelfalls einerseits geachtet, andererseits für die Menschheit generalisiert werden; so sei sie zum bestdokumentierten Kind und einem einzigartigen Fall der USA geworden.[24] Die Tochter wurde, wie die Eltern Mead und Bateson, Anthropologin, und als sie 1967 auf den Philippinen forschte, bat der Vater sie, zur Berichterstatterin seiner Konferenz zu werden.

22 | Mead war 1925 Im Alter von 23 Jahren zur Erforschung der Pubertät von Mädchen von der Columbia University nach Samoa gegangen; 1928 erschien ihr weltweiter, umstrittener Bestseller *Coming of Age in Samoa*. Weitere Forschungsaufenthalte umfassten Papua-Neuguinea, Bali und andere südpazifische Regionen.

23 | Bateson sollte die Geburt filmen. Im Glauben daran, dass feste Stillzeiten dem Baby nicht zuträglich seien, notierte Mead minutiös Schlaf- und Essenszeiten des Kindes, um dessen ›eigenen‹ Rhythmus herauszufinden. Der eigens ausgesuchte Arzt Benjamin Spock unterstützte diese damals als abwegig empfundenen Praktiken. (Library of Congress: »Exhibition«, auf: www.loc.gov/exhibits/mead/oneworld-comment.html [Zugriff 05.08.2017].)

24 | Das hat Tradition: Als Margaret Mead geboren wurde, saß ihre Mutter an ihrer Doktorarbeit über die Anpassung italienischer Einwandererfamilien; als Margaret zehn Jahre alt war, nahm die Mutter sie mit bei ihren Befragungen; auf Anleitung der Oma notierte Margaret die Sprachentwicklung ihrer jüngeren Schwester etc.; Meads Abschlussarbeit in Psychologie hatte den Einfluss der italienischen Muttersprache auf die Kinder der Einwanderer zum Thema. (Mary Catherine Bateson: *Mit den Augen einer Tochter. Meine Erinnerung an Margaret Mead und Gregory Bateson*, übers. v. Rosemarie Lester, Reinbek 1986 [*With a Daughter's Eye*, New York 1984], 32, 38 et passim.)

2. Verhaltensdesign universalisiert: *Our Own Metaphor*

In den 1940er Jahren fanden die ersten Wenner-Gren-Konferenzen zu anthropologischen Themen in New York statt. Bevor die Stiftung sich allerdings zum kleinen Konferenzformat entschloss, veranstaltete sie 1952 ein Riesensymposium mit über 80 internationalen Fachvertretern, um in zwölf Tagen alles Wissen der Anthropologie zusammenzubringen und in einer Enzyklopädie zu fassen. Direktor Paul Fejos veränderte das Format danach zu kleinen internationalen Konferenzen. Axel Wenner-Gren kaufte ein südlich von Wien gelegenes Schloss aus dem zwölften Jahrhundert 1957 als Konferenzzentrum für eine Zukunftsforschung in der gemeinsamen Sprache der Anthropologie. Beim Umbau der Räume wurde bereits darauf geachtet, dass »a round conference [should be] a central feature – so everyone could see everyone else and no one could claim the head«; dafür ließ Fejos im Ort Gloggnitz einen speziellen Tisch anfertigen, ebenso aus der örtlichen Filzfabrik ein nahtloses grünes Tischtuch im Durchmesser von 4,5 Meter, das das Konferenz-Wahrzeichen werden sollte.[25] 20 Teilnehmer_innen und eine Tagungslänge von einer Woche sollte das »Burg Wartenstein model« kennzeichnen, ebenso die Abendessen und der Tagestrip nach Wien.[26] Gregory Bateson hatte schon zwei Mal an den Burg-Konferenzen teilgenommen, bevor er selbst im Juli 1968 zum Organisator der Konferenz mit dem Titel *The Effects on Conscious Purpose on Human Adaptation* wurde.

Diese plante er im Angesicht der Umweltverschmutzung und der Gefahr einer nuklearen Katstrophe. Nach dreißig Jahren solcher Forschung sah er nun ein neues Publikum, die Entstehung einer Gegenkultur, ein politisches Engagement. Die Berichterstattung sollte kein traditionelles Sprechen-Über wiedergeben, sondern die Leser involvieren. So wie Mary Catherine Bateson ihrem Vater immer besonders schlaue Fragen gestellt habe (so die wiederum konventionelle Geschichte), so übertrieb sie im Konferenzbericht die eigenen Verständnisschwierigkeiten, um das Gesagte kleinteilig wiederholen zu können.[27] Dabei erinnert ihre Analogiebildung an die ersten Macy-Konferenzen: Wie ökologische Systeme, so funktionierten auch gesellschaftliche.[28] Gregory Bateson war der optimistischen Meinung, dass die Konferenz als solche

25 | Wenner-Gren Foundation: »History«, http://wennergren.org/history/conferences-seminars-symposia/wenner-gren-symposia/burg-wartenstein (Zugriff 05.08.2017).

26 | Paul Fejos und Lita Fejos Osmundsen fungierten als Organisatoren und Gastgeber, bis nach 86 Konferenzen mit 2000 Teilnehmern die Burg 1980 geschlossen wurde, gelobt für »innovative programs, attention to group dynamics, and rigorous intellectual agenda«, für die die Stiftung in Anspruch nimmt, sie eigens entwickelt zu haben. (Ebd.)

27 | Bateson: *Mit den Augen einer Tochter*, 212.

28 | Ebd., 219.

»einen Prozeß verkörperte, der vielleicht eine Lösungsmöglichkeit aufzeigen könnte, nämlich mit Hilfe des Zusammenwirkens und -webens bewußter und unbewußter Gedanken vieler ›Geister‹ in einem einzigen System. Hier waren wir an dem Punkt angelangt, wo der Prozeß im Mikrokosmos den größeren Prozeß widerspiegelt und wo bis ins Intimste geteilte Erfahrungen zur Quelle von größeren Erkenntnissen werden.«[29]

Mary Catherine Bateson radikalisierte das im Plan, sich selbst, als »one's own metaphor«, mit ins Übersetzungssystem hineinzunehmen. Sie schrieb in erster Linie als Tochter ihres Vaters, mit dem sie »im ersten *Summer of Peace*« Insekten sammelte und *Alice im Wunderland* las. In den Diskussionen der Erwachsenen rund um das Kind ging es um das Weiterleben der Menschheit, die atomare Bedrohung, die Bevölkerungsexplosion. In zweiter Linie schrieb sie als Kind einer temporären Kommune. Macy-Teilnehmer Larry Frank und ein Dutzend weiterer Familien oder Haushalte bildeten in New Hampshire ein intellektuelles Netz, eine *community*, in der die Kinder im Wald Piraten spielten, die Erwachsenen »fell in and out of love with one another«, Gruppenprozesse diskutierten und alle zusammen Lieder am Lagerfeuer sangen. »Live lived on the edge of a perpetual conference«, formuliert Mary Catherine Bateson rückblickend.[30]

Wenn ihre Kindheit schon eine Konferenz war, so wiederholte sich jetzt tatsächlich das Setting, denn der Altersunterschied zu den anderen Konferenzteilnehmer_innen war 1968 fast der gleiche wie zwischen ihr und ihren Eltern in New Hampshire, und ihre Rolle blieb in vielem auch gleich, etwa im Zuhören und Verstehenwollen. Im Vorwort berichtet Bateson außerdem von ihrer persönlichen Situation, und das ist nicht nur anekdotisch, sondern auch metaphorisch gemeint, als Realminiatur für ihr Verständnis der Konferenz und des Konferenzthemas, deren Ziel es ja war, zu lernen, inwiefern diese Ebenen nicht wirklich zu trennen sind: Während eines anthropologischen Forschungsaufenthaltes mit ihrem Mann wurde sie auf den Philippinen ungewollt schwanger, aber das Baby starb nach einer Frühgeburt; Bateson fuhr trotzdem zur Konferenz, in Trauer, aber professionell, in der üblichen Trennung von »mind and body«,[31] die dort fundamental in Frage gestellt werden wird.

29 | Ebd., 222.

30 | Ebd., 3f.

31 | Bateson: *Our Own Metaphor*, 19.

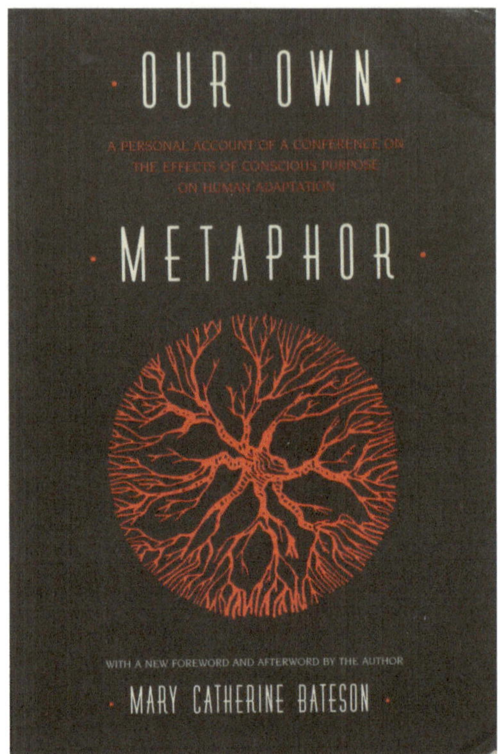

Abbildung 4: Cover von Mary Catherine Bateson: Our Own Metaphor. A Personal Account of a Conference on the Effects of Conscious Purpose on Human Adaptation, *Washington/London 1991 [1972].*

Zu Beginn des Buches skizzierte Mary Catherine Bateson den Kontext der Tagung und nennt nicht etwa einzelne wissenschaftliche Forschungsthemen, sondern die *liberation movements* der Sechzigerjahre und die ersten Publikationen zur ökologischen Katastrophe: Rachel Carsons *Silent Spring* (1962), *A Feminine Mystique* (1963), die Initialzündung der Umweltbewegung über Pestizide/Biozide wie DDT von 1962, den Vietnamkrieg, Martin Luther King, das Foto der *whole earth* und den *Whole Earth Catalog* von 1968. Das Erkennen formaler Gleichheiten, schrieb sie, ließe es zu, diese Geschichten nebeneinanderzusetzen. Ein zentrales Wort der Zeit und des Buches war Bewusstsein, die »awareness« oder »consciousness«, die »consciousness raising groups«, das Bewusstsein der ökologischen Katastrophe. Aber es fehle eine integrative Vision, und es stelle sich das ›epistemologische‹ Problem: »What are we able to know and think?«[32] Gregory Bateson organisierte die Konferenz, um die Beschränkungen der eigenen Erkenntnisfähigkeit gemeinsam zu reflektieren. Vierzehn Teilnehmer_innen wurden danach ausgesucht, ob sie etwas dazu beitragen könnten, wie Menschen denken und lernen, oder: wie Gruppen kommunizieren und entscheiden, oder über die Strukturen der Ökosysteme.[33]

Die neue Form der Konferenzaufzeichnung griff Bezüge zur Kybernetik auf und wollte sich selbst beim Beobachten beobachten – neu gegenüber der früheren teilnehmenden Beobachtung Meads Feldforschung war hier auch die eigene Subjektivität, das Empfinden in die Selbstreflexion mit hineinzunehmen. Rund 300 Seiten lang beschrieb Mary Catherine Bateson Inhalte wie Personen, die Alltäglichkeiten einer Konferenz genauso wie die Vorträge und Diskussionen: den weißhaarigen Warren McCulloch im Lotussitz, die österreichischen Dirndl beim Tanzen, die Landschaft; ebenso beschrieb sie, wie sich die Themen, ihre Behandlung oder die Atmosphäre etc. auf sie selbst auswirkten (wobei sie oft essentialistisch-feministische Positionen über ihre Betroffenheit durch Schwangerschaft oder ›typisch weibliches Multitasking‹ bezog). Das Inhaltsverzeichnis sprach von einem *Advent of Awareness*, einem Warnschrei, der Apokalypse und einer angewandten Epistemologie. Die Stichworte klingen nach einer spirituellen ›Ankunft‹, nach einer bewusstseinserweiternden Gruppe, heute würde man sagen: der Öko-Krise, einer Mischung von kybernetisch-technischen und politisch-ökologischen Begriffen.

Um den Prozess des Diskussionsverlaufs mitvollziehbar zu machen, wurde der Ton aufgezeichnet und Mary Catherine Bateson zur Verfügung gestellt, ebenso die Arbeitspapiere; die Rede ist auch von »queries« (vielleicht hat Mary Catherine Bateson zusätzliche Fragen oder Fragebögen an einzelne oder alle gestellt). Daraus entstand ein Text, der überwiegend in wörtlicher Rede gehalten ist.[34] Wahrscheinlich seien die Teilnehmer_innen nicht ganz einverstanden damit, wie sie dargestellt seien, so Mary Catherine Bateson, aber die

32 | Ebd., x.

33 | Ebd., xi. Teilnehmer_innen: Frederick Attneave, Barry Commoner, Gertrude Hendrix, Anatol Holt, W. T. Jones, Bert Kaplan, Peter H. Klopfer, Warren McCulloch, Horst Mitttelstaedt, Gordon Pask, Bernard Raxlen, Theodore Schwartz, Organisator Gregory Bateson, Berichterstatterin Mary Catherine Bateson; sie arbeiten als Wahrnehmungspsychologe, Anthropologe und Biologe, Linguistin, Lehrerin, Mathematiker_in und Systemdesigner, Ökologe und Theologe, Psychiater und Neurologe. (Ebd., 325.)

34 | Diese Rede hielte sich eng an die Aufzeichnungen, jeder Dialog gehe auf Zitate zurück, sei aber von ihr ediert. Die Reihenfolge der Teile sei leicht zugunsten größerer Kohärenz verändert worden (ebd., xxi). Ob die Einzelnen die Möglichkeiten der Korrektur hatten, ist nicht ganz klar. Mary Catherine Bateson reichte das Skript herum und erhielt keine Korrekturen. Vater Gregory Bateson hat das Skript zwei Mal kommentiert, ebenso Catherine Batesons Mann, Barkev Kassarjian, und die Mutter, Margaret Mead.

wenigsten Menschen mochten die Art, wie sie dargestellt werden, und sie wolle betonen, dass sie alle liebgewonnen habe: »I feel sure that the account of each of these personalities, as it appears here, includes my own affection.«[35] (Auf die Liebe ist zurückzukommen.) Der Bericht wechselt zwischen direkter und indirekter Rede bzw. Nacherzählung einer Rede, innerem Monolog (»I felt a deep sense of loss«); die ›Zitate‹ sind teilweise in den Verben subjektiv eingefärbt (»Tolly was disgusted, Bert explained, Gregory amended«); Passagen schildern Erinnerungen oder aktuelle Gefühle; einzelne Seiten geben, typografisch abgesetzt, die Papiere der Teilnehmer_innen im Wortlaut wieder.

Es ging der Konferenz um zwei Dinge gleichzeitig: die aktuelle Zerstörung der Umwelt und um die Möglichkeit, dass die Menschheit einen reflektierten Umgang mit der Krise erlerne. Man könnte aber auch sagen: Das Thema ist eigentlich das Analogien-Machen oder das Metaphern-Untersuchen – *Wir* sind die Metaphern für die Welt und umgekehrt. »The notion of the self«, so notierte Mary Catherine Bateson, sei eine Metapher für andere Systeme.[36] Mal heißt es Metapher, mal Analogie, mal Parabel, in jedem Fall dient es mehreren Zwecken: der Beziehbarkeit/Übertragbarkeit einer Erkenntnis über eine Funktionsweise auf eine andere, und dem persönlichen Bezug, der Betroffenheit, und damit der Möglichkeit, zu lieben und politisch zu handeln: Eine »ecology of ideas« sei die Folge und gleichzeitig die Voraussetzung für die »weltweite Konversation«, die vor uns liege.[37] Wenn nun das Buch der Konferenz in ihren Fäden, Gedankengängen und -sprüngen minutiös folgt, um den Weg des Streits und der Erkenntnis abzuschreiten und mitvollziehbar zu machen, wenn darin die Autorin ihre Gefühle mitnotiert, folgt daraus: »The process of the conference is a metaphor of what the conference was about.«[38] Damit ist das Buch selbst mehr als ein Bericht, es ist ein Lehrstück, ein Stück Wissenschaftsgeschichte, eine Parabel des gemeinsamen Lernens.

Aus den vielen Schilderungen von Auseinandersetzungsthemen und -weisen sei hier nur eine dramatische hervorgehoben, an der die Konferenz zu scheitern drohte: Der Anthropologe Ted Schwartz schilderte einen bestimmten Ritus, den melanesischen Cargo-Kult, und war erbost über die Unbekümmertheit, mit der die Konferenzteilnehmer_innen diesen Ritus mit ihrem je-

35 | Ebd., xxi.

36 | Ebd., xii.

37 | Ebd., xv.

38 | Ebd., xvii. »[A] change in one's way of viewing the world must be rooted at the most personal level in a change in ways of viewing oneself – for each individual, his or her own central metaphor – and [...] an understanding of natural process could be achieved through a diverse and impassioned group process – a metaphor shared.« (Ebd., xif.) »This book is an account of a conference and of the effects of that conference on my own thought and feeling.« (Ebd., xvii.)

weiligen Vokabular zu erfassen meinten; der Kult sei nicht umstandslos in westliche Begriffe zu übersetzen, es sei denn in wilde Projektionen selbstgerechter Kybernetiker.[39] Alle gingen im Streit auseinander – bedrohlich, insofern der Konferenzverlauf ein Paradigma für das Lernen der Menschheit sein sollte, mit Problemen umzugehen. Hier kommentiert die Protokollantin den weiteren erfolgreichen Verlauf der Konferenz: So wie diese Konferenzgruppe zusammengewachsen sei, mit Liebe und Ärger, so entwickelte sich eine Kommunikation, die es eines Tages erlaube, von der Menschheit als einer Ganzheit, einem Bewusstsein, zu sprechen.[40] Und mehr: »To learn to love, we would need to recognize ourselves as systems, the beloved as systemic, similar and lovely in complexity, and to see ourselves at the same time as merged in a single system with the beloved.«[41] Die Koppelung der Systemebenen, die Übertragung der Modelle geschieht durch Liebe. Das Denkwerkzeug ermöglicht Empathie. Im Nachwort von 1991 heißt es noch einmal mit anderen Worten: »Cybernetics provides the intellectual basis for empathy, for ›I-Thou‹ relations between humans and other organisms and systems.«[42]

Konferenzen als Lernformate für Wissenschaft und darin für das Fortkommen oder bloße Weiterbestehen der Menschheit mögen noch einige Nähe zu klassischen Regierungsprogrammen im Sinne von politischen, staatlichen Regierungen haben: Margaret Mead arbeitete selbst für US-Regierungsprogramme im Zweiten Weltkrieg und im Kalten Krieg. Sie bezog diese Beforschungen des Wissensproduktionsformats auf selbsttätig operierende wissenschaftliche Kontexte wie die kleinen Konferenzen. Bei Mary Catherine Bateson wurden daraus Selbsttechnologien, im Glauben an Analogiebildungen eines besseren Regierens, in dem die Nationalregierung nicht mehr auftaucht. Das Politische ist privat und das Private ist politisch geworden, was einerseits überzeugt, andererseits die Regierung selbst aus der Verantwortung entlässt.

Es ist leicht, in diesen beiden weitgehend vergessenen Bänden rückblickend Modi des Verhaltensdesigns am Werke zu finden. Ihre Anbindungen an Visuelles und an Emotionales in einer Fotografie- und einer selbsterfahrungsbasierten Methode wurden dann nicht selbst zur Regel. Oder sollten wir ein neues Programm ausrufen im Geiste dieser sich aussetzenden, selbst experimentierenden und selbstreflektierenden, unabhängigen Intellektuellen, Mütter, Bisexuellen, Anthropologinnen? Ihre Randständigkeit hinderte sie nicht daran, in Suchbewegungen die hegemonialeren Designs nachzuzeichnen. Ihre Bilder produzieren allerdings unbrauchbare Überschüsse, und ihre

39 | Ebd., 93-97.

40 | Ebd., 305f.

41 | Ebd., 285.

42 | Ebd., 318.

Betroffenheit, Wünsche und Gefühle mindestens genauso. Zur Wissensgeschichte des 20. Jahrhunderts gehört auch dieser grenzwertige Pool an Möglichkeiten anderer Wissensproduktionen.

Die Gestaltung von Räumen, Möbeln, Situationen führte 1968 zu ungeschriebenen Regeln ihres Gebrauchs und passender Verhaltensweisen, und 1972 griff das Design ins Innenleben ein: Organisator_innen regeln kleine Konferenzen und schließlich, so scheint es, die Geregelten sich selbst. Diese zeitliche Linearität und ihre Ordnung vom Kleinen und Großen gilt bis heute: Ich kann Empathie für eine ferne aussterbende Tierart empfinden, denn so wirkt Kybernetik. Damit ist aber kein totalisierender Regelungsgott beschrieben, da jede_r Einzelne immer noch einen Unterschied machen kann. Es muss nicht immer Liebe sein – aus diesen Relationen und Affairen werden wir uns nicht mehr hinausrechnen können.

Autorinnen und Autoren

Ulrike Bergermann ist Professorin für Medienwissenschaft an der Hochschule für Bildende Künste Braunschweig und Redaktionsmitglied der *Zeitschrift für Medienwissenschaft*. Arbeitsschwerpunkte: postkoloniale Theorie, Gender Studies, Geschichte von (Medien)Wissenschaft.

Bernd Bösel (Dr. phil.) ist wissenschaftlicher Mitarbeiter im Studiengang Europäische Medienwissenschaft der Universität Potsdam und FH Potsdam. Er war Koordinator des DFG-Netzwerks *Affect- and Psychotechnology Studies* (Laufzeit 2015-2018). Web: affectivemediastudies.de.

Sophie Ehrmanntraut (Dr. des. phil.) hat im Fach Medienwissenschaft an der Universität Potsdam promoviert und ist wissenschaftliche Mitarbeiterin im Kooperationsstudiengang Europäische Medienwissenschaft (FH Potsdam/ Universität Potsdam). Sie studierte Politikwissenschaft, Germanistik, Kultur- und Medienwissenschaft in Bochum, Potsdam, in Frankreich und den USA.

Hans-Christian von Herrmann ist Professor für Literaturwissenschaft mit dem Schwerpunkt Literatur und Wissenschaft an der TU Berlin. Er ist Mitglied im Trägerverein des Literarischen Colloquiums Berlin sowie assoziiertes Mitglied im DFG-Graduiertenkolleg *Das Wissen der Künste* an der UdK Berlin. Er forscht zur Geschichte und Theorie digitaler Medien sowie zur Wissenschafts- und Mediengeschichte der Künste (Literatur, bildende Kunst, Theater). Letzte Buchveröffentlichung: *Zum Planetarium. Wissensgeschichtliche Studien*, Paderborn 2018.

Marcus Krause (Dr. phil.) arbeitet in der DFG-Forschergruppe *Journalliteratur* an der Universität zu Köln. Forschungsschwerpunkte: Theorien und Praktiken der Philologie, Medialität von Literatur im Rahmen von Zeitschriftenkulturen, Literarische Fallgeschichten, Literatur und Wissen(schaft), Diskursgeschichte der Psychologie, Archäologie des Films, Medientheorien. Letzte Buchveröffentlichung: *Infame Menschen. Zur Epistemologie literarischer Fallgeschichten 1774-1816*, Berlin 2017.

Anja Lemke lehrt als Professorin Neuere Deutsche Literatur an der Universität zu Köln. Ihre Forschungsschwerpunkte innerhalb der deutschsprachigen Literatur im europäischen Kontext vom 18. bis 21. Jahrhundert sind Literatur und Wissen (u.a. Ökonomie, Arbeitsanthropologie, Pädagogik); Literaturtheorie, Rhetorik, Ästhetik; Literatur und andere Künste; Affektsemiotiken; Erinnerungs- und Gedächtnistheorien und -medien. Von 2011-2014 war sie Sprecherin des DFG-Netzwerks *Kunst und Arbeit*, seit 2015 leitet sie gemeinsam mit Niklaus Largier (UC Berkeley) ein Forschungsprojekt zu *Figurations of Possibility, from late medieval religious philosophy to modern thought and literature.*

Claudia Mareis ist seit 2013 Professorin für Designtheorie und -forschung an der Hochschule für Gestaltung und Kunst FHNW Basel. Daneben ist sie Principal Investigator am Exzellenzcluster *Bild Wissen Gestaltung* der Humboldt-Universität zu Berlin. Ihre Forschungsschwerpunkte umfassen Design als Wissenskultur, visuelle Zeitgestaltung sowie die Genealogie von Design- und Kreativitätsmethoden im 20. Jahrhundert.

Jeannie Moser (Dr. phil.) ist Literatur- und Kulturwissenschaftlerin. Von 2012-2018 war sie wissenschaftliche Mitarbeiterin an der TU Berlin, zuvor an der Universität Wien. Sie forscht zur Kulturgeschichte, Poetologie sowie den Medien und Politiken des Wissens, zu Literatur und Wissenschaft, (experimenteller) LSD-Forschung der 1950-1970er Jahre, neurochemischen Selbsttechnologien sowie zu einer Literatur-, Theorie- und Wissensgeschichte des Misstrauens.

Katja Müller-Helle (Dr. phil.) ist Postdoktorandin an der Kollegforschergruppe *BildEvidenz. Geschichte und Ästhetik* an der Freien Universität Berlin. Sie war 2015 und 2018 Fellow am Getty Research Institute in Los Angeles und forscht zur Geschichte und Theorie der Fotografie, zu Transgressionen der Avantgarde und Popkultur sowie zu Verfahren der bildlichen Evidenzerzeugung.

Benjamin Peters ist Professor für Medienwissenschaft an der Universität Tulsa in den USA. Er ist der Autor von *How Not To Network a Nation: The Uneasy History of the the Soviet Internet* (2016) und der Herausgeber von *Digital Keywords: A Vocabulary of Information Society and Culture* (2016). Zur Zeit arbeitet er an einer kritischen Geschichte smarter Medien sowie an der Herausgabe eines Sammelbandes über kritisches globales Programmieren.

Florian Sprenger ist Juniorprofessor für Medienkulturwissenschaft an der Goethe-Universität Frankfurt. Zu seinen Arbeitsfeldern zählen die technologischen Bedingungen digitaler Kulturen vom Internet der Dinge bis zu den Snowden-Enthüllungen, die Geschichte künstlicher Environments und ihre Epistemologien des Umgebens, die Faszinationsgeschichte der Elektrizität sowie die Geschichte der Zukunft.

Christina Vagt ist Professorin für Europäische Medienwissenschaften an der University of California Santa Barbara. Sie forscht zur Medien-, Design- und Wissensgeschichte des 20. und 21. Jahrhunderts. Zuvor war sie Gastprofessorin für Kulturwissenschaft und Principal Investigator am Exzellenzcluster *Bild Wissen Gestaltung* an der Humboldt-Universität in Berlin.

13722411
9791684